CAMPING AM MITTELMEER

Die schönsten Plätze an der Küste

von
Marc Roger Reic

Mit dem Bulli in südlichen Gefilden – Bade- und Strandurlaub mit dem eigenen Camper ist für viele die Erfüllung eines lang gehegten Traums.

INHALT

WISSENSWERTES ZUR STERNE-KLASSIFIKATION IN DIESEM BUCH

Um Camper bei der Urlaubsplanung bestmöglich zu unterstützen, bildet die europaweit einheitliche ADAC Klassifikation die perfekte Grundlage zum Vergleich von Campingplätzen. Die ADAC Klassifikation basiert auf der objektiven Bewertung durch die ADAC Inspekteure. Diese geschulten und erfahrenen Camping-Experten durchleuchten regelmäßig 6000 Campingplätze europaweit einheitlich auf Basis eines standardisierten Fragebogens mit über 200 Messkriterien. Das Ergebnis ist eine objektive Analyse der Qualität von Ausstattung und Angebot. Ein Platz mit zwei Sternen muss aber nicht automatisch weniger attraktiv sein als ein Platz mit vier oder fünf Sternen. Camper müssen sich lediglich darauf einstellen, dass Infrastruktur und Ausstattung bei wenigen Sternen einfacher gehalten sind. Campingplätze ohne Sterne sind ganz neu in der Datenbank und wurden noch nicht von ADAC Inspekteuren besucht.

Für genauere Informationen steht am Ende der Platzbeschreibung ein Link zu Pincamp.de, dem Campingportal des ADAC. Dort gibt es alle Details – viel Spaß beim Sichten und Auswählen!

Auch auf den Karten in diesem Buch sind die 1 Campingplätze verzeichnet.

NEUE HORIZONTE ENTDECKEN

Mehr Urlaub am Meer

Da ist dieser magische Moment: Die Straße führt über eine Bergkuppe, und zum ersten Mal wird das Glitzern des Meeres wahrgenommen. Entfernt zwar, aber verheißungsvoll. Nur noch wenige Kilometer bis zum Campingplatz, dann den Strom anschließen und Tisch und Stühle rausstellen. Oder doch nach der Ankunft erst einmal ans Ufer gehen, um auf das blaue Wasser zu blicken und tief durchzuatmen? Am Meer zu campen ist mehr als nur Urlaub. Ganz gleich, ob dieser Campingplatz für die gesamte Dauer der Ferien das Zuhause auf Zeit ist oder dort nur ein Zwischenstopp eingelegt wird, um nach ein paar Tagen weitere Regionen an der Küstenlinie zu erkunden. Ob entlang der Mittelmeers oder an den südlichen Gestaden des Atlantiks – es gibt viel zu erleben und zu entdecken. In der Ägäis trifft man auf die Spuren der Wiege der europäischen Kultur, wohingegen seit Anbeginn des motorisierten Fremdenverkehrs die Adria zu den liebsten Reisezielen gehört. Der Charme der Côte d'Azur und die Sonnenstrände Spaniens üben eine unvergleichliche Anziehungskraft aus – wer »ans Meer« fährt, meint damit oftmals die beliebten Feriendestinationen am Mittelmeer. Wo der rauere Atlantik auf die Küsten Portugals und der Biskaya trifft, lässt man sich den Wind um die Nase wehen und genießt die Wellen. Nicht zu vergessen die faszinierenden Inselwelten: Das Gefühl, die letzten Meter zum Urlaubsort mit dem Schiff zurückzulegen, ist unvergleichlich. Inselhüpfen zum Kombinieren mehrerer Inselaufenthalte wird auch mit dem Reisemobil nicht zur Kostenfalle.

In den meisten Regionen Südeuropas darf man entlang der Küsten auf eine gut entwickelte Infrastruktur für Camper vertrauen. Große Plätze bieten neben Gastronomie auch Animation. Die oft hochwertige Ausstattung ist darauf ausgelegt, Ferienspaß für die ganze Familie zu bieten. Wer es lieber etwas ruhiger mag, wird auf den zahlreichen kleinen Campingplätzen fündig, die auf einfacherem Niveau mit familiärem Ambiente aufwarten. Die Wahl des Reiseziels orientiert sich natürlich daran, welche Erwartungen an den Strand bestehen: Soll der Nachwuchs am flachen Sandstrand Burgen bauen können? Oder lockt die Schönheit der oft von Felsen umgebenen Kiesel- oder Steinstrände, die häufig ein Paradies für Schnorchler und Taucher darstellen? Vor allem an den beliebten Urlaubsorten gibt es Möglichkeiten, die Ausrüstung für Wassersportaktivitäten auszuleihen – auch Surf-, Segel- oder Tauchkurse sind im Angebot.

Es versteht sich von selbst, dass nicht alle Parzellen direkt an der Uferlinie angesiedelt sein können. Entsprechend begehrt sind die Standflächen der ersten Reihe – eine Vorausbuchung empfiehlt sich. Zudem ist Camping

Sonnen, Schwimmen, Wassersport

Südeuropas Strände

Ob Burgenbau im weichen Sand oder das Schwimmen bis zur ersten Boje, ob Schnorcheln über dem Meeresgrund oder das Spiel mit Wind und Wellen auf dem Surfbrett – an den Stränden Südeuropas ist möglich, was gefällt. Schwarz-weiß geviertelte Flaggen kennzeichnen die Bereiche der Wassersportler, wo nicht gebadet werden darf. Und nicht vergessen, die Sonnencreme einzupacken ...

am Meer nicht überall mit unmittelbar am Wasser befindlichen Plätzen gleichzusetzen. Dünengürtel, Naturschutzgebiete und Überflutungsflächen können Gründe dafür sein, dass Campingplätze ein wenig tiefer im Inland angelegt wurden. In der Praxis macht das keinen Unterschied, selbst wenn der Weg zum Strand ein paar Minuten dauert. Das Salz in der Luft, das Geschrei der Möwen und die Atmosphäre machen klar, dass das Meer nie weit ist.

Der Traum vom freien Campen an einsamen Buchten indes wird rund ums Mittelmeer eher nicht mehr erfüllt. Wo früher mal ein einsamer Bulli zwischen Kiefern und Klippen stand, war es schon wenige Jahre darauf mit der Abgeschiedenheit nicht mehr weit her. Nicht jeder hinterließ den Ort in seiner ursprünglichen Natürlichkeit, und infolge des in allen Ländern wachsenden Umweltbewusstseins wurden Camper auf die für sie eingerichteten Plätze verwiesen. Doch ist man ehrlich, erweisen sich die unzähligen Campingplätze entlang der Küste auch als ungemein angenehm: Die in den vergangenen Jahren gewachsenen Ansprüche an die Ver- und Entsorgung können dort problemlos befriedigt werden, familienfreundliche Anlagen punkten mit ihren Möglichkeiten für Kinder, und die Sicherheit hinter der Schranke ist ebenfalls nicht zu vernachlässigen. Und an welcher einsamen Bucht werden am Morgen schon frische Brötchen fürs Frühstück angeboten?

Für welche Zielregion man sich auch entscheidet – Camping am Meer ist Urlaub für die Seele. Mit dem Reisemobil mit mal mehr, mal weniger Komfort ausgestattet, aber immer in der Natur und in Kontakt mit Land und Leuten. Am Morgen hört man beim Aufwachen das Rauschen des Meeres, abends lässt sich der Sternenhimmel über einer malerischen Bucht genießen. Wer sich mal wieder richtig lebendig fühlen möchte, sollte es ausprobieren – auch auf das Risiko hin, danach immer wieder den Weg zu einer schönen Küste einzuschlagen. Wenn dann kurz vor dem Ziel erstmals das Glitzern des Wassers zu erkennen ist, setzt Entspannung ein, und der Weg hat sich bereits gelohnt. Campen? Immer wieder gerne am Meer!

AUTOR

Das Leben zur Reise machen, das Reisen zum Leben: Als freier Journalist ist **Marc Roger Reichel** seit mehr als 30 Jahren mit Kamera und Laptop unterwegs – immer neugierig darauf, was noch hinter dem Horizont liegt. Den Reiz des Mittelmeers in der Abendsonne schätzt der bekennende Camper ebenso wie die spektakuläre Natur Skandinaviens. In der Reihe »Yes we camp« sind von ihm bereits mehrere Bände erschienen.

Frankreich

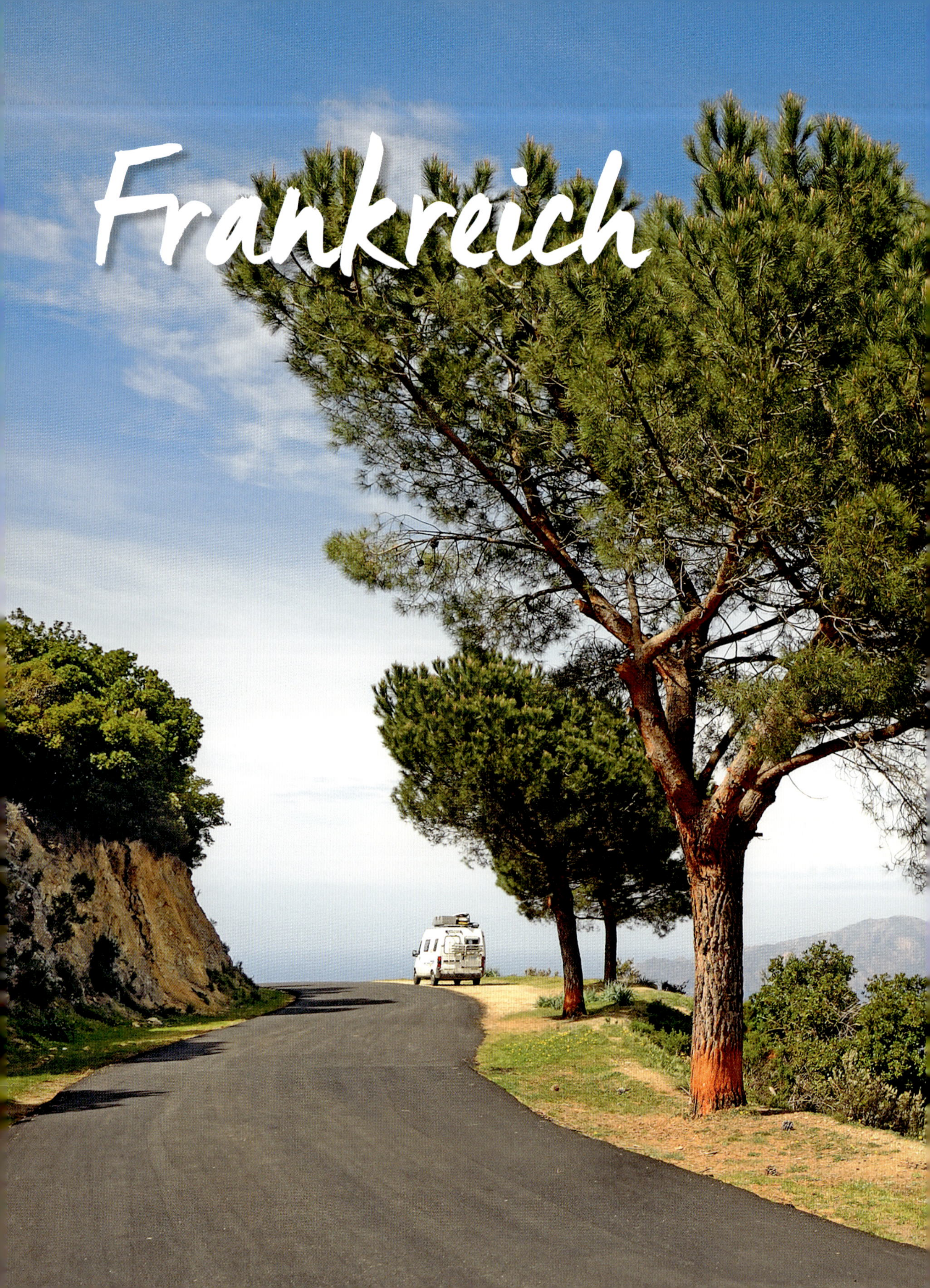

Schöne Aussicht: Wer die engen Küstenstraßen Korsikas befahren will, sollte viel Zeit mitbringen.

Mit den Zielen ...

CÔTE D'AZUR

Eine ruhige Kugel schieben

Pétanque

Die Partie Boule gehört in Südfrankreich zum Leben dazu – über Stunden wird alles daran gesetzt, seine Metallkugeln nahe des »Schweinchens«, einer kleinen Holzkugel, zu platzieren. Die aus dem Stand gespielte Variante Pétanque wurde in La Ciotat erfunden und hat sich zum Volkssport entwickelt. Bahnen findet man in vielen Parks und an Uferpromenaden.

1 In den Sommermonaten gehört die Côte d'Azur zu den beliebtesten Feriendestinationen Frankreichs. Zwischen der Mündung der Rhône und der italienischen Grenze reihen sich die Badestrände aneinander wie eine Perlenschnur. Die Region ist berühmt für ihre Sandstrände und ihre Freizeitmöglichkeiten. Kulturelle Einrichtungen gewähren oftmals freien Eintritt, in den Hochburgen des Jetsets muss allerdings tiefer ins Portemonnaie gegriffen werden. Entlang der Küste herrscht kein Mangel an Campingplätzen, Reisemobil-Stellplätze dagegen sind eher im Inland zu finden.

Griechen und Römer haben in diesem Landstrich sichtbare Spuren hinterlassen, viele Orte schmücken sich mit historischen Stadtkernen. Eine Erkundung des Hinterlands lohnt auf jeden Fall: Vor der Kulisse der Seealpen zeigen dort die Dörfer ihr ungeschminktes Alltagsgesicht, das keineswegs unansehnlicher ist als das der gerade angesagten Badeorte an der Küste. Wer sich nur schwer zwischen einem Urlaub am Meer oder Ferien in den Bergen entscheiden kann, findet hier eine gelungene Symbiose beider Ziele. Das unbeschreibliche Flair südfranzösischer Lebensart gibt es als Zugabe: Die Region ist berühmt für ihre guten Weine, und in der Heimat der Bouillabaisse werden auch die Mahlzeiten zu einem besonderen Geschmackserlebnis.

◂ Stellplatz im Halbschatten und Meerblick vom Aufstelldach – die Bucht von Camp du Domaine bietet Campern einen Sandstrand von 750 m Länge.

SEHENSWERTES

MARSEILLE

Vor mehr als 2600 Jahren als Stützpunkt griechischer Seefahrer gegründet ist die älteste Stadt Frankreichs seit jeher das Tor zum Mittelmeer. Als optimaler Startpunkt für Exkursionen empfiehlt sich der alte Hafen. Schon lange werden hier keine Waren mehr umgeschlagen, stattdessen locken kleine Läden und Restaurants in den alten Docks. Frühaufsteher finden am Quai des Belges den täglichen Fischmarkt. An der nördlichen Hafeneinfahrt lohnt der Weg zum Fort St-Jean mit seinen Wehrgängen und Gewölbesälen, der Besuch der Anlage ist kostenlos. Ganz in der Nähe und über eine Brücke zu erreichen ist das Museum der Zivilisationen Europas und des Mittelmeers, kurz MuCEM. Den besten Blick über die Stadt und das Meer bietet übrigens die auf 161 m Höhe errichtete Kirche Notre-Dame de la Garde. Besucher sollten zur Anfahrt die öffentlichen Verkehrsmittel nutzen – der Parkplatz wird abends nach der Schließung der Kirche abgesperrt.

CALANQUES UND CASSIS

Über 20 km erstreckt sich der Nationalpark Calanques zwischen Marseille und Cassis. Die von den weißen Felsklippen des Kalkfelsens umgebenen Buchten lassen sich am besten vom Boot aus erkunden – Ausflugsfahrten werden unter anderem ab Marseille angeboten. Die malerische Fjordlandschaft steht unter Naturschutz, Besucher können jedoch die markierten Wanderwege und Klettersteige nutzen. Nur von Anfang Juli bis Mitte September darf ausschließlich der Küstenweg genutzt werden, um gefährdete Arten nicht zu stören.

Einen schönen Abschluss des Ausflugs bietet ein Besuch des einstigen Fischerdörfchens Cassis, das sich heute als mondäner Badeort präsentiert. Auf der einen Seite wird er vom weißen Kalkstein der Calanques flankiert, auf der anderen Seite aber von den roten Felsen des Cap Canaille. Schon Maler wie Henri Matisse bannten dieses Panorama auf die Leinwand. Obwohl in Cassis schon lange kein professioneller Fischfang mehr betrieben wird, hat sich die Tradition, am von bunten Häusern gesäumten Hafen den Fang des Tages zu offerieren, gehalten.

SAINT-TROPEZ

Dem Charme der quirligen Hafenstadt kann man sich kaum verschließen. Der Anblick der Motorjachten im Hafen lässt staunen, die historischen Segeljachten allerdings sind eher im Rahmen internationaler Regatten zu sehen. Nur wenige Meter vom neuen Hafen entfernt werden Erinnerungen an Filme mit Louis de Funès und anderen Mimen wachgehalten: Das Museum der Gendarmerie und des Kinos an der Place Blanqui entführt in die Welt der bunten Filme und würdigt gleichzeitig die örtlichen Ordnungshüter *(www.saint-tropez.fr/culture/mgc)*.

Prägend ist die Zitadelle, die vor über 400 Jahren hoch auf einem strategisch günstigen Hügel errichtet wurde. Mittlerweile wird die einst zum Schutz gegen spanische Angriffe erbaute Festung ganz zivil genutzt: Im Museum für Seefahrtsgeschichte wird auf die Historie der regionalen Schiffer und Fischer verwiesen. Die hoch gelegene Anlage ermöglicht einen schönen Rundumblick über den Ort, bei Sonnenuntergang legt sich ein warmer Schimmer über die Hausfassaden und Lokale. Wer die Heimstatt der Schönen und Reichen besuchen will, sollte sich auf entsprechende Preise einstellen – Saint-Tropez wird seinem Ruf als mondäner Küstenort gerecht.

FRÉJUS

Sonne und Strand, Kunst und Geschichte – die alte Römerstadt Fréjus hat von allem etwas zu bieten. Die Arena für rund 10 000 Zuschauer, in der in vorchristlicher Zeit Gladiatoren gegen afrikanische Raubtiere kämpften, ist ebenso ein Besuchermagnet wie der römische Hafen oder die Überreste des antiken Aquädukts. Sehenswert sind auch die chinesische Pagode und die sudanesische Moschee, die beide mit ihrer außergewöhnlichen Architektur beeindrucken. Ein kostenloses Marinemuseum setzt sich mit der Kolonialgeschichte Frankreichs ausei-

CAMPINGPLÄTZE

Yelloh! Village Les Tournels ★★★★★

1 Camping am Meer muss nicht zwangsläufig einen Standplatz am Strand beinhalten. Von der mit 24 ha weitläufig angelegten Ferienanlage Village Les Tournels bei Saint-Tropez ist es nicht weit bis zum Ufer, und viele der 510 bis zu 110 m² großen Parzellen erlauben einen Blick auf die Bucht von Pampelonne. Ein Shuttlebus verkehrt regelmäßig zwischen Camp und Strand. Dort gibt es vielerlei Möglichkeiten zum Wassersport: Geboten werden unter anderem Wasserski und ein Jet-Ski-Verleih. Der Campingplatz verfügt über allerlei Annehmlichkeiten, Familienfreundlichkeit und Wellness werden groß geschrieben. Alle Plätze sind mit Frisch- und Abwasseranschlüssen sowie Stromanschlüssen (CEE, 6 A) versehen, WLAN kann auf dem gesamten Gelände empfangen werden.

▶ Route de Camarat, 83350 Ramatuelle, Tel. +33 (0) 494 55 90 90, April–Anfang Nov., GPS: 43.2053, 6.65098333

■ pincamp.de/PO8300

Camp du Domaine ★★★★½

2 Eine von Felsen begrenzte Bucht wartet mit 750 m Sandstrand auf, und Wassersportler können verschiedensten Aktivitäten nachgehen. Das Camp du Domaine bietet neben einem Bootsverleih auch eine Windsurf- und Kiteschule; Segeln und Tauchen sind ebenso möglich wie Kanu- und Kajaktouren. Trotz der 1086 Parzellen (80–120 m²) wirkt die Anlage weitläufig, Pinien spenden Schatten. Für Kinder und Erwachsene werden Freizeit- und Unterhaltungsprogramme aufgeboten. Neben Anschlüssen für Frisch- und Abwasser gibt eine Ver- und Entsorgungsstation für Wohnmobile, Steckdosen (Schuko, 10–16 A) und WLAN sind auf dem ganzen Platz verfügbar. Keine Haustiere im Juli und August.

▶ Route de Bénat 2581, 83230 Bormes-les-Mimosas, Tel. +33 (0) 494 71 03 12, April–Okt., GPS: 43.119323, 6.357337

■ pincamp.de/PO8750

Camping La Presqu'île de Giens ★★★★½

3 Die Halbinsel Giens markiert den südlichsten Punkt der Côte d'Azur, die Sandstrände laden zum Baden ein. Die Region ist bekannt für ihre Windsurf- und Kitegebiete, Taucher und Schnorchler erleben die Unterwasserwelt. SUP-Boards und Jet-Skis können ausgeliehen werden. Der Campingplatz liegt etwa 900 m landeinwärts, Shuttlebusse fahren die Strände an. Auf dem dicht bewachsenen Platz verteilen sich 140 Parzellen à 60 bis 110 m², die Stromkästen sind mit Schukosteckdosen (16 A) bestückt. Zur großzügigen Ausstattung gehört neben den vielen Freizeitangeboten auch überall nutzbares WLAN.

▶ Route de la Madrague 153, 83400 Giens, Tel. +33 (0) 494 58 22 86, April–Anfang Nov., GPS: 43.04081667, 6.14315

■ pincamp.de/PO9150

nander. Im östlich gelegenen Nachbarort Saint-Raphaël erzählt das neben einer Templerkirche befindliche Archäologische Museum von den ersten Besiedlungen am Massif de l'Esterel sowie den Anfängen des Tauchsports. Neben Geschichte zum Anfassen gibt es entlang der Küstenlinie ausgedehnte Strände, die sowohl zum Erholen einladen als auch diverse Wassersportmöglichkeiten bieten.

Vom Campingplatz La Presqu'île de Giens verkehrt ein Shuttlebus zu den herrlichen Badestränden der Halbinsel.

CANNES

Kunst und Kultur prägen seit Jahrzehnten das Bild von Cannes – jedes Jahr wird hier die Goldene Palme für den besten Film des Jahres verliehen. Cineastische Qualitäten weisen auch die mit der Cannes-Rolle ausgezeichneten Werbespots auf. Am Alten Hafen beginnt die etwa 2 km lange Flaniermeile Boulevard de la Croisette, die von Luxushotels und Edelboutiquen gesäumt wird. Cannes ist wahrlich nicht arm an kulturellen Höhepunkten, eine Besonderheit aber ist das Nationale Picasso-Museum im Vorort Vallauris, das in der einstigen Festung des Château Grimaldi untergebracht ist. In der dortigen romanischen Kapelle ist unter anderem das Monumentalwerk »Der Krieg und der Frieden« zu sehen.

Taucher und Schnorchler kommen im Unterwasser-Ökomuseum auf der nur rund 2 km entfernten vorgelagerten Insel Île Sainte-Marguerite voll auf ihre Kosten: In Tiefen zwischen 3 und 5 m wurden sechs Statuen versenkt, die Meeresbewohnern als künstliche Riffe dienen sollen und in sicherem Abstand auf Tauchgängen erkundet werden können. Bootstouren zur Insel werden von Cannes und weiteren Küstenorten angeboten.

GRASSE

Willkommen in der Hauptstadt der Düfte: In Grasse betreiben mehrere Parfümfabrikanten ihre Laboratorien und Manufakturen. Reinschnuppern kann man im Rahmen kostenfreier Führungen – oder beim Besuch des Museums der Parfümerie. Als Reiselektüre empfiehlt sich natürlich Patrick Süskinds Roman »Das Parfum«. Durch die verwinkelte Altstadt geht es hoch zur Kathedrale Notre-Dame-du-Puy, deren Basilika auch Werke von Rubens birgt. Wer den teils steilen Fußweg scheut, kann sich während der Saison mit einem Bummelzug zu den wichtigsten Stationen chauffieren lassen.

OKZITANIEN (NORD)

Schleusen-wunder

Canal du Midi

Seit dem 17. Jh. verbindet der Canal du Midi Sète mit Toulouse, von wo aus es bereits eine Wasserstraße zum Atlantik gab. Die alten Treidelpfade führen Radfahrer über 300 Brücken und Aquädukte. Nur 3 km von Béziers entfernt ist noch die 280 m lange Schleusentreppe von Fonseranes in Betrieb, die aus sechs aufeinanderfolgenden Schleusen besteht. Ein lohnenswertes Ziel!

2

Landschaftliche Vielfalt ist die Stärke des nördlichen Küstenbereichs von Okzitanien: Im Nordosten lockt die Camargue, im Süden schließen sich die ausgedehnten Seen und Lagunen des Languedoc an. Die erst 2016 durch eine Gebietsreform entstandene Verwaltungseinheit Okzitanien umfasst einige der schönsten Regionen der französischen Mittelmeerküste. Entsprechender Beliebtheit erfreut es sich bei einheimischen wie ausländischen Feriengästen. Eine seit Jahrzehnten bestehende touristische Infrastruktur und sehenswerte Orte erhöhen die Attraktivität, mannigfaltige Ausflugsziele und Freizeitangebote machen die Gegend ideal für Touren mit dem Reisemobil. Der Reiz des Südens lockt Individualisten ebenso wie Familienurlauber. Auch Wassersportler und Wanderer kommen hier auf ihre Kosten – für Ausflüge in die nähere Umgebung sollten Fahrräder an Bord sein.

Auf der Suche nach Übernachtungsgelegenheiten an der Küste bieten sich in regelmäßigen Abständen gut ausgestattete Campingplätze an. Während der französischen Sommerferien im Juli und August sollten allerdings vorab freie Kapazitäten in Erfahrung gebracht werden. Wird nur ein Stellplatz für eine Nacht benötigt, wird man sowohl in Ufernähe als auch in der Nachbarschaft der sehenswerten Orte in den meisten Fällen fündig.

◂ Die alten Minen von Les Baux-de-Provence wurden zu neuem Leben erweckt: Die »Carrières de Lumières« präsentieren Besuchern einzigartige audiovisuelle Erlebnisse.

SEHENSWERTES

LES BAUX-DE-PROVENCE

Nicht nur an heißen Tagen erweist sich ein Besuch der alten Minen von Les Baux als Erlebnis. Wo früher das nach dem Ort benannte Bauxit abgebaut wurde, um zu Aluminium weiterverarbeitet zu werden, finden in den »Carrières de Lumières« Multimediashows und Kunstinstallationen statt. Die weitläufige Anlage mit ihren hohen, unterirdischen Hallen erstreckt sich auf halbem Weg zwischen dem Dorf und dem Val d'Enfer, dem Höllental. Wind und Regen haben die Kalksteinformationen der Region mit der Zeit in natürliche Kunstwerke umgewandelt. Der Interpretation der oft bizarren Gebilde durch die Besucher sind keine Grenzen gesetzt. Die steinernen Fantasiegestalten sind so beeindruckend, dass sich der Dichter Dante vom Val d'Enfer für sein »Inferno« der »Göttlichen Komödie« inspirieren ließ.

Im auf einem Felsvorsprung gelegenen Dorf Les Baux sorgt die mittelalterliche Architektur für eine besondere Atmosphäre. Die Burgruine bietet Platz für Veranstaltungen, aber auch Escape-Room-Events unter freiem Himmel; ein Krippenmuseum erinnert an die lange Tradition der Figurenschnitzerei. In den Gassen rund um die Burg haben sich Handwerker und Künstler mit ihren Ateliers niedergelassen.

ARLES

Die Côte d'Azur besteht nicht allein aus der unmittelbaren Küstenlinie. Lohnenswert ist ein Abstecher zu einer der faszinierendsten Städte Südfrankreichs – nach Arles. Beiderseits der Rhone gelegen wird die historische Altstadt von dem über 2000 Jahre alten Amphitheater dominiert, in den engen Gassen pulsiert das Leben. Auf der Terrasse des von Vincent van Gogh verewigten Café La Nuit an der Place du Forum werden noch immer Getränke serviert, ambitionierte Maler nutzen Licht und Ambiente für eigene Bilder. Unter der Vielzahl an Kirchen sticht die Kathedrale Saint-Trophime heraus, die allein wegen der Gobelins im Kapitelsaal einen Besuch wert ist. Die Altstadt wird durch viele schmale Sträßchen mit nur wenigen Parkplätzen dominiert. Es empfiehlt sich, das Wohnmobil außerhalb abzustellen.

AIGUES-MORTES

Noch vor 800 Jahren grenzte Aigues-Mortes an eine mit dem Mittelmeer verbundene Lagune. Zur Sicherung des Seezugangs wurden aufwendige Befestigungsanlagen im damaligen Sumpfgebiet errichtet, und die aufstrebende Stadt wurde mit einer kolossalen Stadtmauer umgeben. Altstadt und Mauer haben die Zeit überdauert und gelten heute als beispielhaft für den damaligen Städtebau. Das Meer jedoch rückte durch zunehmende Verlandung mit der Zeit in weite Ferne. Berühmt ist die Region für ihre Salinen, in denen aus Meerwasser Salz gewonnen wird. Zwischen März und November zuckelt der »Petit Train« durch das Areal, das für sein rosafarbenes Wasser und die mehr als 200 dort beheimateten Vogelarten berühmt ist. Mit über 10 000 Flamingos stellt der Salzgarten das größte Schutzgebiet Europas dar. Entdecken lässt sich das Gebiet übrigens auch per Fahrrad oder zu Fuß – die Besteigung eines Berges aus purem Salz gehört zu den Höhepunkten der Tour *(www.saunierdecamargue.de)*.

LA GRANDE MOTTE

Als sich in den 60er-Jahren des letzten Jahrhunderts die Urlauberströme gen Spanien orientierten, wollte man auch in Frankreich vom aufkommenden Massentourismus profitieren. Aus dem Nichts wurde in der Camargue am Ufer des Mittelmeers eine Stadt aus dem Boden gestampft, die möglichst viele Gäste beherbergen sollte. Lange Zeit als Ballermann Frankreichs geschmäht, haben sich die pyramidenförmigen Bauten inzwischen zu einem Beispiel nachhaltiger Architektur entwickelt. Selbst außerhalb der Saison ist von der Tristesse anderer Seebäder nichts zu spüren – erst recht, seitdem die Anlage als Kulturdenkmal anerkannt wurde. 7 km Sandstrand nebst Freizeitanlagen und Wassersportangeboten locken Besucher aus aller Welt an. La Grande Motte hat sich auch zu einer Gartenstadt gemausert, die heute als einer der grünsten Orte Europas gilt. Zur Übernachtung ist man nicht auf ein Zimmer in einem der Wohntürme angewiesen – schließlich gibt es auch einen schönen Campingplatz.

MONTPELLIER

Von der Altstadt aus mit der Straßenbahn bis an den Strand fahren? In Montpellier, das nur durch einige Seen und Lagunen vom Meer getrennt ist, kann man das erleben. Die Stadt ist der Favorit vieler Franzosen, wenn es um die mögliche Wahl eines Wohnorts im Süden geht. Und das aus gutem Grund: In kaum einem anderen Ort verknüpfen sich Tradition und Moderne auf so gelungene Weise. Hier die Altstadt, in deren Gassen über 50 Kirchen und Kapellen beheimatet sind, dort die Universitäten, an denen immerhin ein Viertel der Einwohner eingeschrieben ist. An der Place de la Comédie hat man die Oper und den Bronzebrunnen der drei Grazien gut im Blick, während am Nachbartisch das vielfältige Kulturangebot am Abend diskutiert wird. Einen Blick über die ganze Stadt bietet die Promenade de Peyrou – ein hübscher Park, in dem sich auch das barocke Wassertürmchen Château d'Eau, das aus dem Aquädukt Saint-Clément gespeist wird, befindet. Nicht weit entfernt stößt man auf den ältesten botanischen Garten Frankreichs, der bereits 1593 angelegt wurde. Tipp: Dank des hervorragenden Radwegenetzes lässt sich Montpellier gut auf zwei Rädern erkunden.

SÈTE

Vom Hafen legen Schiffe zur Reise über das Mittelmeer ab, auf der anderen Seite der Stadt empfiehlt sich die Lagune Étang de Thau für Segler, Kanuten und andere Wassersportler. Im ältesten Fischereihafen Frankreichs bringen die Kutter ihren Fang an Land, und in den Straßenlokalen von Bouziques und Mèze werden die hier geernteten Austern mit Zitrone, Essig und Mayonnaise als Häppchen für zwischendurch angeboten. Sète lebt mit dem Wasser: Die zahlreichen Kanalbrücken haben dem Ort den Beinamen Venedig des Languedoc eingebracht. Einblicke in die Geschichte bietet das Meeresmuseum; besondere Momente lassen sich im angrenzenden Freilufttheater »Théâtre de la mer« erleben *(www.de.tourisme-sete.com)*.

Über den Dächern der Altstadt von Montpellier thront die gotische Kathedrale Saint-Pierre aus dem 14. Jahrhundert.

CAMPINGPLÄTZE

Camping La Créole ★★★☆☆

4 Zwischen der Lagune Étang de Thau und der offenen See gelegen hat man auf dem Camping La Créole die Wahl zwischen Meereswellen und Achterwasser. Am Meer lockt ein bis zu 80 m breiter Sandstrand die Sonnenanbeter, die Lagune ist beliebt bei Seglern und Surfern. Zudem kann dort ein einzigartiger Artenreichtum an Wasservögeln beobachtet werden. Der an den Strand grenzende Campingplatz bietet 102 Standflächen in Größen zwischen 75 und 105 m². CEE- und Schukosteckdosen (10 A) sichern die Stromversorgung, WLAN ist auf dem gesamten Gelände verfügbar. Der auf Familien ausgerichtete Platz ist auch für Reisende mit Hunden interessant.

▸ Avenue des Campings 74, 34340 Marseillan-Plage, Tel. +33 (0) 467 21 92 69, April–Mitte Okt., GPS: 43.3127, 3.54635

■ pincamp.de/LR4480

Camping L'Espiguette ★★★★☆

5 Die Strände dieses Teils der Camargue werden seit Jahrzehnten mit der Blauen Flagge als Gütesiegel für gute Wasserqualität ausgezeichnet. In einigen Bereichen des langen, breiten Sandstrands hinter den Dünen ist FKK erlaubt. Das Camp zeichnet sich sowohl durch besondere Angebote für Familien als auch für Angler und Bootssportler aus. Jet-Skis und Boote können in der platzeigenen Slipanlage zu Wasser gelassen werden, es gibt einen Bootsverleih. Ein Einkaufszentrum versammelt eine Reihe von Geschäften. Auf dem Gelände dominieren die Wasserlandschaft mit großer Rutsche und die zahlreichen Freizeitattraktionen. Die 1100 parzellierten Standflächen befinden sich auf Sand- und Wiesengelände, die Ver- und Entsorgung ist ebenso gesichert wie ein flächendeckender WLAN-Empfang. Zum Stromzapfen (5 A) werden Schukostecker benötigt.

▸ Route des Ganivelles 1430, 30240 Le Grau-du-Roi, Tel. +33 (0) 466 51 43 92, April–Anfang Nov., GPS: 43.50653333, 4.12836667

■ pincamp.de/LR4030

Camping Les Mimosas (Portiragnes-Plage) ★★★★½

6 Dass der Campingplatz etwas im Hinterland unweit des Canal du Midi sowie am Rand des Naturschutzgebiets Réserve Naturelle Roque-Haute gelegen ist, schmälert das Urlaubsvergnügen keinesfalls: Der Weg zum langen, 1,3 km entfernten Sandstrand von Portiragnes ist schnell zurückgelegt. Dort kann man baden, kitesurfen oder auch tauchen. Im Umland werden Kanutouren angeboten, Golfplätze befinden sich in der Nähe. Der luxuriös ausgestattete familienfreundliche Platz bietet zudem ein Erlebnisbad mit sieben Becken und zahlreichen bunten Rutschen, das auch für Kinder viel Wasserspaß garantiert. Vielfältige Wellnessangebote und Unterhaltungsprogramme für verschiedene Altersklassen runden den Aufenthalt ab. Die 200 Standplätze à 80 bis 100 m² Grundfläche werden auf ebenem Wiesengelände von hohen Bäumen beschattet. WLAN ist verfügbar, und die CEE-Steckdosen sind mit 6 Ampere abgesichert.

▸ Port-Cassafières, 34420 Portiragnes-Plage, Tel. +33 (0) 467 90 92 92, Ende Mai–Anfang Sept., GPS: 43.29121667, 3.37285

■ pincamp.de/LR5050

OKZITANIEN (SÜD)

Vom Leben unter Wasser

Zu Besuch beim Hai

Um die faszinierende Unterwasserwelt vor der Küste zu sehen, bedarf es eines Taucheranzugs oder eines U-Boots. Oder man besucht das Aquarium von Canet-en-Roussillon, wo das Leben der Tiefsee in einem annähernd natürlichen Biotop bestaunt werden kann. Neben Haien und Kraken lernt man die Lebensbedingungen in den Tiefen des Meeres kennen.

▶ www.oniria.fr

3

Seit Langem gilt das südliche Okzitanien als Tipp für Genießer von Kunst und Kultur. Das an die Pyrenäen grenzende Roussillon trägt als einstiges Nordkatalonien spanische Einflüsse bei. Rot-gelbe Fahnen in den Orten zeugen davon, dass man sich eher als Katalane denn als Franzose sieht. Die vereinzelten Rufe nach Autonomie allerdings beeinträchtigen nicht die gastliche Atmosphäre, die Urlaubern entgegengebracht wird. Auf dem Weg entlang der Küste lässt sich viel entdecken – nur das Meer versteckt sich mitunter hinter den dem Ufer vorgelagerten Seen. So bleibt die Wahl zwischen den kleinen Küstenstraßen und Schwenks ins Inland, wo man auf Zeugnisse der wechselhaften Geschichte stößt. Ausgedehnte Korkeichenwälder wechseln dort mit Weinanbauregionen, zwischen den alten Mühlen und Bruchsteindörfern scheinen die Uhren eine Spur langsamer zu ticken.

Mit 2600 Sonnenstunden pro Jahr bietet die Region zwischen Mittelmeer und Pyrenäen bis in den späten Herbst hinein zweistellige Temperaturen – gute Voraussetzungen auch für Touren in der Nachsaison. Erst recht, weil entlang der gesamten Küste eine reiche Auswahl an Campingplätzen besteht. Nicht ganz so üppig, aber durchaus zufriedenstellend gestaltet sich das Angebot an Stellplätzen. Die zahlreichen Freizeitparks haben allerdings zumeist nur während der Sommersaison täglich geöffnet.

◀ Retro-Charme auf dem Campingplatz Les Criques de Porteils unweit der spanischen Grenze. Über Treppen erfolgt der Zugang zu kleinen Buchten mit Kieselstrand.

SEHENSWERTES

NARBONNE

Narbonne ist mehr als ein Etappenziel, an dem man sich überlegt, ob es weiter gen Spanien geht oder das 60 km im Inland gelegene Carcassonne angesteuert werden soll. In seiner langen Geschichte war der Hafenort sowohl römischer Stützpunkt als auch Hauptstadt des Reichs der Westgoten. Sichtbare Spuren haben vor allem die Römer hinterlassen: Ein 2000 Jahre altes Teilstück der Via Domitia wurde bei der Neugestaltung des Rathausplatzes entdeckt. Auf römische Ursprünge kann auch die den Canal de la Robine überspannende Häuserbrücke Pont des Marchands verweisen. Dem legendären Bauch von Paris nachempfunden ist die historische Markthalle, in der täglich bis 13 Uhr frische Lebensmittel gehandelt werden. Für den Snack zwischendurch empfehlen sich die zahlreichen Essensstände in der Nähe. Nicht versäumen sollte man den Blick auf die bis heute unvollendete Kathedrale Saint-Just. Und wer Narbonne von oben betrachten will, der erklimmt die 162 Stufen zum 42 m hohen Bergfried Donjon Gilles Aycelin.

Einzigartige Ausblicke bietet auch der an der nahen Küste gelegene Fischerort Gruissan, der um eine Burg herum angelegt wurde. Die historischen Pfahlbauten Gruissan-Plage mögen heute etwas im Schatten der modernen Marina stehen, doch entschädigt der Anblick Tausender Flamingos, die an der Uferlinie ihre Heimat gefunden haben.

CARCASSONE

Vom Mittelmeer aus scheinen alle Wege nach Carcassonne zu führen: Am romantisch wirkenden Canal du Midi entlang erreicht man die mittelalterliche Stadt ebenso wie über die verschlungenen Landstraßen, die durch ausgedehnte Wälder führen. Natürlich kann man auch ab Narbonne die Autobahn wählen. Schon von weit her ist die ursprünglich in der Römerzeit angelegte Festung zu sehen, im Lauf der Jahrhunderte wurde die Cité von zwei Burgmauern umschlossen. Von 52 Türmen aus hielt man Ausschau, ob Bedrohungen zu erwarten waren. Heute ist die Burg einer der meistbesuchten Orte in Frankreich. Schloss und Kathedrale können besichtigt werden, rund um den Marktplatz servieren zahlreiche Lokale Café au lait sowie den Cassoulet, den klassischen Eintopf der Region. Es lohnt sich, den Besuch der Stadt bis zum Abend hin auszudehnen – von der 210 m langen Brücke Pont Vieux eröffnet sich dann ein faszinierender Blick auf die in den Nachtstunden schön beleuchtete Festungsanlage. Wegen der begrenzten Parkmöglichkeiten empfiehlt es sich, zum Abstellen des Wohnmobils den in Sichtweite gelegenen Campingplatz zu nutzen.

LEUCATE

Auf der einen Seite das offene Meer, hinter der künstlich aufgeschütteten Landzunge das ruhigere Achterwasser: Die Küstenlinie rund um das Cap Leucate hat sich wegen seiner ausgedehnten Strände und den guten Windverhältnissen einen guten Namen bei Sonnenanbetern und Surfern gemacht. Naturisten haben hier die Wahl zwischen verschiedenen FKK-Stränden. Bei La Franqui hat die Zeit der Belle Époque zahlreiche Villen und Gärten hinterlassen. Weiter im Süden ist der Freizeitpark Aqualand ein Magnet für den Ferienspaß mit der ganzen Familie. Ein Erlebnis ist auch der Besuch des 1967 auf den Strand von Le Barcarès gezogenen Passagierschiffs Lydia. Einst auf den Weltmeeren unterwegs, zieht der 90 m lange und zum Casino umgebaute Dampfer jährlich über 600 000 Besucher an.

PERPIGNAN

Mehr als 350 Jahre ist es her, dass das Roussillon zu Spanien gehörte. Im Bewusstsein der Bevölkerung aber ist Perpignan immer katalanisch geblieben, die Sprache wird gepflegt, und die rot-gelben Fahnen Kataloniens gehören zum Stadtbild. Nicht zuletzt der Königspalast Palau del Reis de Mallorca auf dem Hügel Puig del Rey zeugt davon, dass die Baleareninsel einst von hier aus regiert wurde. Der ebenfalls aus Katalonien stammende Maler Salvador Dalí würdigte Perpignan als Zentrum der Welt und zeichnet gleich-

CAMPINGPLÄTZE

Camping Le Floride & l'Embouchure ★★★★½

7 An der Mündung des Flusses Agly gelegen verspricht der Campingplatz Le Floride & l'Embouchure viele Möglichkeiten zur Unterhaltung und Attraktionen für die ganze Familie. Beidseits einer Hauptstraße verteilen sich in zwei Bereichen 142 Parzellen à 65 bis 100 m², Büsche und Hecken sorgen für Privatsphäre. Der mit kleinen Kieseln durchsetzte Sandstrand ist nur 100 m entfernt, als zusätzliche Gelegenheit zum Baden und Paddeln bietet sich auch der Fluss an. Mit einem großen Wasserpark, vielen Sportanlagen und einer Gastronomiemeile setzt der Platz auf aktive Erlebnisferien – angrenzend befindet sich ein Freizeitpark mit Fahrgeschäften, der bis Mitternacht geöffnet hat. WLAN-Empfang hat man auf dem gesamten Gelände, für den Elektroanschluss (10 A) werden Schukostecker benötigt. Einige Standplätze sind mit eigenen Sanitäreinheiten ausgestattet.

▶ Route de Saint-Laurent/D 90, 66423 Le Barcarès, Tel. +33 (0) 468 86 11 75, April–Anfang Nov., GPS: 42.77863333, 3.02985

■ pincamp.de/LR5920

Yelloh! Village Le Brasilia ★★★★★

8 Mehr Wasser geht fast nicht: Auf einer Landzunge gelegen grenzt Camping Le Brasilia sowohl ans Meer als auch an den Fluss La Têt und an eine große Marina. Der 600 m lange Strand liegt hinter einem schmalen Dünengürtel und lockt mit feinem Sand. Badevergnügen erlebt man nicht nur am Meer, sondern auch in der großen Badelandschaft sowie im platzeigenen Wasser-Erlebnispark. Dort werden zudem SUP-Kurse angeboten. Unter Schatten spendenden Kiefern hat man die Wahl zwischen 437 Standflächen in Größen zwischen 80 und 100 m². Alle Parzellen sind mit Stromanschlüssen (CEE, 6–10 A) versehen, Plätze mit Abwasser- und Frischwasseranschlüssen sind ebenfalls verfügbar. WLAN ist auf dem ganzen Areal zu empfangen.

▶ Avenue des Anneaux du Roussillon 2, 66140 Canet-en-Roussillon, Tel. +33 (0) 468 80 23 82, Mitte April–Anfang Okt., GPS: 42.70836667, 3.0355

■ pincamp.de/LR6160

Camping Les Criques de Porteils ★★★★☆

9 Auf der einen Seite ragen die Pyrenäen in den Himmel, auf der anderen Seite glitzert das blaue Meer. Die felsige Steilküste hat im näheren Umkreis mehrere kleine Buchten mit feinem Kieselstrand zu bieten, der Zugang erfolgt über Treppen. Am Wasser sind SUP-Board-Kurse im Angebot, Boote können ausgeliehen werden, und die Buchten eignen sich bestens zum Schnorcheln. Wenn die See mal unruhig ist oder einem der Sinn nach Süßwasser steht, kann das platzeigene Freibad mit Rutschen und Planschbecken in Anspruch genommen werden. Der mehrfach terrassierte Campingplatz verfügt über 192 parzellierte Standflächen (60–80 m²) mit Stromanschluss (CEE, Schuko, 10 A), WLAN ist flächendeckend verfügbar. Für seine umweltorientierte Betriebsführung wurde der Platz mit dem Greenkey Eco Label ausgezeichnet.

Corniche de Collioure, RD 114, 66701 Argelès-sur-Mer, Tel. +33 (0) 468 81 12 73, April–Okt., GPS: 42.5336, 3.06788333

■ pincamp.de/LR6700

zeitig als Schöpfer der Bahnhofshalle verantwortlich. Sehenswert ist die Altstadt rund um die Place de la Loge. Die im 14. Jh. erbaute Festung beherbergt heute ein Museum für katalanische Kunst.

WEINE UND MEHR

An berühmten Weinregionen herrscht in Frankreich sicherlich kein Mangel, doch nicht ohne Grund haben die Erzeugnisse aus dem Roussillon einen besonders guten Ruf. An 316 Tagen pro Jahr scheint hier die Sonne, und die auf den steinigen Terrassen am Fuß der Pyrenäen wachsenden Reben überzeugen auch Gourmets. Doch nur drei Prozent der hier produzierten Weine und Liköre gehen in den Export. Für die Einheimischen gehören die edlen Tropfen zum täglichen Genuss, Besucher sollten den kleinen Abstecher ins Inland unternehmen und das Örtchen Thior ansteuern. In den Gewölben der Weinkellerei Byrrh befindet sich unter anderem das größte für die Weinherstellung genutzte Fass der Welt mit einem Fassungsvermögen von mehr als 1 Mio. Litern. Seit 1866 werden hier bis heute Spirituosen hergestellt, einige Teile des historischen Werkes sind der Öffentlichkeit als Museum zugänglich. Die westlich von Perpignan gelegene Anlage kann das ganze Jahr über besucht werden *(www.caves-byrrh.fr)*.

KÜSTENSTRASSE NACH SPANIEN

Nur 30 km trennen Perpignan von der Grenze zu Spanien. Die kleinen Küstenstraßen sollten der Autobahn vorgezogen werden, ist die Strecke doch gespickt mit echten Kleinoden – etwa das bei Saint-Nazaire auf einer schmalen Landzunge errichtete Fischerdorf mit seinen Schilfhütten. Bei Argelès-Plage werden die flachen Sandstrände von Felsbuchten abgelöst, über Banyuls geht es weiter zum Aussichtspunkt Cap Réderis. Bei schönem Wetter kann man von hier bis zu den Cevennen und zur spanischen Costa Brava blicken. Eisenbahnfans und Freunde der Industriekultur werden den Bahnhof in Cerbère nicht auslassen: Der 1878 von Gustave Eiffel erbaute Personenbahnhof befindet sich in 21 m Höhe auf einem Viadukt, über Jahrzehnte wurden in der Grenzstation die Waggons auf die spanische Gleisbreite umgespurt. Nach der Verlegung der Hauptstrecke geht es hier ruhiger zu – sehenswert ist die Anlage allemal.

Wohnmobilstellplätze im Yelloh! Village Le Brasilia. Über einen schmalen Dünengürtel geht's direkt an den Strand.

AQUITANIEN

Historisches Leuchtfeuer

Es werde Licht ...

Mitten in der Mündung der Gironde ragt der »König der Leuchttürme« 69 m über die Wasserlinie empor. Der dienstälteste Leuchtturm Frankreichs weist bereits seit 1611 Schiffen den rechten Weg, seit 2021 gehört er zum Welterbe der UNESCO. Unter anderem von Verdon-sur-Mer an der Nordspitze der Halbinsel Médac aus werden Bootstouren zum Leuchtfeuer von Cordouan angeboten.

▶ www.phare-de-cordouan.fr

4

Zwischen der Mündung der Gironde und der spanischen Grenze erstreckt sich im Südwesten Aquitaniens die Côte d'Argent. Die Silberküste Frankreichs verdankt ihren Namen den unzähligen Muscheln und Austern, deren Überreste den feinen Sandstränden im Licht der untergehenden Sonne ein silberfarbenes Aussehen verleihen. Ganz im Osten des Golfs von Gascogne gelegen ist das Klima von den Stürmen der Biskaya geprägt – die warmen Winde lassen die Strände zur bevorzugten Region von Wassersportlern aller Disziplinen avancieren. Nicht außer acht gelassen werden sollte das vielseitige Hinterland mit seinen Seen und Naturparks.

Nicht verwunderlich, dass die Küste zu den Top-Urlaubsdestinationen Frankreichs gehört. Obwohl eine flächendeckende Infrastruktur an Camping- und Stellplätzen vorzufinden ist, sollten entlang der Küste in der Zeit der französischen Sommerferien vorab Reservierungen vorgenommen werden. Empfehlenswert ist auf jeden Fall die Mitnahme von Fahrrädern. Die auch von Ungeübten leicht zu bewältigende »Vélodyssée« führt als französisches Teilstück des Atlantik-Fernradweges durch wilde Naturlandschaften. Und ob mit oder ohne Rad: Zur Stärkung spricht nichts gegen einen Streifzug durch die breit gefächerte gastronomische Landschaft. Ein Gläschen guten Bordeaux-Weins ist dazu eine prima Ergänzung.

◀ Strahlend blauer Himmel und das funkelnde Wasser des Atlantiks: Das einstmals kaiserliche Belle-Époque-Seebad Biarritz steht bei Urlaubern immer noch hoch im Kurs.

SEHENSWERTES

LACANAU

Hohe Kiefern und Palmen spenden Schatten, hinter einem schmalen Dünenstreifen erstreckt sich ein Sandstrand von 15 km Länge. Die Uferlinie bei Lacanau zieht seit einiger Zeit Aktivurlauber an, jedes Jahr im August wird hier eine Etappe der Weltmeisterschaften im Profisurfen ausgetragen. Wer es gemächlicher mag, leiht sich ein Kanu oder wagt sich mit dem SUP-Board aufs Wasser. Segler finden ideale Voraussetzungen vor, und auf einem künstlichen See wurde eine Wasserskianlage errichtet. Der Lac de Lacanau zwischen dem Ort und der Meeresküste stellt als einer der größten Binnenseen Frankreichs ein beliebtes Revier für Angler dar. Der sich nördlich anschließende Nationalpark Médoc ist ein bevorzugtes Ausflugsziel für Wanderer und Radfahrer. Und die Reitställe rund um Lacanau haben Möglichkeiten zu Ausritten in ihrem Angebot.

BORDEAUX

Bordeaux liegt nicht unmittelbar an der Küste, doch wer Aquitanien bereist, kommt um einen Besuch dieser faszinierenden Stadt kaum herum. Die vom Fluss Gironde begrenzte Altstadt ist UNESCO-Welterbe, der Turm der Kathedrale Saint-André kann bis auf 50 m Höhe bestiegen werden und bietet so einen prächtigen Blick auf die Stadt. Ob man das ausgedehnte Zentrum mit seinen Bürgerhäusern zu Fuß erkundet oder einige Etappen mit der Straßenbahn abkürzt, mag jeder selbst entscheiden. Auf jeden Fall aber lohnt nach Einbruch der Dunkelheit der weg zur Place de la Bourse, wo die Wasserspiele des Miroir d'eau für sehenswerte Spiegelungen sorgen. Die Nähe zum Meer zeigt sich nicht nur im Tidenhub des Flusses Gironde, der das Wasser bei Flut um bis zu 5 m ansteigen lässt. Der fast 20 m hohe einstige deutsche U-Boot-Bunker im Stadtteil Bassins à Flots dient mittlerweile als Kunstzentrum. Freunde guten Essens finden in den zahlreichen Restaurants ein breites Angebot regionaler Spezialitäten. Nicht zu vergessen der Wein des berühmten Anbaugebiets Bordelais, das auch den Armagnac hervorbringt. Etwa 7000 Winzer kreieren im ältesten Weinanbaugebiet der Welt edle Tropfen, von denen 57 eine geschützte Herkunftsbezeichnung aufweisen.

ARCACHON

Der feine Sandstrand am Becken von Arcachon lockt tagsüber die Badegäste, am Abend kann das einstige Fischerdorf mit einem lebhaften Nachtleben aufwarten. In der Uferzone des Meeresnaturparks Bassin d'Arcachon gelegen bietet sich der Badeort für Paddler ebenso an wie für Kanuten – die hervorragenden Möglichkeiten zum Segeln und Surfen gehören an der Biskaya zur Selbstverständlichkeit. In den Restaurants sind frischer Fisch und Meeresfrüchte fester Bestandteil des Menüs, die in der Bucht angebauten Austern sind eine besondere Delikatesse. Der Nachbarort Gujan-Mestras gilt als Hauptstadt der Austernzucht. Das dortige Haus der Auster enthält ein kleines Museum, das über Aufzucht und Arbeitsweisen informiert.

Nur 7 km südlich des Ortes befindet sich die am zweithäufigsten besuchte Attraktion Frankreichs: Die Wanderdüne von Pyla ist 110 m hoch, 2,7 km lang und bewegt sich stetig in Richtung Inland. Das Naturschauspiel zieht jährlich bis zu 1 Mio. Menschen an, in der Nähe befinden sich mehrere Campingplätze. Wegen der guten thermischen Voraussetzungen ist die begehbare Düne auch ein beliebtes Ziel für Gleitschirm- und Drachenflieger.

WASSERFLUGZEUGMUSEUM IN BISCARROSSE

In den letzten Jahren wüteten an der französischen Atlantikküste verheerende Waldbrände – maßgeblich an der Brandbekämpfung beteiligt waren Löschflugzeuge, die ursprünglich eine Variante von Wasserflugzeugen darstellten. Auf dem Gelände der ehemaligen Latécoère-Basis am Biscarrosse-See wird das goldene Zeitalter der Wasserflugzeuge, die sogar die Weltmeere überwanden, nachgezeichnet. Die Ausstellung enthält neben zwölf Flugzeugen auch Tausende von

CAMPINGPLÄTZE

10 Camping Albret Plage ★★★½☆

Ein kurzer Spaziergang durch die Dünen, und schon liegt Kitern und Surfern der weite Atlantik zu Füßen – wer will, belegt einen Kurs. Alternativ geht man mit dem SUP-Board oder einem Kajak hinaus auf's Wasser oder behält die Szenerie beim Sonnenbaden vom Strand aus im Auge. Im Juli und August haben Rettungsschwimmer die Küste im Auge. Der teils auf Wiesengelände, teils in einem hohen Pinienwald gelegene Campingplatz verfügt über 151 parzellierte Standflächen in Größen von 80 bis 120 m², die Standplätze sind mit Stromschlüssen (CEE, 6–10 A) ausgestattet. Auf dem Areal gibt es WLAN-Empfang, eine Ver- und Entsorgungsstation für Wohnmobile ist vorhanden, und Gasflaschen können auf dem Platz problemlos getauscht werden.

▶ Chemin Junca 100, 40660 Messanges, Tel. +33 (0) 558 48 03 67, Ende Mai–Sept., GPS: 43.796722, -1.401163

■ pincamp.de/AQ7752

11 Campéole Les Tourterelles ★★★½☆

Fest in der Hand der Wassersportler ist dieser nahe Vielle-Saint-Girons gelegene Campingplatz. Der rund 300 m entfernte, kilometerlange Sandstrand lockt nicht nur Badegäste, sondern auch Surfer – regelmäßig sind Teile des Platzes von Surf-Camps belegt. Eine Surf- und Kiteschule befindet sich ebenfalls vor Ort. Außerdem können Fahrräder und Surfbretter ausgeliehen werden. Ein Foodtruck bietet mittags und abends Mahlzeiten zum Mitnehmen an. Auf dem 17 ha großen Terrain in einem lichten Kiefernwald gibt es 667 Standflächen, von denen 568 parzelliert sind. Die Einzelplätze sind mit Größen von 80 bis 180 m² luftig angelegt; Strom (CEE, 10 A) und WLAN sind ebenso verfügbar wie eine Ver- und Entsorgungsstation. Für Gäste, die nur einen Zwischenstopp einlegen wollen, wurden außerhalb des Geländes weitere Übernachtungsplätze eingerichtet.

▶ 40560 Saint-Girons-Plage, Tel. +33 (0) 253 81 70 00, Mitte Mai–Sept., GPS: 43.95435, -1.35668

■ pincamp.de/AQ7510

12 Camping Le Pavillon Royal ★★★★☆

Die mit Steinblöcken gesicherte Steilküste und die Buchten, deren Sandstrände zugänglich sind, prägen das Panorama der baskischen Atlantikküste im Süden Frankreichs. Der nur 4 km südlich von Biarritz gelegene Campingplatz bietet einen freien Blick auf den Atlantik und wirbt mit seinen familienfreundlichen Angeboten sowie guten Sportmöglichkeiten. Surfkurse werden organisiert, in der Nachbarschaft befindet sich ein Golfplatz. Die 315 parzellierten Standflächen messen zwischen 70 und 140 m² und sind mit CEE-Steckdosen (10 A) sowie Frisch- und Abwasseranschlüssen versehen. WLAN-Empfang ist auf dem gesamten Areal gesichert. Restaurant, Supermarkt und die Nutzung des Freibads gehören zum festen Angebot. Aktivurlauber können den Fitnessraum nutzen oder an einem der Yoga-, Pilates- oder Wassergymnastikkurse teilnehmen. Außerdem lockt ein Hamam mit Massagesalon. Hunde dürfen allerdings nicht mitgebracht werden.

▶ Avenue du Prince de Galles, 64210 Bidart, Tel. +33 (0) 559 23 00 54, Mitte Mai–Sept., GPS: 43.45456667, -1.57641667

■ pincamp.de/AQ8800

Freier Blick auf die heranbrausenden Wellen des Atlantiks – Parzelle auf dem Campingplatz Le Pavillon Royal.

Exponaten, von denen die ältesten aus dem Jahr 1920 stammen. Neben dem regulären Besuch sind auf Kinder ausgerichtete Familienführungen möglich *(www.hydravions-biscarrosse.com)*.

BIARRITZ

Der Legende nach verdankt Biarritz seine Gründung gestrandeten Walfängern. Die großen Meeressäuger gibt es in dieser Region schon seit Jahrhunderten nicht mehr, geblieben aber ist der das Stadtwappen zierende Walfisch. Noch bis in die 60er-Jahre des letzten Jahrhunderts sorgten die regelmäßigen Aufenthalte europäischer Könige und Magnaten für ein mondänes Flair. Viele Bauwerke erinnern an die Zeiten, als der Ort als »die eleganteste Stadt« bezeichnet wurde. Mittlerweile sorgen die Winde der Biskaya für einen steten Strom an Surfern, die an der Küste die Wellen bezwingen. Wer lieber festen Boden unter den Füßen behält, steuert das in einem Art-déco-Gebäude beheimatete Meeresmuseum an, das zu einer Reise in die Welt der Ozeane einlädt. Sollten die 50 Aquarien nicht Attraktion genug sein, empfiehlt sich der Gang zum Robbenbecken – nicht nur für Kinder ein Vergnügen. Süße Sünden bietet danach das sehenswerte Schokoladenmuseum. In den Sommermonaten ist die Stadt übrigens voller Musik – auf mehreren Bühnen werden alljährlich kostenlose Konzerte veranstaltet.

LE TRAIN DE LA RHUNE

Einmal die Küstenlinie der Biskaya aus der Vogelperspektive sehen? Die Fahrt mit dem Train de la Rhune macht es möglich. Die 1924 eingeweihte Zahnradbahn bringt ihre Passagiere von Mitte April bis Anfang September auf den 905 m hohen heiligen Berg der Basken. Die Endstation ragt in unmittelbarer Nähe der spanischen Grenze auf, hinter der es auch ein Lokal gibt. Die Gesamtdauer der Tour beträgt etwa 2,5 Stunden, am Gipfel leben wilde Pferde, und mit etwas Glück können sogar Geier im freien Flug beobachtet werden. Die Talstation befindet sich in der Gemeinde Sare am Col de Saint-Ignace, etwa 10 km von Saint-Jean-de-Luz entfernt. Parkplätze sind rar, weshalb eine frühzeitige Anreise angeraten ist. Wegen des großen Interesses empfiehlt sich eine Online-Buchung der Tickets *(www.rhune.com)*.

Die Altstadt von Bordeaux bezaubert mit einer Vielzahl von historischen Cafés und Restaurants.

KORSIKA

Korsischer Käse

Peka Brocciu

Allen Beschreibungen von stinkenden und explodierenden Käsen im Comic »Asterix auf Korsika« zum Trotz ist korsischer Käse eine Empfehlung wert. Der aus Schafs- und Ziegenmilch sowie Molke gewonnene »Peka Brocciu« wird als cremiger Frischkäse überall auf der Insel angeboten. Mindestens drei Wochen gereift entwickelt er als »brocciu passu« sein volles Aroma.

5

In der Antike rühmten die alten Griechen Korsika als schönste Insel des Mittelmeers, bis heute wird sie im Französischen als Île de Beauté – die Insel der Schönheit – bezeichnet. Wer auf der Suche nach ursprünglicher Natur ist, wird auf Korsika glücklich werden: Das Cinto-Massiv ragt über 2700 m in die Höhe und ermöglicht auch in der Sommersaison Ausflüge in den Schnee. Die über 1000 km lange Küste lockt mit langen Sandstränden im Osten und malerischen Steinbuchten im Westen und Norden. In dem kristallklaren Wasser gehen Taucher auf Entdeckungstouren, die vorherrschenden Winde erfreuen Segler und Surfer.

Keine andere Mittelmeerinsel ist so gut an das Festland angebunden – zwischen Marseille und Neapel legen Autofähren zu einem der sechs großen Häfen ab, von Bonifacio im Süden ist es nur ein Katzensprung zur italienischen Nachbarinsel Sardinien. Die beliebte Küstenstraße bietet spektakuläre Panoramen, doch ist mit hohen und breiten Wohnmobilen Vorsicht bei den zuweilen engen Tunneldurchfahrten geboten. Zudem sollte man jederzeit mit Motorrad- und Radfahrern rechnen. Bei der Routenwahl durchs Inland sollte wegen der verschlungenen Strecken ausreichend Zeit eingeplant werden. Die etwa 200 Campingplätze bieten zumeist eine einfache Ausstattung in weitgehend naturbelassenem Terrain.

◄ Der Küstenwanderweg Sentier du Douaniers führt über 26 Kilometer immer am Wasser entlang rund um die Nordspitze des Cap Corse.

SEHENSWERTES

CAP CORSE

Ob mit dem Wohnmobil, zu Fuß oder per Boot – die Erkundung der nördlichen Landspitze Cap Corse ist ein Erlebnis. Auf vier Rädern folgt man ab Bastia der 130 km langen, kurvenreichen Küstenstraße, die im für seine langen Sandstrände bekannten Saint-Florent auf der anderen Seite der Halbinsel endet. In den kleinen Buchten lassen sich ursprüngliche Fischerdörfer entdecken, an der Ostküste gibt es mehrere Gelegenheiten, an Bootstouren entlang der Uferlinie teilzunehmen. Die Chancen auf Sichtungen von Pottwalen und Delfinen sind groß. Auch Taucher und Schnorchler finden entlang des Kaps reizvolle Küstenabschnitte. Wanderern empfiehlt sich der alte Zöllnerweg, der über eine Länge von 26 km von Macinaggio nach Centuri Port führt. Der Weg durch die macchiabedeckte Landschaft passiert zahlreiche Genuesertürme, die im 16. Jh. zum Schutz gegen Piraten errichtet wurden. Nicht missen sollte man von hier aus den Abstecher in das Weinanbaugebiet von Patrimonio, das für seinen vollmundigen Muscat du Cap Corse Bekanntheit erlangt hat.

CALVI UND L'ÎLE-ROUSSE

Perfekte Windbedingungen machen die Küste zwischen Calvi und L'Île-Rousse zum idealen Ausgangspunkt für Windsurfer; Taucher gehen auf die Suche nach dem 1944 vor der Zitadelle notgelandeten amerikanischen B17-Bomber. Das Wrack liegt fast vollständig erhalten in 27 m Tiefe und ist mit einer Spannweite von 31 m kaum zu verfehlen. Die heutigen Passagiere sind Muränen und andere Felsenfische. Der etwa halbstündige Aufstieg vom Hafen zur von der Oberstadt umgebenen genuesischen Zitadelle wird mit einem prächtigen Panorama der Bucht belohnt. Die nie eingenommene Festung beeindruckt noch heute durch ihre mächtigen Mauern. Auf dem Weg nach Norden sollte das 377 m hoch gelegene Geisterdorf Occi nicht ausgelassen werden – die Häuser sind aus Sicherheitsgründen abgesperrt, doch empfiehlt sich der Ort als bildschönes Motiv für Fotos vor der Kulisse des offenen Meeres. Deutlich belebter geht es in der charmanten Hafenstadt L'Île-Rousse zu: Die vorgelagerte rote Felseninsel La Pietra kann über einen Damm erreicht werden, der 1857 erbaute Leuchtturm wird von einem Bummelzug angesteuert. Nicht nur zum Einkaufen lohnt ein Blick in die historische Markthalle, deren Dach von 21 Säulen getragen wird.

AJACCIO

In Korsikas größter Stadt ist das Andenken an den großen Sohn allgegenwärtig: Denkmäler und Straßennamen erinnern an Napoleon, der 1769 in Ajaccio geboren wurde. Großzügige Boulevards und Plätze bestimmen das Bild der modernen Stadt. Das Museum Fesch zeigt wertvolle Kunst, und in der Kathedrale lassen sich Gemälde aus der Barockzeit bewundern. Der Weg vom urbanen Flair zur entspannten Strandatmosphäre ist nicht weit – die Stadtstrände sind berühmt für ihren honiggelben Sand. Nur 12 km entfernt ist die Spitze der unter Naturschutz stehenden Landzunge mit den vorgelagerten Inseln Îles Sanguinaires. Im Sonnenuntergang entfalten die blutroten Inseln eine sehenswerte Farbenpracht.

PROPRIANO

Alle Voraussetzungen für einen aktiv gestalteten Urlaub am Meer bietet die Hafenstadt Propriano im Südwesten der Insel. In einer geschützten Bucht gelegen kommen Paddler ebenso auf ihre Kosten wie Segler; an schönen Stränden und Campingplätzen mangelt es nicht. Im nahen Bergland können Klettertouren und Canyoning-Ausflüge unternommen werden. Nur 20 km entfernt befinden sich die Ausgrabungsstätten von Filitosa, wo jahrtausendealte Menhirstatuen mit menschlichen Gesichtern aus der Megalithzeit gefunden wurden *(www.filitosa.fr)*.

BONIFACIO

Es gibt Orte auf der Welt, die man einmal gesehen haben muss – die an der Südspitze Korsikas gelegene Stadt Bonifacio gehört eindeutig dazu! Die mittel-

CAMPINGPLÄTZE

13 Camping Caravaning La Pietra ★★★½☆

Individualisten schätzen die ruhige Atmosphäre auf der Landzunge Cap Corse nördlich von Bastia. Die Ostküste der Halbinsel ist felsig, doch kleine Buchten mit Sandstränden erlauben den ungehinderten Zugang zum türkisfarbenen Wasser des Mittelmeers. Beim Schnorcheln lässt sich die Welt unter der Wasserlinie entdecken, es gibt Möglichkeiten zum Segeln und Surfen. Camping La Pietra liegt etwa fünf Minuten zu Fuß entfernt in einem leicht geneigten Tal. 126 der 196 Standflächen (60–95 m²) sind parzelliert, die verschiedenen Bereiche sind durch hohe Hecken voneinander abgetrennt. Am Rand des Campingplatzes befindet sich eine Siedlung mit Ferienwohnungen. WLAN gibt es an der Rezeption – die CEE-Steckdosen sind mit 6 Ampere abgesichert.

▸ 20233 Marine de Pietracorbara, Tel. +33 (0) 495 35 27 49, Mitte März–Sept.,
GPS: 42.83903333, 9.4736

■ pincamp.de/CO150

14 Camping Campéole L'Avena ★★★☆☆

An der Südwestküste Korsikas bietet die Bucht von Tizzano hervorragende Wassersportmöglichkeiten und gute Chancen auf schöne Sonnenuntergänge. Vom Campingplatz aus liegt der breite Sandstrand nur 500 m entfernt, angrenzend lockt das Örtchen Tizzano mit seinen Läden und verschiedenen Restaurants. Die Badebuchten aus rosafarbenem Granit punkten mit feinem Sand, während an einer Mietstation Kanus ausgeliehen werden können. Die Region ist ein beliebtes Ziel für Taucher, und es werden zudem Segeltörns angeboten. 69 von Pinien beschattete Parzellen in Größen zwischen 80 und 100 m² stehen den Gästen zur Verfügung; die Stromsäulen sind mit CEE-Steckdosen bestückt. Ein Mini-Markt und eine Bar runden das Angebot ab.

▸ Tizzano, 20100 Sartène, Tel. +33 (0) 495 77 02 18, Ende Mai–Sept., GPS: 41.53477, 8.862696

■ pincamp.de/CO1350

15 Camping Arinella Bianca ★★★★½

Gute Unterhaltung und Animation sind auf dem Campingplatz Arinella Bianca im Osten Korsikas Programm – die täglich wechselnden Shows und Freizeitprogramme sind auf alle Altersklassen ausgerichtet. Wem der weite Strand am nahen Meer zu sandig ist, der versucht sein Glück beim Tauchen, Raften oder Paddeln. Alternativ bietet sich die großzügig gestaltete Badelandschaft mit Wasserpark an. Auf über 9 ha Fläche stehen 99 parzellierte Standflächen (80–100 m²) bereit, die jeweils mit CEE-Steckdosen (10 A) ausgestattet sind. Die Ver- und Entsorgung für Wohnmobile ist ebenso sichergestellt wie ein flächendeckender WLAN-Empfang.

▸ 20240 Ghisonaccia, Tel. +33 (0) 495 56 04 78, Ende April–Mitte Okt., GPS: 41.995148, 9.445188

■ pincamp.de/CO550

alterliche Altstadt befindet sich auf einer schmalen Landzunge, die durch Erosion des Kalksteins ausgehöhlt wird. Fast wirkt es, als befänden sich die Häuser 70 m hoch über der Bucht auf einem Balkon. Von der gewaltigen Festung aus kann man bis zur Nachbarinsel Sardinien blicken. In die Altstadt mit ihren Kopfsteingassen gelangt man durch einen im Zickzack angelegten Tunnel und eine Zugbrücke.

Pinien beschatten den einsam gelegenen Campingplatz Campéole L'Avena. Der Sandstrand ist etwa 500 Meter entfernt.

Nur mit Helm und festem Schuhwerk dürfen die 187 unebenen Stufen der Treppe des Königs von Aragon betreten werden – angeblich wurde sie im Jahr 1420 in nur einer Nacht in den Stein geschlagen. Vom Naturhafen aus legen Ausflugsboote zu den zahlreichen Grotten ab, die das Meer im Lauf der Jahrtausende in die Steilküste gewaschen hat. Naturerlebnisse und großartige Ausblicke auf die Stadt kombiniert eine Wanderung über die Klippen bis zum Capo Pertusato. Der südlichste Punkt der Insel wird durch einen Leuchtturm markiert, die Buchten sind hervorragend zum Schnorcheln geeignet.

PORTO-VECCHIO

Acht Kilometer weit ragt der Golf von Porto-Vecchio ins Inland hinein, die namensgebende Stadt ist längst zum touristischen Zentrum der südlichen Ostküste geworden. Gemütliche Cafés und kleine Läden säumen den Weg durch die Altstadt. Im drittgrößten Hafen Korsikas legen regelmäßig Fähren und Kreuzfahrtschiffe an. Die eigentlichen Qualitäten der Region aber sind an der Küste zu finden: Die vor der Uferlinie gelegenen Inseln sind als Naturschutzgebiet ausgewiesen, und Palombaggia ist einer der schönsten Strände der Insel. Die bizarren Felsformationen der Buchten wechseln sich mit Stränden ab, deren Untergrund eher an Puder als an Sand erinnert. Das türkisblaue Wasser lässt bis zum Grund gucken, und wer in die Tiefe gehen möchte, findet ein auch für Anfänger geeignetes Tauchrevier vor, in dem es sogar versunkene Schiffswracks zu entdecken gibt. Wer seinen Spaß lieber auf dem Wasser sucht, kann das überwältigende Panorama der Küste vom Mietboot oder Jet-Ski aus genießen.

REISEINFORMATIONEN FRANKREICH

Notruf: 112
Int. Vorwahl: +33
Sprache: Französisch
Währung: Euro
Zeitverschiebung: keine
Einreise: Personalausweis

Savoir vivre – verstehen zu leben! Frankreich ist berühmt für seine unverkrampfte Lebensart. Die zeigt sich auch an den Stränden seiner Meere, wenn auch in unterschiedlichen Facetten: Côte d'Azur und Languedoc locken mit den Vorzügen des meist ruhigen Mittelmeers, die Atlantikküste Aquitaniens wird wegen ihrer ursprünglichen Schönheit geschätzt. Für welche Strandregion man sich auch entscheidet: Die Reize Südfrankreichs laden zur Entspannung ein – Kunst, Kultur und gutes Essen tragen das Ihre dazu bei.

STRASSENVERKEHR

Maut: Streckenabhängig auf den meisten Autobahnen sowie einigen Tunneln
Promillegrenze: 0,5 Promille; in den ersten drei Jahren des Führerscheinbesitzes gelten 0,2 Promille.

Selbst kochen mit Blick auf den Atlantik – Campingbus bei Arcachon in Aquitanien.

Warnwestenpflicht: Außerhalb geschlossener Ortschaften bei Panne oder Unfall; die Weste ist vor Verlassen des Fahrzeugs anzulegen – auch nachts oder bei schlechter Sicht außerhalb geschlossener Ortschaften. Diese Regelung gilt auch für Fahrradfahrer.
Lichtpflicht: nein
Fahrzeug: Wohnmobile über 3,5 t müssen beidseitig und am Heck mit Warntafeln zum »toten Winkel« versehen werden. Gespanne benötigen solche Warntafeln nicht, wenn das zulässige Gesamtgewicht von Zugfahrzeug und Anhänger jeweils unter 3,5 t liegt.
Umweltzonen: In einigen Städten ist die Umweltplakette »Crit'Air« erforderlich, auch rund um Paris.

Tempolimits

	Pkw	Caravan-Gespann	Wohnmobil bis 3,5 t	Wohnmobil über 3,5 t
innerorts	50	50	50	50
außerorts *1	80	80	80	80
Schnellstraßen *2	110	110 *3	110	100
Autobahnen *4	130	130 *3	130	110

***1:** Beschilderung beachten; ***2:** Zwei Fahrspuren in jeder Richtung; wer seinen Führerschein weniger als drei Jahre besitzt sowie bei Niederschlag: 100 km/h; ***3:** 90 km/h, wenn das zul. Gesamtgewicht des Gespanns über 3,5 t liegt; ***4:** Wer seinen Führerschein weniger als drei Jahre besitzt sowie bei Niederschlag: 110 km/h

CAMPEN

Campingplätze: Im Winter haben wenige Plätze geöffnet; dort gibt es meist auch Möglichkeiten zur Ver- und Entsorgung.
Stellplätze: Oft als *Aire Municipale* gekennzeichnet, meist kostenpflichtig; sie bieten in der Regel keine Ver- und Entsorgung.
Gasversorgung: Deutsche Flaschen werden nicht gefüllt oder getauscht; Supermärkte und Tankstellen bieten Mietflaschen an; ein Adapter wird benötigt.
Strom: 230 V; CEE-Stecker sind auf Campingplätzen üblich; für Schukostecker wird ein Reiseadapter benötigt.

Freies Campen

Übernachten außerhalb von Campingplätzen	für eine Nacht	für mehrere Nächte
auf Straßen und Parkplätzen	eingeschränkt erlaubt *2	eingeschränkt erlaubt *2
auf Privatgrund *1	eingeschränkt erlaubt *2	eingeschränkt erlaubt *2

***1:** nur mit Erlaubnis des Grundstücksbesitzers; ***2:** nur mit Genehmigung der örtlichen Behörden; regionale Einschränkungen (z. B. nicht in Nationalparks und Naturreservaten)

Besonderheiten im Straßenverkehr

- Ablenkungen wie Telefonieren oder Essen beim Fahren werden geahndet.
- Privates Abschleppen auf Autobahnen ist verboten.

Besonderheiten für Reisemobile

Wohnmobile über 3,5 t zGG müssen beidseitig und am Heck mit Toter-Winkel-Warntafeln versehen werden, um Fußgänger und Zweiradfahrer vor der Gefahr des toten Winkels zu warnen.

Besonderheiten für Caravangespanne

- Gespanne müssen nicht mit Warntafeln zum toten Winkel gekennzeichnet werden, wenn das zGG von Zugfahrzeug und Anhänger einzeln jeweils nicht über 3,5 t liegt.
- maximale Länge für Gespanne: 18 m
- Aus versicherungsrechtlichen Gründen empfiehlt es sich, auf Schnellstraßen und Autobahnen das bauartbedingte Tempolimit von 80 bzw. 100 km/h einzuhalten.

Spanien

Das Wohnmobil auf einem Rastplatz bei Almería nach Süden ausgerichtet und den Blick gen Afrika gewandt …

Mit den Zielen …

GALICIEN

Küstennaher Weingenuss

Feiner Rebensaft

Der Legende nach brachten Mönche im 12. Jh. Reben aus dem Rheinland an die Rías Baixas. Das Klima war perfekt, und bis heute ist die Region für ihren aus Albariño-Reben gekelterten trockenen Weißwein berühmt. Hergestellt wird er im Küstenstädtchen Cambados nahe der Halbinsel O Grove im Süden der Ría Arousa. Einige örtliche Bodegas haben Verkostungen in ihrem Angebot.

1 Wer die nordwestlichste Region Spaniens zum Reiseziel wählt, ist selten auf der Suche nach sonnenbeschienenen Sandstränden. Die gibt es zwar auch, doch wird die Küste der weit in den Atlantik ragenden Landspitze durch ihre Steilküsten bestimmt. Am Cabo Ortegal im Nordwesten des Landes gibt es die höchsten Klippen Europas, die Vixía Herbeira bringt es auf eine Höhe von 620 m über dem Meeresspiegel. Wie flache Fjorde ziehen sich die als Rías bezeichneten Buchten tief ins Land, und der Wind ist zu vielen Zeiten des Jahres ein ständiger Begleiter. Für Segler und Surfer, die es sonst an die Küsten der südlichen Biskaya und des Kantabrischen Meeres zieht, sind diese Bedingungen ein Geschenk der Natur. Wer die Mischung aus rauer Landschaft und reicher Kultur schätzt, findet im Nordwesten Spaniens die richtige Urlaubsregion.

Seit mehr als 1000 Jahren ist Galicien das Ziel von Europas beliebtestem Pilgerweg: Der nach Santiago de Compostela führende Jakobsweg verläuft zwar weitgehend durch das Landesinnere, doch muss rund um hohe kirchliche Feste mit einem großen Besucherandrang gerechnet werden. Für Camper bietet Galicien beste Bedingungen: Entlang der Küsten und häufig in Strandnähe gibt es eine gute Auswahl an Campingplätzen, die mindestens zwischen April und Anfang Oktober geöffnet haben.

◂ Entlang der rauen Nordküste Galiciens wechseln sich tiefe Fjorde mit Buchten und Vorsprüngen ab. Besonders spektakulär präsentieren sich die Acantilados de Loiba.

SEHENSWERTES

PRAIA DAS CATEDRAIS

Seit Menschengedenken schlagen die Wellen des Kantabrischen Meeres an die Nordküste Galiciens, Brandungswellen haben die Felsen ausgehöhlt. Schon von den breiten, gesicherten Stegen auf dem 30 m hohen Plateau sieht man die massiven Pfeiler und Felsbögen, die dem Küstenabschnitt den Namen »Strand der Kathedralen« gaben. Tatsächlich erinnern viele der immer wieder unterschiedlich geformten Kuppeln, Säulen und Bögen an die Form eines Kirchenschiffs. Bei Flut ist der Strand komplett überflutet, bei Ebbe dagegen kann er betreten werden – wegen der Priele am besten in kurzen Hosen und ohne Schuhe. Von Juli bis September muss zum Aufenthalt an der Wasserlinie eine kostenlose Genehmigung eingeholt werden *(http://ascatedrais.xunta.es)*. Wegen der Strömungen vor der Küste sollte man hier nicht ins Wasser steigen, dafür eignen sich die westlich gelegenen Badebuchten besser. Dort findet man nahe der Praia de Barreiros auch einen Campingplatz mit Zugang zum Strand.

VIVEIRO

Vor der Kulisse des Küstengebirges Serra do Xistral erstreckt sich die ausladende Bucht Ría de Viveiro, am Fischereihafen wird der Fang eingebracht. Viveiro gehört zu den reizvollsten Orten der spanischen Nordküste; in der Altstadt säumen die weißen Häuser mit verglasten Holzbalkonen die Gassen. Gegenüber der im 12. Jh. erbauten Iglesia de Santa María del Campo befindet sich die Replika der Lourdesgrotte, welche die Stadt zum größten Wallfahrtsort der Region nach Santiago de Compostela macht. Von der einst zum Schutz gegen Piratenüberfälle errichteten Stadtmauer haben drei Tore die Zeit überdauert.

Vor der Mündung des Flüsschens Landro bietet sich der Meeresgrund als Tauchrevier an, Touren dorthin werden am Hafen angeboten. In dessen Nähe befindet sich auch der hauptsächlich von einheimischen Urlaubern besuchte Stadtstrand. Fast angrenzend lädt ein Campingplatz zum Übernachten ein. Wer mehr Abgeschiedenheit sucht, wendet sich dem 8 km entfernten Ort San Román do Val zu, dessen Ufer für seine feinsandigen Strände bekannt ist.

A CORUÑA

Majestätisch ragt der 59 m hohe Leuchtturm an der Landspitze von A Coruña empor; von den Römern erbaut weist er seit 1900 Jahren Schiffen den Weg. Das zum UNESCO-Welterbe gehörende Bauwerk kann sogar bestiegen werden. Nach dem Kauf eines Tickets müssen nur 242 Stufen im Inneren des Turmes erklommen werden, um von der oberen Plattform aus einen sagenhaften Blick auf Küstenlinie und Stadt zu erlangen. Das Wahrzeichen A Coruñas ist die kleine vorgelagerte Altstadt, eines der wenigen historischen Relikte des Ortes. Doch hat auch die Moderne ihren Reiz: Unweit des Stadtstrandes Praia das Lapas befindet sich das sehenswerte Meeresmuseum – auch als Haus der Fische benannt. Und wer der 16 km langen Promenade am Meer vorbei an der Marina folgt, gelangt zur im 16. Jh. erbauten Festung Castillo de San Antón, in der das Archäologische Museum untergebracht ist. Lohnenswert ist auch der Besuch des Freizeitparks auf dem Hügel Monte do San Pedro im Nordwesten, von wo aus Stadt und Strände überblickt werden können.

KAP FINISTERRE

Die Naturgewalten des Atlantiks haben dem westlichsten Küstenabschnitt Spaniens den Beinamen Costa da Morte – die Todesküste – eingebracht. Die Gewässer zwischen Malpica westlich von A Coruña und dem Kap Finisterre sind ein Schiffsfriedhof von Fischerbooten, die den Stürmen nicht trotzen konnten. Das Kap Finisterre wurde über Jahrhunderte als Ende der Welt angesehen, und wer heute von der bis zu knapp 250 m hohen Südspitze der kleinen Halbinsel auf das Meer schaut, kann das nachvollziehen. Das Ende des Camino a Fisterra, der westlichen Fortsetzung des Jakobsweges, ist Ziel vieler Pilger. An einem Antennenmast zeugen abgelaufene Schuhe, aber auch Bittbriefe von der absolvierten Pilgertour.

CAMPINGPLÄTZE

1 A Gaivota Camping ★★☆☆☆

Hohe Felsformationen ragen am weiten Sandstrand in die Höhe, Strandläufer werden dort ihre Freude haben. Dank der geschützten Lage in einer weiten Bucht bietet sich das Meer sowohl zum Schwimmen als auch zum Surfen an. Für den Weg vom Campingplatz zum Ufer muss lediglich die Straße überquert werden. Auf dem Terrain befinden sich 88 Stellflächen, von denen 47 parzelliert sind. Obwohl deren maximale Größe 55 m² beträgt, findet sich auch für größere Mobile ein passendes Plätzchen. Niedrige Palmenalleen begrenzen die Areale, Herzstück des Platzes ist eine Piazza mit mehreren Grillgelegenheiten und überdachten Sitzmöglichkeiten. Für den Anschluss ans Stromnetz (3–6 A) sind Schukosteckdosen erforderlich, im Bereich der Rezeption gibt es WLAN-Empfang.
Eine Ver- und Entsorgungsstation ist vorhanden.

▸ Playa de Barreiros, 27790 San Cosme de Barreiros, Tel. +34 (0) 982 12 44 51, April–Mitte Sept., GPS: 43.56231667, -7.20773333

■ pincamp.de/GA1100

2 Camping Paisaxe II ★★★☆☆

Die Halbinsel O Grove liegt im Herzen der Rías Baixas ganz im Westen Galiciens. Buchten mit Sandstränden reihen sich aneinander, vor der Küste befinden sich unzählige Muschelbänke. Surfer fühlen sich hier ebenso wohl wie Kanuten, Taucher erforschen die Welt unter dem Meeresspiegel. Bootsausflüge zu den nahe gelegenen Inseln werden angeboten. Gerade mal 250 m trennen den Campingplatz vom Ufer; 180 der 280 Standflächen à 60 m² sind parzelliert. Zur Entspannung nach einem erlebnisreichen Tag steht ein Whirlpool zur Verfügung, und es gibt ein Freibad. Der als umweltfreundlich zertifizierte Platz verfügt über flächendeckendes WLAN und stabile Stromversorgung (CEE, 10 A). Ver- und Entsorgung sind ebenfalls gesichert. Ein Supermarkt und ein Restaurant befinden sich auf dem Gelände.

▸ Playa de Area Grande, 11, 36988 San Vicente de O Grove, Tel. +34 (0) 620 84 30 21, Ende März–Mitte Okt., GPS: 42.4746, -8.92483333

■ pincamp.de/GA2580

3 Camping A Vouga ★★½☆☆

Unmittelbar vor dem Campingplatz erstreckt sich der lange, von Felsen durchsetzte Sandstrand in der Bucht einer Halbinsel. Ein kleiner Pinienwald schirmt den Platz von der nahen Hauptstraße ab, dahinter erheben sich die Berge. Camping A Vouga liegt wie eine Terrasse über dem Strand, den man über eine Steintreppe mit 15 Stufen erreicht, und bietet 79 parzellierte Standflächen in Größen zwischen 60 und 80 m²; einige davon haben keinen Schatten. Frisch- und Abwasseranschlüsse sind vorhanden. Am empfehlenswerten Restaurant mit Blick aufs Meer kommt man ins WLAN-Netz. Die Stromkästen (10 A) sind mit CEE-Steckdosen ausgestattet. Einkäufe lassen sich im 500 m entfernten Supermarkt von Louro erledigen. Mehrmals am Tag gibt es eine direkte Busverbindung zum weltberühmten Wallfahrtsort Santiago de Compostela.

▸ Ctra. Muros–Finisterre, km 3, 15291 Muros, Tel. +34 (0) 682 28 52 03, ganzjährig, GPS: 42.76062, -9.06218

■ pincamp.de/GA2200

Wie auf einer Terrasse verteilen sich die Camper von Camping A Vouga über dem Strand, den man über eine Treppe erreicht.

Vom alten Leuchtturm aus dem Jahr 1868 führen Trampelpfade hinunter zur Spitze des Kaps. Wegen seiner Landschaft und der Atmosphäre ein beeindruckender Ort – auch wenn man sich dort nicht am westlichsten Punkt Spaniens befindet. Der liegt gut 15 km weiter nördlich am Kap Touriñán, ist aber nicht so problemlos erreichbar.

SANTIAGO DE COMPOSTELA

Wer Galicien bereist, kommt an dieser Stadt kaum vorbei: Am Endpunkt des Jakobswegs ist Santiago de Compostela das ersehnte Ziel zahlloser Pilger und Touristen. Beim Besuch der als Welterbe anerkannten Altstadt mit ihren schönen Plätzen, Museen und Kirchen – allen voran die 800 Jahre alte Kathedrale – sollte einkalkuliert werden, dass dort auch die Pilgerroute verläuft. Auch wer nur zur Besichtigung der Stadt kommt, sollte den Pilgern den ihnen gebührenden Respekt erweisen. Der im Stadtkern von Santiago befindliche Campingplatz bietet auch Stellplätze für Wohnmobile.

PONTEVEDRA

Selten trift man auf eine alte Stadt, die so lebendig wirkt: An der Mündung des Río Lérez überrascht Pontevedra mit einer atmosphärischen Altstadt, die von kleinen Plätzen, alten Kirchen und vielen Grünanlagen geprägt ist. Schmale Straßen führen durch die autofreie Innenstadt, die mit Wappen verzierten Herrenhäuser sind häufig mit Arkaden versehen – Schatten spendend, wenn die Sonne scheint, und vor Regen schützend, wenn sich der Himmel auftut. Am Vormittag lohnt der Weg zur Markthalle, die für ihr reiches Angebot an Fisch und Meeresfrüchten bekannt ist. Dann an zahllosen Restaurants und Tapasbars weiter zur Basilika Santa María la Mayor, deren in galicischer Gotik erbautes Portal beeindruckt. Der Glockenturm kann bestiegen werden und ermöglicht ein schönes Panorama auf die Stadt. Parkmöglichkeiten für das Wohnmobil bietet unter anderem der zentrumsnahe Stellplatz. Steht der Sinn nach Badevergnügen, hat man die Wahl zwischen den vielen Stränden beidseits der Bucht von Pontevedra.

COSTA VERDE UND ASTURIEN

Leckereien frisch von der Theke

Pintxos

Eine nordspanische Variante der Tapas sind die Pintxos: Die auf der Bartheke offerierten Brotscheiben werden mit meist kalten Beilagen versehen und durch einen zahnstocherlangen »pintxo« – ein Spießchen – vervollständigt. Abgerechnet wird am Ende die Anzahl der auf dem Teller befindlichen Spieße. Einfach nach einem Teller fragen und selbst zusammenstellen.

2

Im Süden türmt sich die Gebirgskette des Kantabrischen Gebirges auf, im Norden schlagen die Wogen der Biskaya an die Strände. Dazwischen ein Landstrich, der sich durch Ursprünglichkeit ebenso auszeichnet wie durch seine ausgezeichneten Möglichkeiten für den Campingurlaub. Eilige nehmen etappenweise die parallel zur Küste verlaufende Autobahn – wer Zeit hat, wählt die in Ufernähe befindlichen Landstraßen, die von Dorf zu Dorf führen. In den Buchten befinden sich Fischerdörfer, die sich nicht nur auf die Zubereitung von Fisch und Meeresfrüchten verstehen, sondern auch ihre kulturelle Eigenständigkeit bewahrt haben.

Vom an Frankreich angrenzenden Baskenland über Kantabrien bis Asturien erstreckt sich eine Urlaubsregion, die zum Bereisen mit dem Wohnmobil mehr als reizvoll ist. Neben Stränden locken auch Surf- und Tauchspots, oder man fährt mit dem Boot hinaus aufs Meer, um dort zu angeln. Abseits vom Touristenrummel, versteht sich – nur jeden 20. Spanienurlauber verschlägt es an die nördlichen Küsten. Wie an einer Perlenschnur aufgereiht liegen die Campingplätze nahe dem Meer – nicht immer in Uferlage, aber auch nicht weit entfernt. Ein Feuerwerk an Attraktionen und ganztägige Bespaßung sollte nicht erwartet werden, stattdessen wird ganz einfach gecampt.

◂ Camping Playa Joyel wartet mit einem 500 Meter langen Sandstrand auf. Bei Ebbe kann man trockenen Fußes zu mehreren zerklüfteten Felsformationen vor der Küste gelangen.

SEHENSWERTES

SAN SEBASTIÁN

Könige und Regenten kürten San Sebastián zu ihrer Sommerresidenz, Kunst und Kultur machen die nur 20 km westlich der Grenze zu Frankreich gelegene Stadt zu einem attraktiven Ziel für Urlauber. Die Felsmassive des Monte Urgull und des Monte Igueldo begrenzen die wie eine Muschel geformte Bucht. Der auf dem Monte Igueldo befindliche Freizeitpark lässt sich seit mehr als 110 Jahren bequem mit einer Standseilbahn von der Playa de Ondarreta aus erreichen. Der Strand ist wegen seiner kleinen Wellen bei Schwimmern beliebt – auch Surfer vergnügen sich dort, sofern es sie nicht gleich zum östlich gelegenen Strand La Zurriola zieht, der noch bessere Bedingungen für sportliche Aktivitäten bietet. Von der die weitläufige Bucht säumenden Strandpromenade erreicht man die sehenswerte Altstadt, die von Belle-Époque-Häusern geprägt wird. Einen Blick wert ist das in einem ehemaligen Casino beheimatete Rathaus ebenso wie die Basilika Maria des Chores. Deren Portal mag ein wenig an Zuckerguss erinnern, doch die Inneneinrichtung mit der aus dem Jahr 1863 stammenden Cavaillé-Coll-Orgel ist ein Erlebnis. Als einer der Hauptorte der autonomen Region Baskenland ist San Sebastián zweisprachig: Wer den in baskischer Sprache gehaltenen Wegweisern nach Donostia folgt, kommt also auch an.

BILBAO

Bilbao gilt als Paradebeispiel dafür, wie eine Industriestadt im Niedergang durch hochkarätige Kunst zum beliebten Fremdenverkehrsort werden kann. Das vom US-Amerikaner Frank O. Gehry erdachte und avantgardistisch mit viel Glas und Titan erbaute Guggenheim-Museum ist nicht nur äußerlich ein Magnet – auch die Kunstausstellungen genießen internationales Ansehen. Die Lebendigkeit des Ortes spürt man in der Altstadt Casco Viejo, wo sich auch die aus dem 14. Jh. stammende Kathedrale befindet. Ein Erlebnis stellt die Schwebefähre Puente de Vizcaya über den Fluss Nervión dar: Die im Jahr 1893 eröffnete Stahlkonstruktion wurde als älteste Schwebefähre der Welt in die Liste des UNESCO-Weltkulturerbes aufgenommen. Im oberen Teil führt in luftiger Höhe ein Panoramaweg über die Brücke. Entlang der Flussmündung gibt es Möglichkeiten zum Rudern und Paddeln. Steht der Sinn nach Strandleben, empfiehlt sich die Playa de Barinatxe zwischen Sopelana und Getxo, neben der sich auch ein kleiner Campingplatz befindet. Die vorgelagerten Küstenorte sind durch eine U-Bahn mit dem Zentrum Bilbaos verbunden.

LAREDO

Im Vorbeifahren wirkt der Küstenort Laredo durch seine aus Hotelkomplexen bestehende Skyline wenig einladend, doch der erste Eindruck trügt: Zwischen der Ria de Treto und der Bucht von Santoña locken Steilküsten und ein 5 km langer feiner Sandstrand, die Wasserqualität ist mit der Blauen Flagge ausgezeichnet. Die malerische Bucht lädt vom Wasser aus zum Erkunden mit dem SUP-Board ein, Windsurfer nutzen die Kräfte der Natur. In einem der beliebtesten Ferienorte an der Atlantikküste Nordspaniens sind touristische Angebote während der Saison an jeder Ecke zu finden. Zum Übernachten bieten sich mehrere Campingplätze an.

Wendet man sich der Stadt zu, findet man sich im mittelalterlichen Stadtkern Puebla Vieja wieder, der bereits vor mehr als 50 Jahren zur kunsthistorischen Stätte erklärt wurde. Das Labyrinth der engen Gassen wird durch die gut erhaltenen Herrenhäuser geprägt – die ältesten stammen aus dem 16. Jh. Der saisonale Höhepunkt der Region aber ist die alljährliche Blütenschlacht: Am letzten Freitag im August findet die »Batalla de Flores statt« – begleitet von blumengeschmückten Themenwagen und Musik ist der ganze Ort auf den Beinen und feiert.

SANTANDER

Manchem mag die kantabrische Hauptstadt zu modern erscheinen, doch soll man sich nicht täuschen lassen. Der Besuch Santanders hat seinen Reiz – allein der Atmosphäre wegen: Ein Großteil der historischen Bausubstanz fiel zwar 1941 einem verheerenden Großbrand zum Opfer, doch vermitteln die erhaltenen Prachtbauten der Altstadt einen deutlichen Eindruck von der ursprünglichen Schönheit. Die Kathedrale mit ihrer achteckigen Kuppel wurde zwar nicht originalgetreu wieder aufgebaut, aber was macht das schon? Ursprünglich im 13. Jh. errichtet erfuhr der Kirchenbau im Lauf der Zeit so viele Veränderungen, dass er allein durch seinen Stilmix interessant ist. Nicht missen sollte man den 300 m langen Tunnel von Tetuán, der eigentlich als Eisenbahntunnel in den Berg geschlagen wurde und im Bürgerkrieg als Zuflucht diente.

Die zahlreichen Strände haben Santander zum beliebten Badeort avancieren lassen. Nahe des kantabrischen Meeresmuseums erreicht man mit einer kleinen Fähre die Landzunge auf der gegenüberliegenden Seite der Bucht, wo kilometerlange Strände locken. Mehr Abgeschiedenheit bietet der nördlich gelegene Naturstrand Playa de Mataleñas. Die malerische Schönheit der Bucht lässt sich am besten auf einer Tour mit einem Ausflugsboot erleben.

RIBADESELLA

Der alte Fischerhafen in der Mündungsbucht des Flusses Sella, die romantischen Straßencafés in der denkmalgeschützten Altstadt und nicht zuletzt die schönen Sandstrände: Ribadesella weist alle Voraussetzungen auf, um dort unbeschwerte Ferientage zu verbringen. In der 1968 entdeckten Tropfsteinhöhle Tito Bustillo wurden neben Stalaktiten auch Wandmalereien gefunden, die im nahe gelegenen Kunstmuseum eingehender erklärt werden. Die an die langen Sandstrände entlang der Promenade schlagenden wilden Wellen laden zum Surfen ein, und am Stadtrand bietet ein großer Wohnmobilstellplatz Campern Übernachtungsgelegenheiten.

Genau dort, wo der Río Deva in den Golf von Biskaya mündet, hat sich Camping Las Arenas Pechón eingerichtet.

CAMPINGPLÄTZE

4 Camping Arrien ★★

Die von Klippen geprägte baskische Atlantikküste zieht Wassersportler jeder Couleur an. Angler finden stille Plätzchen, während Windsurfer über das Wasser zu fliegen scheinen. Taucher genießen die Welt unter Wasser, und Segler erkunden die faszinierende Küste. Wer möchte, kann auch in die Luft gehen – mit dem Gleitschirm. Auf dem teils in Terrassen angelegten und stark bewaldeten Campingplatz werden 130 Standplätze geboten, das Stromnetz (CEE) liefert 6 Ampere, und es besteht ein Gasflaschenservice. Für Wohnmobile wurde eine Ver- und Entsorgungsstation eingerichtet, WLAN-Empfang gibt es an der Rezeption. Zwei Restaurants und ein Imbiss lassen keinen Hunger aufkommen.

▸ Uresaranse Bidea s/n, 48630 Gorliz, Tel. +34 (0) 946 77 19 11, März–Anfang Nov., GPS: 43.41828333, -2.93748333

■ pincamp.de/PV2000

5 Camping Playa Joyel ★★★★

Die am Campingplatz gelegene Bucht ist schon besonders: Bei Flut lädt der 500 m lange Sandstrand zum Baden ein, bei Ebbe fällt das Meer in der Bucht trocken und ermöglicht Wattwanderungen bis zur vorgelagerten Insel. Der Meeresgrund der Biskaya lässt sich auf Tauchgängen oder beim Schnorcheln erforschen, SUP-Boards und Kanus können bei umliegenden Anbietern ausgeliehen werden, Angler haben gute Chancen auf fette Beute. Die großzügig angelegte Ferienanlage lässt die Wahl zwischen 570 Parzellen von 55 bis 100 m² Größe – reichlicher Baumbestand spendet Schatten. Die Standplätze verfügen über Strom (CEE, 6 A), WLAN und teilweise TV-Anschlüsse. Ein großer Kinderspielplatz und ein Schwimmbad sind ebenso vorhanden wie ein Restaurant und ein Supermarkt.

▸ Playa del Ris s/n, 39180 Noja, Tel. +34 (0) 942 63 00 81, April–Sept., GPS: 43.49001667, -3.5364

■ pincamp.de/CN1300

6 Camping Las Arenas Pechón

An der Grenze von Asturien und Kantabrien hat man am Camping Las Arenas Pechón die Wahl zwischen zwei Stränden: Bademöglichkeiten gibt es sowohl am Meer als auch im neben dem Camp mündenden Río Deva. Tauchen, Surfen und Kanufahren sind ebenso möglich wie Rafting oder auch Reiten in der näheren Umgebung. Der terrassierte Platz liegt auf einer felsigen Anhöhe. Das stellenweise von Bäumen bewachsene Wiesengelände bietet 300 Standflächen, von denen 75 parzelliert sind. Auf einem Teil des Terrains gibt es WLAN-Empfang, zum Stromzapfen (5 A) sind Schukosteckdosen erforderlich. Ein Restaurant und ein Laden komplettieren das Angebot.

▸ Ctra. Pechón-Uquera, km 2, 39594 Pechón, Tel. +34 (0) 942 71 71 88, Juni–Sept., GPS: 43.39089, -4.510506

■ pincamp.de/CN_84484

Bereits seit mehr als 90 Jahren wetteifern Kanuten um die schnellste Abfahrt auf dem im Nationalpark Picos de Europa entspringenden Fluss. An jedem ersten Samstag im August absolvieren mehr als 1000 Sportler die 20 km lange Strecke bis zur Brücke vor der Mündung. Ist der Sieger erst einmal gekürt, feiert die ganze Stadt die Fiesta de las Piraguas – farbenfroh und mit Musik.

COSTA BRAVA

Expeditionen auf dem Meeresgrund

Locker abtauchen

Die Felsküsten der Costa Brava haben sich zu einem beliebten Ziel für Tauchsportler gemausert. Die katalanische Regierung fördert dies und hat zwei Regionen unter Naturschutz gestellt. Expeditionen unter Wasser sind möglich, der Andrang wird mithilfe der Tauchbasen reglementiert. Von dort aus werden auch Ausflüge zu den besten Tauchspots angeboten. Unterwasserkamera nicht vergessen!

3

Felsenbuchten und Sandstrände kennzeichnen den nördlichsten Abschnitt der spanischen Mittelmeerküste: Die Costa Brava ist Spaniens wilde Küste, die Strandurlauber ebenso anspricht wie Surfer und Taucher. Der Hauch von Kunst und Kultur liegt über dem gut 200 km langen Küstenstreifen, im nahen Hinterland finden sich Dörfer, in denen die Zeit seit dem Mittelalter stehen geblieben zu sein scheint. In den Ortschaften zeugen die im Wind flatternden katalanischen Fahnen vom Bestreben nach mehr Unabhängigkeit Kataloniens. In den beliebten Ferienorten wird alles daran gesetzt, Urlaubern einen angenehmen Aufenthalt zu verschaffen. Die von Frühjahr bis Herbst angenehmen Temperaturen lassen die Saison lang ausfallen, an Freizeitangeboten herrscht kein Mangel.

So nah der französischen Grenze und noch im Einflussgebiet der Pyrenäen darf entlang der Küstenlinie auch mit zahlreichen Angeboten für Camper gerechnet werden. Touristisch interessante Orte verfügen mitunter gleich über mehrere Campingplätze. In ausreichender Anzahl bieten sich zudem mit teils guter Infrastruktur ausgestattete Stellplätze für die Zwischenübernachtung an. Abgeraten werden muss jedoch dringend von Übernachtungen auf Autobahnparkplätzen – im grenznahen Gebiet steht man nachts sicherer auf einem geschützten Platz.

◂ Ja, auch so geht Selfie an der Costa Brava – sofern man über eine Drohne verfügt und einen ganz besonderen Strandzugang gefunden hat.

SEHENSWERTES

CADAQUÉS

Einzigartige Lichtverhältnisse und die besondere Atmosphäre zwischen Bergen und Meer zogen über Jahrzehnte Künstler wie Picasso, Dalí und Miró in ihren Bann. Noch heute ist das Fischerdorf bekannt für seine Kunstausstellungen; im ehemaligen Haus von Salvador Dalí befindet sich das sehenswerte Casa-Museu Dalí. Trotz seiner Beliebtheit bei Feriengästen hat der Ort seinen ursprünglichen Charakter behalten. Die mit bunten Türen verzierten weißen Häuser im Ortskern unterstreichen das mediterrane Flair, prominent erhebt sich die Kirche Santa Maria über die Dächer. Nach dem Öffnen der Tür wird man vom 23 m hohen und 12 m breiten Barockaltar überrascht.

Cadaqués erstreckt sich nur wenige Kilometer von der französischen Grenze entfernt auf der Halbinsel Cap de Creus. Die abwechslungsreiche Felsküste bietet einsame Buchten und schöne Strände. Die Bedingungen zum Segeln sind ebenso gut wie zum Windsurfen, und vor der Küste sind auch Taucher in ihrem Element. Mit dem Fahrrad oder dem während der Saison eingesetzten Bummelzug lässt sich die nahe Punta de Cabo de Creus erreichen. Der beständig dort wehende Wind und die Wellen haben bizarre Felsformationen entstehen lassen, beim Leuchtturm befinden sich kleine Badebuchten.

GOLF DE ROSES

Bereits zu Zeiten der Griechen galt der Golf de Roses als sicherer Hafen, und daran hat sich nichts geändert: Die namensgebende Stadt verfügt noch immer über einen der größten Fischereihäfen, doch interessanter sind die vielen historischen Bauwerke aus verschiedenen Epochen. Nahe der Zitadelle aus dem 16. Jh. lassen sich sowohl die Reste einer hellenischen als auch einer römischen Siedlung durchstreifen. Auf der Anhöhe Punta de la Poncella thront die Burg Trinitat, deren Grundriss die Form eines fünfzackigen Sterns aufweist. Von dort aus ist es nicht weit zum 1864 erbauten Leuchtturm.

Die gesamte Bucht steht im Zeichen des Wassersports. Vor der Küste entdecken Taucher eine Reihe von untergegangenen Schiffen – auch Schnorchlern bietet sich eine faszinierende Unterwasserwelt. Nur einige Kilometer entfernt befindet sich in Empuriabrava der größte Jachthafen Europas: Am 30 km langen Kanalsystem finden insgesamt 5000 Boote Platz. Für Neulinge bieten zahlreiche Schulen die Gelegenheit, sich im Segeln, Surfen oder Tauchen zu üben. Natürlich lässt sich auch einfach die Atmosphäre am Meer genießen, der 1600 m lange Strand ist einer der breitesten der Costa Brava.

FIGUERES

Ist das nun Kunst oder Kitsch? Dem Vermächtnis des exzentrischen Malers Salvador Dalí begegnet man am besten in dem von ihm selbst gestalteten Museum, das im ehemaligen Stadttheater von Figueres eingerichtet ist. In der dortigen Krypta wurde der Meister auch beigesetzt – wie es ihm vorschwebte: unter einer Glaskuppel und einbalsamiert. Auf seine gesammelten Werke mögen Betrachter unterschiedlich reagieren – sicher ist, dass das Museum die Attraktion Nummer Eins von Figueres darstellt. Nicht minder imposant ist das achteckig angelegte Castell de Sant Ferran, das im 18. Jh. errichtet wurde. Im einst größten Bollwerk Europas befindet sich ein militärgeschichtliches Museum. Figueres liegt keine 20 km von der Küste entfernt im Inland.

L'ESTARTIT

Wo die felsige Steilküste in einen 10 km langen Sandstrand übergeht, bieten sich alle Möglichkeiten, den Urlaub am Meer zu genießen. Boote bringen Ausflügler und Taucher zu der vorgelagerten Inselgruppe der Illes Medes, deren Naturschutzgebiet über und unter Wasser sehenswert ist. Paddler und Kanuten machen sich in den küstennahen Gewässern auf die Suche nach Höhlen und Grotten. Am Jachthafen werden Liegeplätze angeboten. Nur wenige Kilometer landeinwärts befindet sich das gegen Ende des 13. Jh. erbaute Castell del Montgrí. Die 13 m hohen Mauern der Trutzburg sind über

CAMPINGPLÄTZE

7 Camping Laguna ★★★★½

Nur das Flüsschen La Muga trennt den weitläufig angelegten Campingplatz von dem berühmten Lagunenort Empuriabrava unweit der französischen Grenze. Die Felsenküste sowie die auf der anderen Seite der Bucht gelegene Altstadt prägen das Panorama des Golf de Roses. Die geschützte Lage bietet sich zum Surfen an, man kann Segelkurse nehmen oder auch mit einem ausgeliehenen Boot aufs Meer hinausfahren – nicht zu vergessen der 500 m lange Sandstrand, der zum Sonnenbaden einlädt. Camping Laguna präsentiert sich mit vielen Angeboten für Kinder als familienfreundlich, die 714 parzellierten Standflächen weisen Größen zwischen 70 und 110 m² auf. Die Plätze sind mit Strom (Schuko, 6–16 A) und teilweise auch Wasseranschlüssen für Caravans ausgestattet. Wohnmobilen steht eine Ver- und Entsorgungsstation zur Verfügung. Auf dem für sein Umweltengagement zertifizierten Camp ist WLAN flächendeckend verfügbar.

▸ Platja Can Turies s/n, 17486 Castelló d'Empúries, Tel. +34 (0) 972 45 05 53, April–Okt., GPS: 42.237922, 3.118848

■ pincamp.de/CT1700

8 Camping La Ballena Alegre ★★★★★

Vor einem teilweise bewachsenen Dünenstreifen erstreckt sich der 1,3 km lange Strand mit feinem Sand, ein separater Uferabschnitt ist Wassersportlern vorbehalten. An Aktivitäten herrscht keinerlei Mangel, werden doch Kurse zum Erlernen von Windsurfen und Tauchen organisiert. Der große Platz bietet 809 Parzellen für Camper; ein eigener Bereich ist für Besucher mit Hunden reserviert. Zahlreiche Wellness- und Fitnessangebote, drei Restaurants und fünf Imbissstände sorgen für gute Auswahlmöglichkeiten. Mit Größen zwischen 100 und 120 m² sind die Parzellen üppig bemessen, und neben Strom (CEE, 10 A) werden je nach Kategorie Wasseranschlüsse und Internet-Kabelverbindungen geboten. WLAN ist auf dem Areal flächendeckend verfügbar.

▸ Ctra. Sant Marti l'Empuries s/n, 17470 Sant Pere Pescador, Tel. +34 (0) 972 03 05 64, Mitte Mai–Mitte Okt., GPS: 42.15316667, 3.11188333

■ pincamp.de/CT1960

9 Camping Internacional de Calonge ★★★★

Kanus und SUP-Boards gleiten über das Wasser, Taucher gehen unter Wasser auf Entdeckungsreisen. Vom 414 Standplätze umfassenden Campingplatz bis zum Ufer gilt es jedoch, die Brücke über die Hauptstraße und dann die 104 Stufen zum Strand hinter sich zu lassen. Belohnt wird man mit Sandstränden, die sich in die von bizarren Felsformationen geprägten Buchten schmiegen. Der auf einer Anhöhe gelegene Campingplatz ist größtenteils terrassiert und bietet einen weiten Blick über die Bucht von Palamós. Boote können ausgeliehen werden, eine Bimmelbahn kürzt die Wege über den Platz ab. Die Standflächen messen 75 bis 100 m² und sind mit Strom (Schuko, 6 A) und Wasseranschlüssen versehen. Auf dem gesamten Gelände hat man WLAN-Empfang.

▸ Avda. Andorra 9, 17251 Calonge, Tel. +34 (0) 972 65 12 33, März–Dez., GPS: 41.83283333, 3.08486667

■ pincamp.de/CT3150

Vom Camping Internacional de Calonge führt eine platzeigene Brücke über die Küstenstraße zu einer zauberhaften Bucht.

einen Wehrgang begehbar. Schon wegen der tollen Aussicht lohnt der rund 2 km lange Wanderweg, der den Berg hinauf zur Festung führt.

SANT FELIU DE GUÍXOLS

Dass die Nutzung der sich weit ins Hinterland erstreckenden Korkeichenwälder dem katalanischen Küstenort einst zu Wohlstand verhalf, ist der hübschen Altstadt von Sant Feliu de Guíxols anzusehen. Herrenhäuser zeugen von glanzvollen Zeiten, in dem im Jugendstil erbauten Casino kann man seit 1889 sein Glück versuchen – oder aber sein Geld verspielen. In stilvollem Ambiente residiert auch das Museum der Geschichte des Spielzeugs, in dem 2500 Exponate aus rund 200 Jahren zu sehen sind. Badestrände sind vorhanden, doch sind sie nicht die Stärke des Ortes. Die Klippen der Steilküste dagegen sind ein beliebtes Ziel für Sportkletterer. Deren Ambitionen können gut vom Wasser aus während einer Kanutour verfolgt werden.

BLANES

An der Mündung des Flusses Tordera markiert Blanes das südliche Tor zur Costa Brava. Der sehr breite, 4 km lange Sandstrand trägt wesentlich dazu bei, dass der Ort bei Urlaubern überaus beliebt ist. Wer Abwechslung von den Sportangeboten am Strand und den Ausflugsfahrten mit dem Glasbodenboot sucht, wendet sich dem großen Freizeitpark mit Attraktionen und Delfinshow zu *(www.marineland.es)*. Doch auch am ganz normalen Leben der Küstenbewohner lässt sich teilhaben, denn Tourismus ist nur ein Teil von Blanes. In den engen Gassen der ursprünglich erhaltenen Altstadt sind Händler und Handwerker zu Hause, die Pfarrkirche Iglesia de Santa María ist einen Abstecher wert. Eine besondere Atmosphäre herrscht werktags am Hafen, wenn am Nachmittag die traditionelle Fischversteigerung stattfindet.

Vom einst mächtigen Castillo de San Juan ist zwar nicht viel mehr als der Turm erhalten geblieben, doch bietet der höchste Punkt der Stadt eine hervorragende Aussicht über die gesamte Bucht. Auf der gegenüberliegenden Seite befindet sich über den Steilhängen des Sant-Joan-Berges der 1921 angelegte Botanische Garten Marimurtra. Nicht entgehen lassen sollte man sich den jährlich in den letzten Juliwochen stattfindenden Wettbewerb der Feuerwerker: Das »El Focs de Blanes« wird seit dem 19. Jh. ausgetragen – den besten Blick darauf hat man vom Strand oder vom Wasser aus.

COSTA DORADA

Billiger durch Barcelona

Bitte umsteigen

Der Besuch Barcelonas ist ein Erlebnis, doch Parkplatznot und Umweltzonen wollen umschifft werden: Mit dem Ticket »Hola BCN« (ab 16,40 €) können Busse und Bahnen für zwei bis fünf Tage kostengünstig genutzt werden. Die Barcelona Card (ab 48 €) ermöglicht darüber hinaus sogar den freien Eintritt in viele Museen.

▸ www.barcelona.de/de/barcelona-oepnv.html

4 Nicht ohne Grund bedeuten die südlichen Küsten Kataloniens für viele Spanienurlauber die Erfüllung ihrer Wünsche: Von den nördlich und westlich verlaufenden Gebirgsketten gut geschützt weist die Region auch im Hochsommer angenehme Temperaturen auf. An der abwechslungsreichen Küstenlinie mit ihren endlosen Sandstränden und kleinen Buchten werden Feriengäste seit Jahrzehnten willkommen geheißen. Pauschaltourismus beschränkt sich auf einzelne Regionen, die mit dem Reisemobil aber auch umstandslos umfahren werden können. Zudem lockt Barcelona als historisches und gleichzeitig ewig junges Zentrum der Kunst und Kultur.

An der Costa Dorada, die sich südlich an die Stadtstrände der katalanischen Hauptstadt anschließt, finden sich Fischerdörfer, in denen nachmittags der Fang des Tages zur Auktion gebracht wird, und Städte, die auf ein Jahrhunderte währendes Erbe verweisen können. Der Anspruch, Badetage am Meer mit Kultur zu verknüpfen, wird mehr als erfüllt. Moderne Museen und Botanische Gärten erinnern daran, dass sich seit mehr als 100 Jahren Künstler von dieser Gegend inspirieren lassen. Die entlang der Küste verlaufenden Straßen lassen in kurzen Abständen geeignete Campingplätze ins Blickfeld geraten, die zum Zwischenaufenthalt ebenso geeignet sind wie zum Verbringen eines längeren Urlaubs.

◂ Die Costa Dorada im Süden Kataloniens kennzeichnen eher ruhige und seichte Gewässer. Hier dominieren feinkörnige Sandstrände – perfekt für den Familienurlaub.

SEHENSWERTES

BARCELONA

Machen wir uns nichts vor: Barcelona ist nicht der klassische Badeort am Mittelmeer. Und dennoch verläuft vor den Stadtmauern von Kataloniens Hauptstadt die Costa del Garraf – der hauptsächlich von Einheimischen genutzte Stadtstrand. In der Nachbarschaft liegt der Hafen, von dem aus die Fähren zu den Balearen und bis nach Nordafrika ablegen, aber auch der 1992 eingeweihte Olympiahafen, der heute für sein breites gastronomisches Angebot bekannt ist. Vom Strand aus erreicht man mit der Standseilbahn oder der Hafenseilbahn den 173 m hohen Montjuïc. Die dortige Stierkampfarena wurde zu einem Einkaufszentrum umgewandelt; im Nationalpalast residiert das katalanische Nationalmuseum. Am Fuße des Berges veranschaulicht ein Freilichtmuseum die traditionelle Bauweise verschiedener spanischer Regionen.

Barcelona hat viel zu bieten – von den römischen Ruinen bis zu den skurrilen Bauten des Architekten Antoni Gaudí. Im historischen Ortskern Barri Gòtic lässt sich in die lebendige Atmosphäre der Stadt eintauchen, doch für die Besichtigung von Kathedrale, Rathaus und den vielen Museen sollten ein paar Tage eingeplant werden. Oder man schlendert die Flaniermeile Rambla entlang, an der sich zwischen Altstadt und Hafen eine Vielzahl von Sehenswürdigkeiten befinden. Den besten Blick über die Stadt hat man übrigens vom Parc Güell im Norden der Stadt, der sogar über Rolltreppen erreichbar ist.

CASTELLDEFELS

Campen vor den Toren Barcelonas, kurze Wege in die Stadt und zum Fährhafen: Der Küstenort Castelldefels bietet sich nicht nur als Startpunkt für einen Besuch der nahe liegenden Metropole an – er verfügt auch über eigene Qualitäten. Feinsandige Strände säumen die Uferlinie, und der anlässlich der Olympischen Spiele 1992 errichtete Sporthafen ist ein beliebtes Ziel für Wassersportler. Der Olympische Kanal wurde für die Wettkämpfe der Kanuten angelegt, mittlerweile umfasst er neben anderen Sportstätten auch zwei Wasserski-Slalomstrecken; Surf- und Segelschulen befinden sich nahe des Bootsclubs. Weithin sichtbar ist die Burg Castell de Fels aus dem 16. Jh., die dem Ort auch seinen Namen gab. Aus dieser Zeit stammen auch die zwölf Wehrtürme, die einst zum Schutz gegen Piraten angelegt wurden. Der Hauptbahnhof von Barcelona ist in 20 Minuten mit dem Zug erreichbar. Von dort sind es nur ein paar hundert Meter bis zum Parc Joan Miró. Bei ungünstigen Windverhältnissen ist jedoch der 10 km entfernte Flughafen zu hören.

SITGES

Der Überseehandel mit Amerika verhalf der Hafenstadt im 19. Jh. zu einigem Wohlstand, später entwickelte sich Sitges zu einem Zentrum der Textil- und Lederfertigung. Die damals errichteten Villen stellen mehr als einen sehenswerten Stilmix dar – häufig an der Wasserlinie erbaut verhinderten sie den späteren Bau von uniformen Hotelkomplexen. Stattdessen erfreut man sich an der 3 km langen und von Palmen gesäumten Uferpromenade, die entlang der Sandstrände bis zur felsigen Steilküste im Osten reicht. Außerhalb des Ortes laden kleine Buchten zum Baden ein. Die Beliebtheit bei Künstlern findet im alten Ortskern ihren Niederschlag, außergewöhnliche Museen zeugen von der noch heute aktiven Kunstszene. Die auf einem Felsen am Strand befindliche Kirche des heiligen Bartholomäus und der heiligen Thekla ist ein willkommenes Nahziel mit Panoramaaussicht. Seit Jahren ist Sitges bekannt für seine entspannte Offenheit gegenüber gleichgeschlechtlichen Paaren.

TARRAGONA UND REUS

Man mag sich darüber streiten, ob die schönsten Strände der Region bei Cambrils und Salou liegen oder vor den Toren der Großstadt Tarragona. Wer aber das Bedürfnis nach Abwechslung zum Badeurlaub verspürt, für den ist die alte Römersiedlung ein attraktives Ziel. Antike Gemäuer und die Architektur späterer Zeiten sind im Lauf der Zeit zu einer interessanten Melange verschmolzen – Amphitheater, Forum Romanum und weitere Monumente sind natürlicher Bestandteil des Stadtzentrums. Das ganze archäologische Ensemble ist als UNESCO-Welterbe anerkannt, ebenso wie der etwas außerhalb gelegene Aquädukt von Ferreres, der der Legende nach in nur einer Nacht vom Teufel erbaut wurde. Als Welterbe gelten auch die Castelleres, die für ihre bis zu zehn Etagen hohen menschlichen Pyramiden berühmt sind. Einmal pro Jahr wird in der früheren Stierkampfarena die beste Truppe erkoren.

Einen Abstecher wert ist die etwas im Schatten stehende Nachbarstadt Reus, die nur 15 km landeinwärts liegt. Der Geburtsort des Architekten Antoni Gaudí besticht nicht nur wegen seiner architektonischen Schönheit – im 19. Jh. berühmt für den dort produzierten Wermut, wurde eine Wermut-Route geschaffen, auf der es auch Möglichkeiten zur Verkostung gibt. Höhepunkt ist das kleine, aber feine Wermut-Museum *(www.museudelvermut.com).*

EBRO-DELTA

Wer nach den Steilküsten des Nordens oder den ausgedehnten Sandstränden im Süden des Landes der Auffassung ist, alle Küstenvarianten gesehen zu haben, erlebt an der Mündung des Ebro eine Überraschung: Breit fächert sich der Fluss nach seiner 900 km langen Reise durch Spanien auf. Zahllose Kanäle durchströmen die Lagune, deren äußere Ufer und Landzungen mit lang gestreckten Sandstränden aufwarten. Ausflugsboote kreuzen durch den Naturpark, in dem unzählige Vogelarten beheimatet sind. In den Salinen wird Salz gewonnen, und der dort angebaute Reis sollte ebenso probiert werden wie die Langusten. Ein paar Kilometer flussaufwärts liegt das mittelalterliche Tortosa. Im Lauf seiner fast 1100-jährigen Geschichte diente die auf einem Berg befindliche Burg vielen Besitzern als Zentrum der Macht. Bischofspalast und die gotische Kathedrale zeugen vom architektonischen Können ihrer Erbauer. Hungrig geworden führt der Weg zur historischen Markthalle, die für die dort angebotenen Tapas berühmt ist.

Vom Campingplatz Playa Barà ist es nur ein Katzensprung zum Strand Roda de Bara mit seinem feinen goldenen Sand.

CAMPINGPLÄTZE

10 Camping & Resort Sangulí Salou ★★★★★

Man blickt auf 1000 m goldgelben Sandstrand, das flach abfallende Ufer macht es auch Kindern leicht, die sanften Wellen zu spüren. Spielplätze und Strandbars sorgen für Abwechslung, und die Auszeichnung mit der Blauen Flagge bürgt für gute Wasserqualität. Noch mehr Badevergnügen verspricht der 5-Sterne-Platz mit seinen fünf Badelandschaften, ergänzend wird Animation und Unterhaltung für alle Altersklassen aufgeboten. Mit seinen 940 Parzellen à 80 bis 145 m² ist der Platz ziemlich groß, und je nach Kategorie sind die Standplätze mit Strom- (CEE, Schuko, 10–16 A) und Wasserversorgung ausgestattet. Zum Einkaufen haben drei Supermärkte geöffnet, ein Bummelzug dreht regelmäßig seine Runde. Es gibt einen separaten Hundebereich, und für das gesundheitliche Wohlergehen sorgt eine medizinische Bereitschaftspraxis.

▸ Plaça de Venus s/n, 43840 Salou, Tel. +34 (0) 977 38 16 41, April–Anfang Nov.,
GPS: 41.07528333, 1.11758333

■ pincamp.de/CT5850

11 Park Playa Barà ★★★★½

Eine zerklüftete Steilküste und lange Sandstrände wechseln sich auf diesem Abschnitt der Costa Dorada stetig ab. Die Klippen locken Angler und Taucher gleichermaßen an, der goldgelbe Sandstrand ist ein Garant für einen gelungenen Badeurlaub. Surfer ziehen auf dem Wasser ihre Bahnen, und wer es rasanter mag, leiht sich ein Jet-Ski aus. Die Unterhaltungsprogramme sind auf die Wünsche der verschiedenen Altersklassen zugeschnitten. Geboten werden unter anderem ein Mini-Zoo, eine Badelandschaft und eine schalldichte Diskothek. Die insgesamt 591 Standplätze sind nicht nur mit Strom- (5–10 A) und Wasseranschlüssen ausgestattet, sondern verfügen auch über eigene Geschirrspülbecken. Auf einem Teil des Platzes ist der Betrieb von TV-Geräten untersagt. Der WLAN-Empfang ist allerdings auf dem gesamten Terrain gesichert.

▸ Ctra. N-340, km 1183, 43883 Roda de Barà, Tel. +34 (0) 977 80 27 01, April–Sept.,
GPS: 41.1728, 1.46972

■ pincamp.de/CT5300

12 Camping Ampolla Playa ★★★★½

In einer ausgedehnten Bucht im Norden des Ebro-Deltas grenzt das Gelände direkt an die Uferpromenade mit einem schönen Strand. Wassersportler finden viele attraktive Angebote, um ihren Hobbys nachzugehen. Mit dem Kanu, Kajak oder SUP-Board geht es allein oder in Gruppen auf's Wasser; Wind- und Kitesurfen wird ebenso angeboten wie Wasserski. Boote können ausgeliehen werden, und die Angeltouren in den fischreichen Gewässern versprechen einen guten Fang. Der 2 km lange, feinsandige Strand befindet sich nur 100 m von der komfortabel ausgestatteten Ferienanlage entfernt. Die 70 Standplätze zwischen 70 und 100 m² Größe bieten Strom (CEE, Schuko, 10 A) und TV-Anschlüsse, auf dem gesamten Areal gibt es WLAN-Empfang.

▸ Passeig Platja Arenal s/n, 43895 L'Ampolla, Tel. +34 (0) 977 46 05 35, März–Dez.,
GPS: 40.799289, 0.699434

■ pincamp.de/CT6630

COSTA DEL AZAHAR

Aus der Pfanne auf den Löffel

Paella

Es gibt unzählige Varianten der valencianischen Nationalspeise, doch auch feste Regeln: Das auf einem Holzfeuer zubereitete Reisgericht wird mittags serviert, nicht aber am Abend. Gegessen wird Paella mit einem Löffel direkt aus der Pfanne. Puristen behaupten überdies, dass der beste Geschmack nur mit dem in der Region angebauten Arroz bomba erzielt wird.

5

Beim Herunterlassen der Seitenfenster strömt der Duft frischer Apfelsinen ins Wageninnere, in der Luft liegt der dezente Geschmack des Salzes, das vom nahen Meer herüberweht. Unterwegs in der spanischen Provinz Valencia, wo selbst die Küste nach dem Hauptanbauprodukt der Region benannt ist: Costa del Azahar – die Küste der Orangenblüten. Die Uferlinie folgt der weiten Bucht nach Süden; viele Dörfer werden überragt von Kastellen oder Wachtürmen, die noch vor knapp 200 Jahren dem Schutz vor Piraten dienten. Seeräuber gibt es in dieser Region nicht mehr, die historischen Gemäuer sind nun beliebte Sehenswürdigkeiten für den Ferienausflug.

Wegen ihrer langen Sandstrände wird die Küste zu den schönsten Gestaden des westlichen Mittelmeers gezählt. Felsige Abschnitte stellen reizvolle Reviere für Schnorchler dar, und viele Marinas locken mit Liegeplätzen für Boote. Nicht ausgelassen werden sollte das bergige Hinterland – ob auf einem der vielen Wanderwege oder über die verschlungenen Landstraßen. Belohnt wird man mit der Entdeckung verlassener Burgen und ursprünglicher Dörfer. Der Beliebtheit der Costa del Azahar entsprechend gestaltet sich im küstennahen Raum das Angebot an Campingplätzen. Nicht alle verfügen über einen direkten Zugang zum Meer, doch fällt der Weg zum Strand selten weit aus.

◂ Die Altstadt von Peñíscola drängt sich auf einem imposanten Felssporn an der Küste Aragoniens, gekrönt von einer Templerburg aus dem 13. Jahrhundert.

SEHENSWERTES

PEÑÍSCOLA

Vom Nachbarort Benicarló aus erstreckt sich der 5,5 km lange Strand Playa de Norte bis Peñíscola. Der goldfarbene, körnige Sand trägt ebenso zur Beliebtheit bei wie die zahlreichen Läden und Lokale an der Promenade. Leihstationen für Kanus und Jet-Ski sowie die Möglichkeit, Wasserski und Parasailing zu betreiben, steigern die Attraktivität. An den Stränden südlich des Ortes werden Surf- und Kajakkurse angeboten. Überragt werden die Ufer von der Altstadt Peñíscolas, die sich weithin sichtbar auf einem 64 m hohen Felsen über dem Meer erhebt, der durch einen Sandstreifen mit dem Festland verbunden ist. Er wird gekrönt von einer Templerburg aus dem 13. Jh. Der wie ein Balkon gestaltete Burghof bietet eine großartige Aussicht, auch vom Burgfried aus lassen sich weite Teile der Küste überblicken. Enge Gassen führen durch den von dicken Mauern umringten Komplex, der zu den meistbesuchten Kastellen Spaniens gehört.

CASTELLÓN DE LA PLANA

Spanien wie aus dem Bilderbuch erwartet die Besucher von Castellón de la Plana: Neben den Markthallen erhebt sich die Konkathedrale Santa Maria, deren 58 m hoher Glockenturm eine willkommene Orientierungshilfe darstellt. Mitten im Zentrum erstreckt sich der Mitte des 19. Jh. angelegte Ribalta-Park als grüne Lunge von Castellón de la Plana: Promenadenwege führen durch die Anlage, Enten schwimmen auf dem Teich, und an den Wochenenden erklingt Musik aus dem Pavillon. Gleich daneben führt der Weg zur 13 000 Besucher fassenden Stierkampfarena. Vom Hafen aus werden Bootstouren zum Naturpark Islas Columbretes angeboten, die Inseln sind für ihre bizarren Felsformationen und Grotten berühmt. Die schönsten Strände der Region befinden sich nördlich der großen Marina.

BURRIANA

Mit dem Wagen nur wenige Minuten von Castellón de la Plana entfernt sollte auch der Nachbarstadt Burriana ein Besuch abgestattet werden. Neben dem Seehafen und einer Marina erwartet Badegäste ein 15 km langer Strand, an dem unter anderem Tretboote und Jet-Ski verliehen werden. Lohnenswert ist auch die historische Altstadt, wo im Kloster San José de los Carmelitas Descalzos vielfarbige Holzaltäre besichtigt werden können. Wer bei der Fahrt durch die zahlreichen Orangenhaine der Region mehr zu Geschichte und Verarbeitung der Zitrusfrucht erfahren möchte, wird in Europas einzigem Orangenmuseum fündig *(www.museonaranja.com)*.

SAGUNTO

Ob Hannibal bei der Belagerung der Stadt Elefanten mit sich führte, ist nicht überliefert – die Spuren der Geschichte aber sind nicht zu übersehen: Hoch über Sagunto thront die von Römern und Mauren gebaute Burg, die es auf fast 1000 m Länge bringt. Ein Monumentalwerk, in dessen hohen Mauern sieben Burghöfe unterschiedlicher Ausgestaltung sowie Teile der Kurie und der Zisternen erhalten geblieben sind. Der Aufstieg wird durch das großartige Panorama belohnt, das sich vom westlichen Teil der Burg ergibt. Bereits auf halbem Weg passiert man das römische Theater, das schon 1896 als erstes Gebäude Spaniens unter Denkmalschutz gestellt wurde. Bis zur Küste müssen nur 6 km überwunden werden – dort locken Sandstrände und Dünen, von der Marina aus werden Tauchspots angesteuert *(www.costapalancia.es)*.

VALENCIA

Nach mehreren verheerenden Überschwemmungen des Flusses Turia erfand sich die Metropole Valencia neu: Der Fluss wurde umgeleitet, und auf dem bisherigen Flussbett entstanden auf einer Länge von 9 km Parks sowie die futuristisch wirkende Ciudad de las Artes y las Ciencias – in der »Stadt der Künste und der Wissenschaften« befinden sich unter anderem ein Wissenschaftsmuseum und das größte Aquarium Europas. Ihre Ursprünge hat die Altstadt mit ihren zahlreichen Kirchen und Museen in der Römerzeit. Sehenswert ist die prunkvoll ausgestattete Seidenbörse. Einen Abstecher wert ist aber auch das Reismuseum, das an jenem Ort, in dem die Paella erfunden wurde, eine besondere Bedeutung hat. Der von einer Dünenlandschaft geprägte Arbre del Gos gilt als schönster Strand der Region. Und der von rund 300 Vogelarten bevölkerte Naturpark Albufera lädt zu Ausflugsfahrten mit dem Boot ein – auch Flamingos leben dort. Souvenirs findet man im Vorort Manises: Die dort gefertigten Keramiken mit gold- und kupferfarbenen Blumenmotiven eignen sich prima als Reisemitbringsel.

CULLERA

Zwischen den Muntanya de l'Or und der Mündung des Flusses Júcar empfiehlt sich Cullera für einen gepflegten Strandurlaub. Orangenhaine und Gemüsegärten wachsen die Hänge hinauf, die 15 km lange Küstenlinie aus Strand und Steilküsten wartet mit Plätzen zum Baden mit und ohne Textilien auf, das flache Wasser ist ideal für Kinder. Tauchgänge sind möglich, und die nahen Süßwasserlagunen sind ein bevorzugtes Ziel von Sportanglern. Wanderwege führen auf den 225 m hohen Hausberg von Cullera, auf halber Höhe befindet sich eine die Altstadt überragende Burg aus dem 10. Jh. An Angeboten, den Urlaub zu genießen, herrscht also kein Mangel. Unter den Museen sticht das Höhlenmuseum der Höhle Dragut hervor, in der eine gotische Kapelle zu sehen ist.

Der Strand ist nur 50 Meter vom Campingplatz Alegría del Mar entfernt, Oleanderhecken begrenzen die Parzellen.

Traumlage direkt am Strand von Oropesa del Mar: Camping Didota bietet zahlreiche Wassersportaktivitäten.

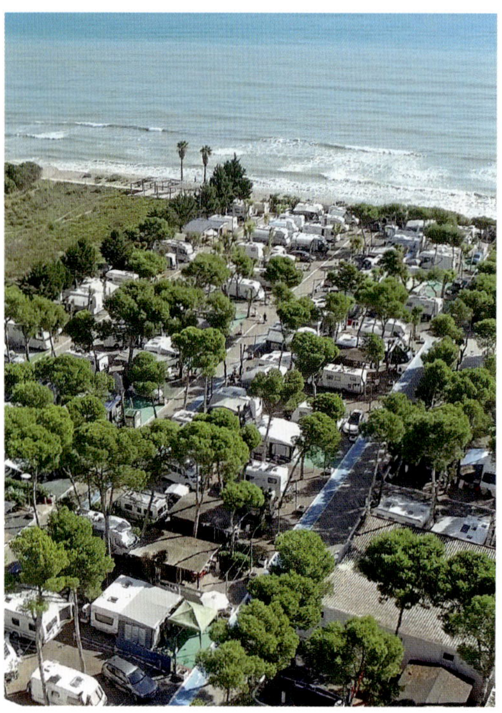

DÉNIA

Hunderte Boote finden in der Marina von Dénia einen sicheren Liegeplatz, Restaurants bieten auf den Landzungen, die den Hafen begrenzen, eine breite Palette regionaler Spezialitäten. Dénia ist der südlichste spanische Hafen, von dem aus Fähren zum nahen Ibiza und anderen balearischen Inseln ablegen. Der bei Surfern beliebte Ort zeichnet sich durch seine feinen Sandstrände im Norden aus, Taucher bevorzugten die zerklüfteten Klippen südlich des Ortes. Die einstöckigen weißen Häuser sind mit den für die Gegend typischen Bogengängen verziert. Beim im Juli begangenen Volksfest »Santísima

CAMPINGPLÄTZE

13 Camping Alegría del Mar

Im Norden der valencianischen Küste beeindruckt die Vielfalt der Strände ebenso wie die Möglichkeiten der Urlaubsgestaltung. Vor dem Campingplatz erstreckt sich ein etwa 1000 m langer Kieselstrand, der in den feinsandigen Strand einer Bucht übergeht. Die Küstenregion ist als lohnenswertes Ziel für Taucher bekannt, die Angebote der nahen Segelschule richten sich auch an den Nachwuchs. Selbst Angler finden ein passendes Plätzchen. Der ganzjährig geöffnete Campingplatz verfügt über 92 Parzellen zwischen 50 und 130 m², die neben Strom- (CEE, 6–10 A) auch Wasser- und TV-Anschlüsse bieten. Laubbäume spenden Schatten, und für die Abkühlung zwischendurch steht ein Pool zur Verfügung.

▸ Ctra. Nacional 340, km 1046, 12580 Benicarló, Tel. +34 (0) 964 47 08 71, ganzjährig, GPS: 40.426212, 0.437711

■ pincamp.de/VA1200

14 Camping Playa Tropicana

Sanft schlagen die Wellen an den aus Sand und Kies bestehenden Strand, Kajaks, Tretboote und SUP-Boards gleiten über das Wasser. Der zum Teil auf gestuftem Gelände gelegene Campingplatz punktet mit seinem gepflegten Bewuchs aus Hecken und Schatten spendenden Bäumen. Auf dem Platz befindet sich neben einem Supermarkt und einem Restaurant auch ein ganzjährig nutzbares Hallenbad. Eine Freude für Augen und Ohren sind die Volieren mit tropischen Vögeln. Bei der Standplatzsuche hat man die Wahl zwischen 380 Parzellen in Größen zwischen 50 und 90 m² – die modernen Sanitäranlagen überzeugen. Der Stromversorgung dienen Schukosteckdosen (10 A), Wasseranschlüsse sind ebenso vorhanden wie eine Ver- und Entsorgungsstation, WLAN ist verfügbar.

▸ Ctra. N-340, km 1018, 12579 Alcossebre, Tel. +34 (0) 964 41 24 63, ganzjährig, GPS: 40.22205, 0.26695

■ pincamp.de/VA1450

15 Camping Didota

Außergewöhnlich viele Angebote für Kinder und Jugendliche sind die Stärke von Camping Didota – Surfbretter und Paddleboards werden dabei für verschiedenste Aktivitäten eingesetzt. Vom 150 m langen und mit Steinen durchsetzten Sandstrand aus werden Tauchgänge offeriert, die sowohl Schatzsuchen als auch Naturerlebnis bieten. Boote können ausgeliehen werden. 111 Parzellen in Größen von 60 bis 110 m² verteilen sich über den teils von Bäumen beschatteten Platz. Die Absicherung des Stromnetzes (Schuko) beträgt 6 bis 10 Ampere; ein Gasflaschenservice befindet sich vor Ort. Mini-Markt, Restaurant und Cafeteria sind ganztägig geöffnet, es gibt auf dem gesamten Gelände WLAN-Empfang.

▸ Avenida de la Didota s/n, 12594 Oropesa del Mar, Tel. +34 (0) 964 31 95 51, ganzjährig, GPS: 40.121216, 0.158324

■ pincamp.de/VA2050

Sangre« stellt der seit 1926 stattfindende »Bous a la Mar« ein besonderes Spektakel dar: Hobby-Toreros treiben Stiere zum Kai, und oft landen beide im Wasser. Für Kinder interessant ist das Spielzeugmuseum – über 60 Jahre lang war Denía ein Zentrum der Herstellung von Blech- und Holzspielzeug. Lohnenswert ist auch die Fahrt zum 10 km entfernten Leuchtturm am Kap San Antonio – 163 m über dem Meer.

COSTA BLANCA

Finger weg von Strandschnäppchen

Fliegende Händler

Schicke Sonnenbrillen, funkelnde Uhren, bunte Tücher: An vielen Stränden drängen fliegende Händler zum spontanen Kauf. Meist erweisen sich die Waren als Billigartikel aus Fernost, Markenware ist nicht mehr als ein Plagiat. Wer die Finger davon lässt, spart Geld und Ärger. Die Badeorte Altea und Benidorm haben die ambulanten Verkäufe auf den Straßen und am Strand bereits untersagt.

6 In zentraler Lage am Mittelmeer gelegen vereint die Costa Blanca den Vorteil der überschaubaren Strecke für die Anreise mit den Vorzügen des südlichen Spaniens. Die weiß gestrichenen Häuser und die ebenfalls weißen Sandstrände verhalfen der Region zu ihrem Namen. Neben Urlauberhochburgen finden sich entlang der Küste noch immer charmante Fischerdörfer, die zwar auf Feriengäste eingerichtet sind, aber Qualität über Massenabfertigung setzen. Unübersehbar sind die Einflüsse der in der Geschichte häufig wechselnden Herrscher: Von den Römern gegründete Ortschaften und Häfen entwickelten sich in der Zeit der Mauren zu Städten und gelangten später zu Reichtum. Kastelle, Kirchen und eine Vielzahl von Museen geben Zeugnisse der Historie ab.

Das angenehme Klima macht die Costa Blanca zum ganzjährig attraktiven Ziel für Camper. Rund um die bekannten Ferienorte finden sich häufig gleich mehrere Campingplätze, deren Ausstattung in aller Regel keine Wünsche offen lässt. Animationsprogramme für Kinder und Erwachsene sind ebenso selbstverständlich wie Freizeitangebote fürs Strandleben. Auch wenn die meiste Zeit in der Nähe des Wassers verbracht wird – Ausflüge ins Landesinnere stellen eine willkommene Abwechslung dar. Wer die goldene Mitte zwischen ruhigen Zonen und Partystimmung sucht, wird an der »weißen Küste« mit Sicherheit nicht enttäuscht.

◂ Über Treppen geht es vom Camping Kiko Park durch eine grasbewachsene Dünenfläche zum rund 350 Meter langen sanft abfallenden Sandstrand.

SEHENSWERTES

ALTEA

Schmiedeeiserne Balkone und Lampen zieren die weißen Häuser der Altstadt, am Berg ersetzen lang gezogene Treppen das Kopfsteinpflaster der schmalen Gassen. Mittendrin ragt die Kirche Nuestra Señora del Consuelo auf, deren Kuppeln von blauen und weißen Kacheln bedeckt sind. Vom Kirchenvorplatz in der Oberstadt aus hat man einen schönen Ausblick auf die langen weißen Strände und das türkisblaue Meer. Das auf einer Anhöhe gelegene Küstenstädtchen Altea zieht seit Langem Kunstschaffende aller Richtungen an und hat sich zu einem Zentrum der Kultur entwickelt. Die Universität Miguel Hernández Elche unterhält hier die Fakultät für schöne Künste, im Palau Altea erklingen Konzerte, und in der Altstadt findet man die Ateliers von zahlreichen Kunsthandwerkern. Entlang der Wasserlinie verläuft die belebte Uferpromenade, von der aus die von kleinen Buchten und Steilklippen geprägten Strände erreichbar sind. Als Ziel für Wanderungen bietet sich das Castillo de Bernia an: Ein Rundweg führt um den gleichnamigen Berg herum, trotz weitgehender Zerstörung sind die Ruinen des Forts sehenswert – vom Panorama ganz zu schweigen.

BENIDORM

Kein anderer Ort symbolisiert die rasante Entwicklung des Tourismus in Spanien so sehr wie Benidorm. Innerhalb weniger Jahre wandelte sich das Fischerdorf zu einem Magneten für Urlauber; die vielen Wassersportangebote an den beiden Stränden und zwei große Freizeitparks sind attraktiv. 345 Häuser mit mehr als zwölf Etagen haben dem Ort den Beinamen Klein-Manhattan eingebracht, und hier steht auch das höchste Wohngebäude der EU: mit 47 Etagen und 202 m Höhe ist der Wohnturm Intempo nicht zu übersehen. Auf einer kleinen Landzunge zwischen den beiden Hauptstränden verfügt Benidorm zudem über historisches Flair – dort befindet sich auch der schneeweiße »Balkon des Mittelmeers«, der Ausblicke auf Stadt und Meer erlaubt. Obwohl der Ort maßgeblich auf Hoteltourismus setzt, finden auch Camper eine Bleibe: Am Ortsrand befinden sich fünf top ausgestattete Campingplätze.

VILLAJOYOSA

Früher erleichterten die bunten Häuserfronten im Hafenviertel Seeleuten die Orientierung, heute ist das farbenfrohe Ensemble ein Ausdruck der Leichtigkeit, die das traditionelle Fischerdorf umfängt. Von den Bergketten Aitana und Puig Campana vor kalten Nordwinden geschützt bietet sich Villajoyosa auch in der Nebensaison für längere Aufenthalte an. Entlang der Uferpromenade und am Strand wachsen hohe Palmen, der Strand Playa de Torres lockt mit kristallklarem Wasser. Dort befindet sich auch die Torre de Hércules – eigentlich gar kein Turm, sondern ein rechteckiges, 6 m hohes Mausoleum aus dem 2. Jh. Wer süßen Lastern nicht widerstehen mag, findet in dem sympathischen Ort sein Ziel: Villajoyosa ist die Stadt der Schokolade – seit über 130 Jahren werden hier süße Leckereien hergestellt. Die Produktion kann man sich anschauen, zudem gibt es ein Schokoladenmuseum *(www.valor.es)*. Steht der Sinn nach besonderen Kreationen, wird man in einer Chocolaterie vor Ort fündig.

ALICANTE

Unübersehbar überragt das Castillo de Santa Bárbara auf dem Monte Benacantil die Küste – Alicantes bedeutendste Sehenswürdigkeit ist eine der größten Burganlagen Europas. Den Aufstieg kann man sich getrost sparen, denn vom Strand aus lassen sich die 166 m bis zur Burg mit einem Aufzug überwinden. Der Weg zum Wasser führt durch die engen Straßen der Altstadt, vorbei an der gotischen Kirche Santa María und dem Museum Casa de la Asegurada, in dem Werke von Joan Miró und Pablo Picasso ausgestellt sind. Am Hafen beginnt die von Palmen gesäumte Promenade Explanada de España, die aus einem Muster von insgesamt 6,5 Mio. Marmorsteinchen besteht. Die Flaniermeile ist der abendliche Treffpunkt der Stadt.

SANTA POLA

Blickt man von den Klippen vor Santa Pola auf das friedlich erscheinende Meer, ist es kaum vorstellbar, dass in der lang gezogenen Bucht einst eine der größten Seeschlachten der römischen Geschichte stattfand. Die Versenkung von 300 Schiffen besiegelte im Jahr 460 das Ende der weströmischen Flotte durch die Vandalen. Spuren der langen Historie fin-

CAMPINGPLÄTZE

 Camping Kiko Park

Unweit der Marina von Oliva empfängt Kiko Park das ganze Jahr über Urlauber, der feinsandige Strand lädt zu ausgedehnten Spaziergängen ein. Kanus und SUP-Boards werden am Platz ausgeliehen. Im Jachthafen gibt es die Ausrüstung zum Surfen sowie Wasserskiangebote. Zudem werden Führungen und Ausflüge organisiert. 175 gekieste Standflächen sind verfügbar, die Größe der Parzellen variiert zwischen 60 und 100 m². Jeder Platz ist mit einer CEE-Steckdose (16 Ampere) sowie Frisch- und Abwasseranschlüssen versehen. Hungrige haben die Wahl zwischen mehreren gastronomischen Einrichtungen. Auf dem gesamten Areal hat man WLAN-Empfang.

▶ Assagador de Carro 2, 46780 Playa de Oliva, Tel. +34 (0) 962 85 09 05, GPS: 38.932852, -0.097426

■ pincamp.de/va3700

17 Camping El Torres

10 km südwestlich vom quirligen Urlauberort Benidorm entfernt bietet der Platz eine Ferienanlage mit direktem Meerzugang. Der mit Steinen durchgesetzte Sandstrand wird auf einer Seite von Felsen begrenzt. Unter den weiteren fußläufig erreichbaren Strandabschnitten wurden auch einige FKK-Bereiche eingerichtet. Von den meisten der 114 parzellierten Standplätze in Größen zwischen 55 und 110 m² kann man das Meer sehen. Das gestufte Gelände weist stellenweise Gefälle auf, das aber mit Keilen ausgleichbar ist. Die Parzellen sind mit Ab- und Frischwasseranschlüssen sowie Schukosteckdosen (10 A) versehen, Gasflaschen können getauscht werden. WLAN ist im Bereich der Bar abrufbar.

▶ Playa El Torres, 03570 Villajoyosa, Tel. +34 (0) 965 99 50 77, ganzjährig, GPS: 38.515974, -0.200386

■ pincamp.de/VA5200

 Camping Santa Marta

Der Berg Cullera erhebt sich hinter dem gleichnamigen Ort südlich von Valencia. Die Küstenlinie wird durch weite Buchten und den feinen weißen Sandstrand geprägt. Das Meer ist ruhig und sichert auch Kindern gefahrloses Badevergnügen. Segler und Surfer fühlen sich hier ebenso wohl wie Taucher, die den faszinierenden Meeresgrund erkunden. Wer es gemächlicher mag, leiht sich ein Kanu oder wirft die Angel aus. Der terrassierte Campingplatz liegt ein paar hundert Meter landeinwärts, das dichte Blätterdach des üppigen Pinienbestandes ist an Sonnentagen ein Garant für Schatten. 186 Parzellen à 40 bis 70 m² Größe verteilen sich auf dem Gelände, Strom- (Schuko, 10 A) sowie Frisch- und Abwasseranschlüsse sind Standard, WLAN ist auf dem gesamten Terrain zu empfangen. Für Wohnmobile gibt es eine Ver- und Entsorgungsstation.

▶ 46400 Cullera, Tel. +34 (0) 961 72 14 40, Mitte Jan.–Mitte Dez., GPS: 39.176846, -0.241825

■ pincamp.de/VA3200

Camping Kiko Park liegt direkt an der Wasserlinie, doch auch die Berge im Hintergrund laden zu Aktivitäten ein.

den sich überall im Ort: Eine archäologische Stätte erinnert an die Zeit der Römer; die im 16. Jh. errichtete Festung beherbergt heute als Kulturzentrum unter anderem das Museo del Mar, ein Schifffahrts- sowie ein Fischereimuseum. Weiße Sandstrände und von meterhohen Felsgrotten umgebene Buchten erfüllen die Wünsche nach Spaß am Wasser. Vom Hafen aus steuern Ausflugsboote die in einem Meeresschutzgebiet liegende Insel Tabarca an. Aus der Zeit der Piraten ist dort noch ein von Mauern umgebenes Dorf erhalten geblieben.

Ihren Ursprung hat Santa Pola übrigens als Hafen der nur 16 km entfernt landeinwärts liegenden Stadt Elche. Einen Genuss für alle Sinne stellt der dortige aus Tausenden Palmen bestehende Palmenhain dar, der von der UNESCO als Weltkulturerbe anerkannt ist. Der 1,5 km² große Park besticht durch seine künstlichen Seen und Wasserspiele – ein Museum zum Thema Palmen fehlt natürlich nicht.

TORREVIEJA

Wer seiner Gesundheit etwas Gutes tun will, fährt nach Torrevieja. Das durch die Meeresluft und die beiden großen Salzseen vorherrschende Klima wirkt lindernd bei Asthma, Rheuma und Herzbeschwerden, ein Bad in den rosa schimmernden Seen wirkt sich positiv auf die Haut aus. Allein optisch sind die Gewässer, in denen auch Salz abgebaut wird, ein Genuss – wo sonst sieht man rosa Flamingos in pinkfarbenem Wasser? Tief durchatmen lässt sich auch im Parque Aromático nahe des belebten Strandes Playa de la Mata. Der Bummel durch den 70 000 m² großen Kräutergarten kommt einer Aromatherapie nahe. Die Sandstrände bieten zahlreiche Wassersportattraktionen. Ruhiger geht es an den Felsbuchten von El Mojón und Cala de la Zorra zu. Am Hafen gibt es die Option, das Innenleben eines U-Bootes zu erkunden – wegen der beengten Verhältnisse und der Leitern sollten Besucher fit und beweglich sein.

COSTA CÁLIDA

7 Für schönes Wetter kann natürlich nirgendwo garantiert werden, doch 3000 Sonnenstunden an 320 Tagen im Jahr sind ein Wort. Mit Niederschlägen ist fast ausschließlich in den ersten Monaten des Jahres zu rechnen. Nicht ohne Grund wird der Küstenabschnitt zwischen dem Mar Menor und Almería als Costa Cálida bezeichnet. Die »warme Küste« punktet nicht nur mit hohen Lufttemperaturen, sondern auch mit angenehmen Bedingungen beim Baden im Meer. Vielfalt ist die Stärke der Region, deren Orte häufig maurische Ursprünge erkennen lassen und doch eher modern wirken. Die von vorgelagerten Klippen und Inseln geprägte Felsküste bietet reizvolle Reviere zum Tauchen und Schnorcheln, die langen Sandstrände sind teils mit, teils ohne Badebekleidung nutzbar. Nicht zu vergessen das karge, aber malerische Hinterland, das seit Jahrzehnten die Kulisse für Filmproduktionen des Western-Genres genutzt wird.

Mit ihren Ferienorten und sehenswerten Städten ist die Costa Cálida längst zum beliebten Ziel für Urlauber geworden. Mit dem Reisemobil kann man sich auf eine reichliche Auswahl an Campingplätzen verlassen, die allerdings nicht immer in unmittelbarer Ufernähe eingerichtet wurden. Die meist umfangreiche Ausstattung macht dieses Manko oftmals wieder wett. Für die Durchreise empfehlen sich die entlang der Küste und im Inland vorhandenen Wohnmobilstellplätze.

Der beliebteste Likör Spaniens

Schnaps ihn dir!

Licor Cuarenta y Tres – als Grundlage für Mixgetränke hat Spaniens beliebtester Likör längst die Clubs der Ferienorte erobert – Puristen genießen ihn ohne Zusätze. Die mit 43 Zutaten wie Kräutern, Vanille und Orange versehene Spirituose wird seit 1924 ausschließlich in Cartagena hergestellt, die Destillerie bietet täglich Führungen für Besucher an.
▸ www.licor43.com/de-de/experiencia-43

◄ Hier kommen tropische Gefühle auf: Der Campingplatz Capfun La Manga grenzt an einen palmenbestandenen Sandstrand mit Blick auf vorgelagerte Inseln.

SEHENSWERTES

MAR MENOR

Das kleine Meer am Mittelmeer: An sich ist das Mar Menor eine Salzwasserlagune, doch dreimal so groß wie der Starnberger See. Wegen ihres Umfangs von 73 km kann man großzügig sein. Von der offenen See wird sie durch die 22 km lange Nehrung La Manga abgetrennt, auf der sich auch die Feriendomizile der Region befinden. An den insgesamt 44 km langen Stränden bieten Segel- und Wasserskischulen Kurse an – Kajaker tragen dort jährlich ihre nationale Meisterschaft aus. Am Cabo de Palos und nahe der Insel Isla Grosa finden sich exzellente Tauchspots.

Reizvoll ist der im Norden der Lagune gelegene Ort San Pedro del Pinatar – im Herzen der Stadt stehen zwei traditionelle Windmühlen, und am Ortsrand erstrecken sich die schon in Zeiten der Römer betriebenen Salinen mit ihren rötlich schimmernden Becken. Mittlerweile wird dort nicht nur Salz abgebaut, sondern auch Trinkwasser gewonnen. An dem 900 ha großen Feuchtgebiet, in dem Flamingos und Albatrosse heimisch sind, gibt es sogar Wanderdünen.

CARTAGENA

Die Zeiten, in denen die um den Hafen erbauten Forts und Kastelle die Stadt Cartagena beschützen sollten, gehören schon lange der Vergangenheit an. Wer heute in die größte Stadt an der Costa Cálida reist, kommt in friedlicher Absicht und wählt zur Eroberung des auf dem 70 m hohen Festungshügel über der Altstadt gelegenen Castillo de la Concepción den Panoramaaufzug. Zurück im Zentrum erfreut man sich der vielen im Jugendstil errichteten Gebäude. Unter den zahlreichen Kirchen findet sich auch die im spanischen Bürgerkrieg zerstörte Kathedrale Santa Maria la Vieja an der Plaza del Ayuntamiento. Gleich nebenan kann das freigelegte römische Amphitheater aus dem 1. Jh. in Augenschein genommen werden. In erster Linie aber ist Cartagena eine Stadt des Meeres: Dort wurde das erste elektrisch betriebene U-Boot der Welt erfunden, das seinen endgültigen Platz inzwischen im Nationalmuseum für Meeresarchäologie gefunden hat *(www.culturaydeporte.gob.es/mnarqua)*.

MAZARRÓN

Strände mit einer Gesamtlänge von 35 km sind ein gewichtiges Argument für die Ferienregion Mazarrón. Am Stadtstrand wird das Equipment für verschiedene Wassersportaktivitäten ausgeliehen, der steinige Meeresboden bietet sich für Tauchausflüge und zum Schnorcheln an. Am Hafen wurde eine römische Salzfischfabrik aus dem 4. Jh. freigelegt und mit einem Museum ausgestattet, von der Playa de la Pava aus lässt sich der Aussichtspunkt auf einer vorgelagerten Insel über eine Holzbrücke erreichen. Hauptattraktion aber sind die bizarren Felsformationen des 6 km entfernten Strandes Bolnuevo: Wind und Wetter haben die Felsen erodieren lassen – wie riesige steinerne Pilze stehen die Formationen nahe der Wasserlinie. Im etwa 3 km im Inland gelegenen Hauptort fallen die im Modernisme-Stil erbauten Häuser ins Auge, die Kirche San Andrés und das Kloster La Purísima beeindrucken durch ihr Interieur. Fast interessanter als die Ruinen der Burg von Los Vélez sind die verlassenen Silberminen hinter der Stadt – Fördertürme und Gebäude ziehen nicht nur Freunde von »Lost Places« in ihren Bann.

ÁGUILAS

Dass Águilas schon zu Zeiten der Römer bewohnt war, verwundert nicht: Die malerischen Buchten sind zeitlos, der kleine Hafen hat Flair. Geschichte geschrieben hat der Ort jedoch durch das erste Fußballstadion in Spanien, das 1896 errichtet wurde. Bis zum heutigen Tag rollt der Ball, ein Museum zeigt Bilder und Trophäen der mehr als 120-jährigen Sportgeschichte. Das beste Tauchrevier indes liegt zwei Seemeilen vor der Küste rund um die Insel Isla del Fraile in der Bucht El Hornillo. Wer nicht mit dem Boot übersetzen möchte, steigt hinauf zum Castillo de las Águilas, das 85 m hoch über der Altstadt einen schönen Panoramablick über die Region erlaubt. Der Weg dorthin sollte zu Fuß durch

Auch Camping Playa de Mazarrón gleich am Ortseingang von Bolnuevo bietet seinen Gästen einen eigenen Strandzugang.

die engen Gassen erfolgen – der Parkplatz eignet sich nicht für größere Fahrzeuge. Nicht versäumen sollte man den an Gaudís Parc Güell in Barcelona erinnernden Stadtpark, wo die Treppenstufen mit Fliesen verziert sind. Allgegenwärtig sind die auf Märkten und in Läden angebotenen Kapern, die den Ort zum Weltmarktführer der Kapernproduktion haben werden lassen. Für einen Ausflug bietet sich die Rica-Mine kurz hinter Pilar de Jaravia an. In der Geoda de Pulpi befinden sich Kristalle mit Längen bis zu 2 m *(www.geodapulpi.es)*.

PLAYAS DE VERA

Strände, Sonnen, Baden – das allein reicht mitunter, um ans Meer zu reisen. Die langen Sandstrände von Vera erfüllen diese Wünsche perfekt. Zentral an der Costa Cálida gelegen, hat man die Wahl zwischen drei Strandabschnitten, von denen Las Marinas sogar mit einer naturgeschützten Lagune aufwartet, die das Ziel vieler Zugvögel ist. Der 2 km lange Strand El Playazo bietet neben feinem Sand auch eine Promenade und einige Lokale. Im Norden schließt sich die Playa del Playazo an, die als erster europäischer Strand zum Nacktbaden freigegeben wurde – für Naturisten ein Ziel erster Wahl. An allen Stränden muss häufig mit starker Brandung gerechnet werden. Da das Wasser schon nach 5 m nicht mehr stehtief ist, eignet sich das Ufer nur bedingt für Kinder. Angenehm ist der im Sommer auflandige Wind, der erfrischende Abkühlung bedeutet.

ALMERÍA

Über den Dächern der sonnigsten Stadt Spaniens ragt die auf einem Hügel thronende maurische Festung Alcazaba empor. An den Hängen säumen weiße Häuser die Gassen. Die klassische Bausubstanz im Zentrum macht es leicht, die Zeit in Almería zu genießen. An der äußerlich wie eine Festung wirkenden Kathedrale mit ihren vier aus großen Steinquadern erbauten Türmen sollte man nicht achtlos vorbeigehen. Einen modernen Gegenpol schafft das Auditorio Municipal »Maestro Padilla« – ein Kunsttempel, in dem auch Konzerte gegeben werden. Die schönsten Strände liegen im Naturpark rund um das Kap Cabo de Gata. Die Felsküste der Sirenen war früher von Mönchsrobben bevölkert, deren Rufe von Seefahrern für das lockende Singen von Meerjungfrauen gehalten wurden. Mit dem Wagen unterwegs sollte die Strecke wegen der vielen Radfahrer langsam angegangen werden.

CAMPINGPLÄTZE

19 Camping Capfun La Manga ★★★½☆

Sonnenbaden unter Palmen – am 400 m langen und bis zu 40 m breiten Sandstrand am Mar Menor, einer Salzwasserlagune im südöstlichen Teil der Provinz Murcia, wachsen tatsächlich Palmen in die Höhe. Vom Ufer aus sind die vorgelagerten kleinen Inseln zu erkennen. Ein idealer Ort zum Surfen und Segeln, Boote können ausgeliehen werden, und Taucher erleben die Welt unter den Wellen. Auf dem Campingplatz selbst gibt es einen großen Pool mit einem separaten Kinderbecken sowie ein Hallenbad. Jede der 500 gekiesten und durch hohe Hecken voneinander getrennten Parzellen (85–100 m²) verfügt über einen Frisch- und Abwasseranschluss sowie einen Stromanschluss (CEE, 10 A). Für Wohnmobile steht eine Entsorgungsstation bereit. Restaurant, Café und ein Mini-Markt befinden sich auf dem Gelände, ebenso mehrere Sportstätten. Von Mitte April bis Ende September ist zudem ein großer Wasserpark geöffnet. WLAN ist verfügbar.

▶ MU312, Cartagena–La Manga, Salida 11, 30386 La Manga del Mar Menor, Tel. +34 (0) 968 56 30 14, ganzjährig, GPS: 37.62471667, -0.74368333

■ pincamp.de/MU2050

20 Camping Playa de Mazarrón ★★★★½

Die Bucht von Mazarrón wurde durch die von Tauchern auf dem Meeresgrund aufgefundenen Phönizierschiffe bekannt. Die langen Sandstrände sind durch Felsformationen voneinander abgetrennt. Mit eigenem Strandzugang erstreckt sich der gepflegte Campingplatz unmittelbar an der Küste, die bei Strandläufern – auch mit Hund – sehr beliebt ist. Das Gelände ist mit Bäumen bewachsen, und zusätzlich sorgen Mattendächer für Schatten. Pro Standplatz stehen 60 bis 80 m² zur Verfügung; Anschlüsse für Frisch- und Abwasser sowie Strom (CEE, Schuko, 11 A) sind vorhanden. Ein Lokal und ein Mini-Markt komplettieren zusammen mit einem Pool die Infrastruktur, außerdem werden Sport- und Unterhaltungsprogramme angeboten. Flächendeckend kann WLAN empfangen werden.

▶ Puerto d. Mazarrón, Paraje de Bolnuevo, 30877 Bolnuevo-Mazarrón, Tel. ++34 (0) 968 15 06 60, ganzjährig, GPS: 37.56313333, -1.30385

■ pincamp.de/MU2300

21 Camping Bellavista (Águilas) ★★★☆☆

Bizarr geformte Felsformationen und Höhlen gehören an diesem Abschnitt der Costa Cálida ebenso zur Küstenlinie wie die langen Sandstrände. Es gibt verschiedene Möglichkeiten zum Betreiben von Wassersport, so können etwa am nahen Jachthafen Jet-Skis ausgeliehen werden. Mit 60 parzellierten Standplätzen gehört Camping Bellavista zu den eher kleineren Anlagen dieser Region. Die Parzellengrößen reichen von 45 bis 80 m², zur Ausstattung gehören Schukosteckdosen mit 10 Ampere Absicherung. Das ebene, gekieste Gelände wird von zahlreichen Laub- und Nadelbäumen geschützt – die einzelnen Plätze sind zum Teil durch Hecken eingefasst. Die Entfernung ins benachbarte Dorf beträgt etwa 2 km, und ins Zentrum von Águilas sind es nur knapp 4 km. Gasflaschentausch ist möglich, auf dem ganzen Areal ist WLAN verfügbar.

▶ Ctra. de Vera, km 3, 30880 Águilas, Tel. +34 (0) 9684 491 51, ganzjährig, GPS: 37.3919, -1.60959

■ pincamp.de/mu2520

COSTA DEL SOL UND COSTA TROPICAL

Auf die Felsen, ihr Affen

Gibraltar

Die britische Enklave ist ein Stück England an der Küste Spaniens, bei schönem Wetter blickt man bis Afrika. Zum Besuch Gibraltars sollte das Reisemobil auf einem der grenznahen Parkplätze auf spanischer Seite geparkt und auf öffentliche Verkehrsmittel umgestiegen werden. Mit dem Gibraltar Pass können 15 Sehenswürdigkeiten zum ermäßigten Preis besichtigt werden.

▸ www.gibraltarpass.com

8

Seit ein findiger Hotelier im Jahr 1928 den Namen Costa del Sol ersann, erfreut sich die Nordafrika am nächsten liegende Mittelmeerküste ungebrochener Beliebtheit. Ursprünglich ebenfalls der Sonnenküste zugehörig, wurde später der nördliche Abschnitt zur Costa Tropical umfirmiert – wiederum eine gute Idee der Touristiker, die so Feriengäste gezielt auf die Region aufmerksam machen konnten. Ganz gleich, wohin die Reise auch führt: Die Strände aus weißem oder dunklem Sand und das breite Freizeitangebot in den Küstenorten locken ans Meer – erst weit im Süden verebbt der Fremdenverkehr durch die dort dominierenden Steilküsten. Die Gebirgsmassive im Hinterland stehen an vielen Stellen unter Naturschutz und werden so den Wünschen von Wanderern und Mountainbikern gerecht. Um die reizvollen Städte wie Granada oder Ronda zu erreichen, muss allerdings mit längeren Anfahrtswegen gerechnet werden.

An der Costa del Sol endet die Feriensaison nicht mit dem beginnenden Herbst. Viele der sehr zahlreichen Campingplätze bieten das ganze Jahr über ihre Serviceleistungen an, die Freizeitangebote sind im Winter jedoch nur eingeschränkt nutzbar. Über den Sommer aber haben Reisende die freie Wahl zwischen den vor Ort angebotenen Attraktionen. Dank der komplett ausgebauten Küstenautobahn kann die Anreise zeitsparend absolviert werden.

◂ Die lebhafte Playa Burriana vor der Kulisse der Sierras de Tejeda ist bei den Urlaubsgästen sehr beliebt. Eine Reihe von Restaurants und Bars sorgt für das leibliche Wohl.

SEHENSWERTES

MOTRIL

Die Ausläufer der Gebirgskette Sierra de Lújar schimmern im Abendlicht, am Sporthafen dümpeln Boote an ihren Liegeplätzen. Dass der Fischerort Motril auf Anhieb sympathisch wirkt, liegt auch am weitgehend ursprünglich erhaltenen Stadtbild – die Hotelbauten sind nicht so prominent wie in anderen Ferienorten an der Costa del Sol, und am Stadtrand hält das Zuckerrohrmuseum die Erinnerung wach, dass vor dem Fremdenverkehr der Anbau von Zucker die wichtigste Einnahmequelle war. Von der auf einer Anhöhe stehenden Kapelle Virgen de la Cabeza lässt sich die Altstadt überblicken.

Neben den Sandstränden gibt es entlang des Ufers kleine Felsbuchten, vor denen geschnorchelt werden kann. Taucher zieht es an die Reviere vor der Küste, Paddler und Kanuten erkunden die flachen Gewässer. Wen es nach Abenteuer gelüstet, der hat die Möglichkeit, an Canyoning-Touren in den nahen Bergen teilzunehmen.

NERJA

Am warmen Meer locken mehr als 15 km puderweicher Sandstrand – schaut man sich um, erblickt das Auge die den Hang hinaufwachsende Stadt. An der östlichen Spitze der Costa del Sol gelegen ist Nerja ein Ferienort, der zum Erkunden einlädt. Der auf einem 60 m hohen Felsvorsprung gelegene »Balkon von Europa« ist für seine große Anzahl frei fliegender Papageien berühmt. Vom Aussichtspunkt führen Promenaden durch die Altstadt. Mit dem Boot unterwegs entdeckt man die vielen Wachtürme entlang der Küste. In den Bereichen der Steilküste liegen einige empfehlenswerte Tauchspots.

Von überregionaler Bedeutung sind die am Ortsrand befindlichen Höhlen von Nerja. Die Galerien führen 5 km weit in den Berg hinein, die Höhlenmalereien dürften rund 20 000 Jahre alt sein. Auf halbem Weg dorthin lohnt ein Abstecher zum Aquädukt von Aquila, der die 40 m tiefe Schlucht Barranco de la Coladilla überspannt. Die aus Ziegel erbaute »Adlerbrücke« führt immer noch Wasser, von der Zuckerfabrik, die ursprünglich durch sie versorgt wurde, sind jedoch nur noch Ruinen erhalten geblieben.

MÁLAGA

Sicher, an den insgesamt 16 Stränden bietet Málaga seinen Badegästen jede Art von Wassersportmöglichkeiten. In erster Linie aber ist die zweitgrößte Stadt Andalusiens ein Brennpunkt der Kultur. Der Geburtsort von Pablo Picasso würdigt den großen Sohn mit einem Museum – auch das Geburtshaus ist für die Öffentlichkeit zugänglich. Die Alcazaba ist eine der größten Festungen der Region, den schönsten Blick auf die Stadt aber bietet die Burg Gibralfaro. Ihr zu Füßen erstreckt sich die Altstadt mit der Kathedrale und dem Theater aus römischer Zeit. Der Genuss kommt bei alledem keineswegs zu kurz: In Málaga wurde das gleichnamige Eis erfunden, und die im Umland wachsenden Trauben finden sich im süßen Málagawein wieder; angeblich haben auch die in ganz Spanien beliebten Tapas hier ihren Ursprung.

Von den reizvollen Strandorten im Umland ist das 18 km entfernte Rincón de la Victoria besonders interessant: In der Burg von Bezmiliana finden Kunstausstellungen statt, und mitten im Ort lädt die Höhle El Tesoro zu einer Auseinandersetzung mit der Altsteinzeit ein. Sehenswert sind vor allem die dort erhalten gebliebenen Höhlenmalereien.

TORREMOLINOS

Auf der Suche nach Geschichte und Kultur fährt man sicherlich nicht nach Torremolinos. Der einstige Fischerort ist eines der Hauptziele an der Costa del Sol – die Geselligkeit am Strand ist ebenso reizvoll wie das ausgiebige Nachtleben. Je nach Vorlieben lassen sich vom Kajak oder SUP-Board bis zum Jet-Ski Wassersportgeräte ausleihen, gern betrieben wird auch Parasailing. Wem die Attraktionen an einem der breiten, von dunklem Sand geprägten Sandstrände nicht ausreichen, findet im 10 Minuten vom Zentrum entfernten Aquapark ein Spaßbad mit mehreren Wasserrutschen. Um lange Wartezeiten

CAMPINGPLÄTZE

22 Camping Playa de Poniente

Etwas außerhalb der Hafenstadt Motril reihen sich die Strände aneinander und laden zum Sprung in die Wellen ein. Die Wassersportschulen bieten Kurse für Kite-, Wind- und Paddelsurfen (SUP) an und organisieren Kajaktouren. Der 100 m von Strand entfernte Campingplatz verfügt über 202 parzellierte Standflächen à 65 m² Größe. Jeder Platz ist mit einer Stromversorgung (CEE, 6–10 A) versehen, und WLAN ist auf der gesamten Anlage verfügbar. Es werden mehrere Möglichkeiten zur sportlichen Betätigung angeboten, auch ein Freibad ist vorhanden. Das Mitbringen von Haustieren ist erlaubt. Vom Platz aus führt ein Fahrradweg in die Stadt.

▸ Playa de Poniente s/n, 18613 Motril, Tel. +34 (0) 958 82 03 03, ganzjährig, GPS: 36.71834, -3.54618

■ pincamp.de/AD_68900

23 Camping Almayate Costa ★★★★☆

Strandurlaub ist die Devise in Almayate an der Costa del Sol, gut 30 km östlich von Malaga. Der lange Sandstrand erstreckt sich gleich hinter dem am Rand der Stadt gelegenen Campingplatz. Zahlreiche Laubbäume und zusätzliche Mattendächer sorgen für eine effektive Beschattung. Die 160 parzellierten Standflächen sind in Reihen angeordnet, pro Parzelle stehen zwischen 60 und 100 m² zur Verfügung. Alle Plätze sind mit Strom (Schuko, 10 A) und TV-Anschlüssen ausgestattet, das WLAN-Netz ist auf dem gesamten Areal nutzbar. Eine Ver- und Entsorgungsstation für Wohnmobile befindet sich auf dem Gelände. Einkaufsmöglichkeiten und ein Lokal sind vor Ort; im Sommer werden Sport- und Unterhaltungsprogramme angeboten. In der Hauptsaison dürfen keine Haustiere mitgebracht werden. Alljährlich findet im benachbarten Torre del Mar das »Weekend Beach Festival« statt – mit Rockkonzerten rund um die Uhr.

▸ Ctra. N-340, km 267, 29749 Almayate, Tel. +34 (0) 952 55 62 89, ganzjährig, GPS: 36.72521667, -4.13531667

■ pincamp.de/AD2300

24 Camping Mar Azul ★★★★☆

Etwa auf halber Strecke zwischen Almeria und Motril laden die Strände von Balerma zum Urlaub unter der südspanischen Sonne ein. Über den Kiesstrand oder die parallel dazu verlaufende Straße ist der Hauptort mit seinen Einkaufsmöglichkeiten schon nach wenigen Minuten erreicht. Der zwischen Gewächshäusern gelegene Campingplatz verfügt über 204 Parzellen, unterteilt in drei Kategorien. Die jeweiligen Größen betragen zwischen 70 und 140 m². Jeder Platz ist mit Stromanschlüssen (Schuko, 16 A) sowie Frisch- und Abwasserversorgung ausgestattet, an der Ver- und Entsorgungsstation steht ein Hochdruckreiniger zur Wagenwäsche bereit. Spanische Gasflaschen können getauscht werden. Mit seinem Sport- und Animationsprogramm geht das Camp auch auf die Wünsche des Nachwuchses ein. Der Pool verfügt über ein Kinderbecken sowie einen Lift für mobilitätseingeschränkte Besucher. Hunde sind jederzeit willkommen.

▸ Ctra. de Guardias Viejas s/n, 04712 Balerma, Tel. +34 (0) 950 93 76 37, ganzjährig, GPS: 36.72222, -2.87778

■ pincamp.de/AD1600

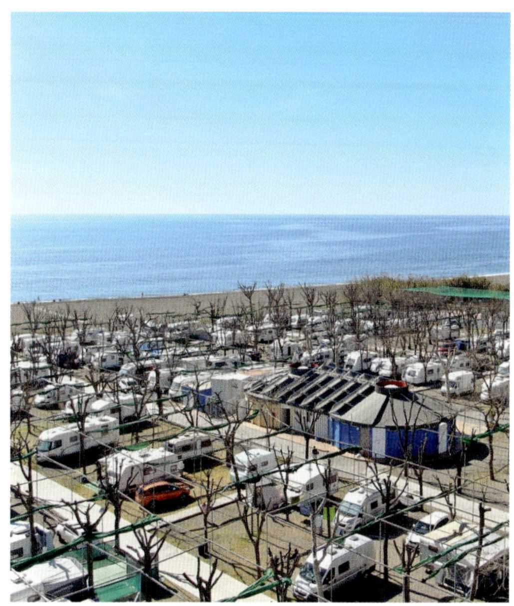

Camping Almayate Costa verfügt über 160 parzellierte Standflächen. Gleich dahinter brausen die Wellen ans Ufer.

zu vermeiden, sollte in einen Fast-Pass investiert werden *(www.aqualand.es/torremolinos)*. Als Ort der Ruhe empfiehlt sich der botanische Garten Jardín Botánico Molino de Inca – die namengebende Getreidemühle kann besichtigt werden.

MARBELLA

Darf es ein wenig exklusiver sein? Marbella pflegt seinen Ruf, gehobenen Ansprüchen zu genügen. Angebote zum Wassersport gibt es in den drei Häfen der Stadt, rund um den Ort hat man die Wahl zwischen rund zwölf Golfplätzen. Dass es auch Reitschulen und Tennisplätze gibt, versteht sich von selbst. Am östlichen Ortsrand finden sich sogar Campingplätze. Auf überdimensionierte Hotelkomplexe wurde dagegen verzichtet. In den verwinkelten Straßen des Ortes erfreuen mit Blumentöpfen verzierte weiße Fassaden das Auge, plätschernde Brunnen und Orangenbäume liegen auf dem Weg zu kleinen Cafés und Boutiquen. Und in Marbella wird Mode nicht einfach verkauft, sondern gemacht. Am Boulevard Avenida del Mar stehen Skulpturen von Salvador Dalí, die Altstadt verströmt andalusisches Flair. Die Renaissancebauten an der Plaza de Los Naranjos, die im 16. Jh. erbaute Kirche Iglesia Mayor de la Encarnación sowie Relikte der maurischen Zeit machen den Ort sehenswert. Wegen seiner Sammlung an Kunststichen gilt das Hospital Bazán als eines der bedeutendsten Museen in Spanien.

RONDA

Selbst wenn man von Meer, Küste und Strand nicht genug bekommen kann, sollte man sich diesem Ausflug ins Landesinnere nicht verwehren: Schon die 50 km lange Strecke über kurvige Landstraßen durch die Berglandschaft ist ein Erlebnis, doch der Ort Ronda ist einzigartig: Auf zwei Felsmassiven erbaut, werden die Ortshälften durch die 120 m tiefe Schlucht geteilt, die der Fluss Guadalevín im Lauf der Zeit geschaffen hat. Zwischen der maurisch geprägten Altstadt La Ciudad und dem jüngeren Viertel El Mercadillo überspannen die arabische, die alte und die neue Brücke den steil abfallenden Canyon. Die Gärten der Altstadt sind eine kleinere Variante der berühmten Parkanlage der Alhambra in Granada. Sehenswert ist auch die im 18. Jh. erbaute Stierkampfarena, die eine Dauerausstellung beherbergt – schließlich gilt Ronda als Wiege des Stierkampfs.

Der Puente Nuevo überspannt eine tiefe Schlucht und verbindet die beiden Ortsteile von Ronda miteinander.

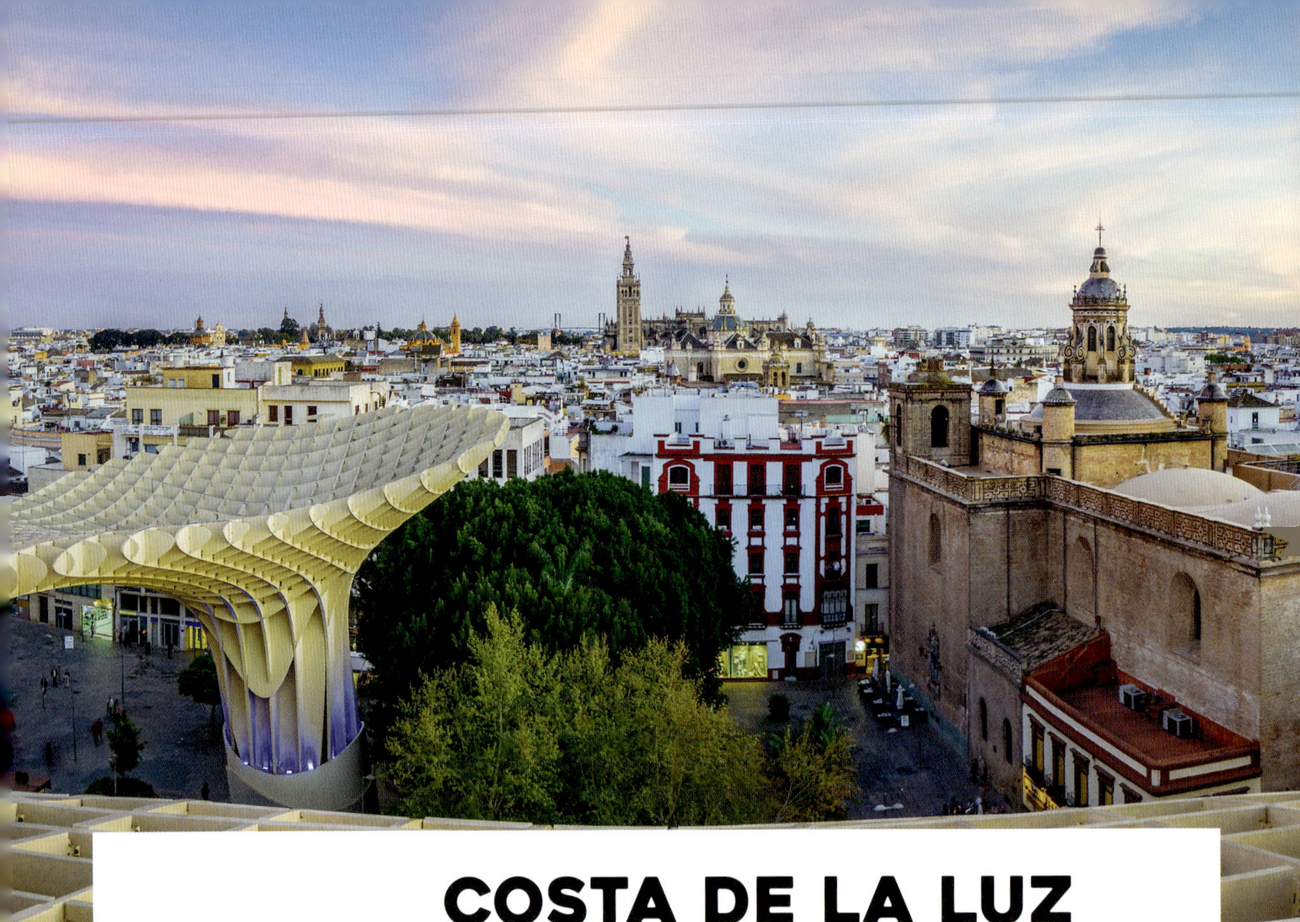

COSTA DE LA LUZ

Alles im Lot aufm Boot

Fast wie Kolumbus

Neugierig, womit Christoph Kolumbus den Seeweg nach Indien finden wollte? Originalgetreue Nachbauten der drei Karavellen »Nina«, »Pinta« und »Santa Maria«, mit denen der Seefahrer Amerika »entdeckte«, liegen vor den Toren von Huelva in Rabida vor Anker. Erklärungen werden nur in spanischer Sprache gegeben – beeindruckend sind die Schiffe dennoch.

▸ www.diphuelva.es/rabida

9

Rund 500 Jahre lang gehörte die südspanische Atlantikküste zum maurischen Herrschaftsbereich – noch heute erinnern Ortsnamen und die Struktur vieler Altstädte an die Zeit der Kalifen und Emire. Von Tarifa an der Südspitze Spaniens bis zur portugiesischen Grenze erstreckt sich ein Landstrich, der es wegen seiner Garantie auf schönes Wetter Urlaubern besonders angetan hat. Die Atlantikwinde bieten beste Bedingungen zum Segeln und Surfen, die Strände sind auch im Sommer nicht so prall gefüllt wie an manchen Orten am Mittelmeer. Während die frischen Brisen direkt am Ufer für erträgliche Temperaturen sorgen, klettert im Inland das Thermometer im Juli und August schon mal auf über 35 Grad. Dennoch lohnt die Erkundung der etwas landeinwärts gelegenen Städte, die Geschichte mit Kultur und Lebensfreude verbinden.

Die beliebten Ziele des Fremdenverkehrs befinden sich fast ausschließlich im östlichen Teil der Costa de la Luz. Zwischen den Flüssen Guadalquivir und Rio Tinto im Westen wurde der große Nationalpark von Doñana zum Naturschutzgebiet erklärt, was sowohl die eigenständige Erkundung als auch das Campen vereitelt. An allen anderen Abschnitten der Küste des Lichts aber gibt es ein reichhaltiges Angebot an Campingplätzen, die häufig sogar das ganze Jahr Gäste empfangen.

◂ Vom begehbaren Dach der Setas de Sevilla, einer futuristischen Holzkonstruktion, genießt man einen herrlichen Blick auf die Altstadt von Sevilla mit der Kathedrale.

SEHENSWERTES

TARIFA

Weit ragt die südlichste Landzunge der Iberischen Halbinsel in die Straße von Gibraltar hinein, die Nähe zum nur 14 km entfernten afrikanischen Kontinent ist spürbar, wenn an sonnigen Tagen das Rif-Gebirge auf der anderen Seite des Wassers zu sehen ist. Mehrmals täglich legen Fähren nach Marokko und zu den spanischen Enklaven ab – in nur 35 Minuten könnte man Afrika erreichen. Ihren Ursprung verdankt die Hafenstadt der Kalifenburg, um die herum vor mehr als 1000 Jahren die noch heute erhaltene Altstadt entstand. Die Kirchen und Burgen im Umkreis der Stadt lohnen sicherlich den Besuch, doch weisen die Strände eine noch größere Anziehungskraft auf. Deren Brandung und der stete Ostwind haben die Region zu Spaniens beliebtestem Ziel für Surfer und Kiter werden lassen. An der Mündung des Río de la Jara kann man von der feinsandigen Playa de los Lances den sportlichen Aktivitäten auf dem Wasser zuschauen – oder sich selbst aufs Board stellen.

VEJER DE LA FRONTERA

Die Seeschlacht vor dem Kap Trafalgar besiegelte im Jahr 1805 das Ende der spanisch-französischen Vorherrschaft auf den Weltmeeren. Nur knapp 10 km landeinwärts geht es – zumindest heute – weitaus friedlicher zu: Die im Mittelalter auf einem 200 m hohen Felsplateau erbaute Burg ist vollständig von einer Stadtmauer umgeben, vier Stadttore führen in das »weiße Dorf« Vejer de la Frontera. Verschlungene Gassen leiten zu Plätzen, an denen Brunnen plätschern und Palmen wachsen. Die zahlreichen den Berg hinaufführenden Treppen erfordern allerdings ein Mindestmaß an Kondition.

CONIL DE LA FRONTERA

Längst ist Conil de la Frontera kein Geheimtipp an der südspanischen Atlantikküste mehr. Besucher erliegen schnell dem Charme des Küstenortes, in dem bis in die Gegenwart die Fischer auf das Meer hinausfahren. Der hier gefangene rote Thunfisch wird dann am Abend schmackhaft zubereitet und in den Restaurants des Ortes auf den Tisch gebracht. Tagsüber locken kilometerlange Strände, doch sollten Liegeplätze im oberen Strandbereich gewählt werden. Der Atlantik weist einen Tidenhub von gut 1,5 m auf, was bei einsetzender Flut zu nassen Füßen führen kann. Besonders gut sind die Gezeiten an der Flussmündung des Río Salado zu beobachten, wo bei Flut eine 300 m breite Bucht entsteht – wegen der hervorragenden Windbedingungen ein beliebtes Ziel für Surfer, Kiter und Paraglider. Weiter draußen vor der Küste kreuzen die Segler.

Der Ortskern besticht durch seine historische Bausubstanz, die Torre de Guzmán, ein im 14. Jh. erbauter Wachturm, bietet eine großartige Aussicht. In der 600 Jahre alten Kirche Santa Catalina befindet sich ein Kulturzentrum, während die Geschichte des Fischfangs und seiner Methoden in der im 16. Jh. erbauten Thunfischfabrik erzählt wird.

EL PUERTO DE SANTA MARÍA

Immer wieder sieht man auf der Fahrt durch Spanien einen der riesigen Metall-Stiere, die längst zu inoffiziellen Symbolen Spaniens geworden sind. Dabei wurden diese vor über 55 Jahren als Werbeträger einer Spirituosenfabrik aus El Puerto de Santa María erdacht. An der Südspitze des auch von Sanlucar und Jerez begrenzten Sherry-Dreiecks gelegen, werden in verschiedenen Bodegas Verkostungen durchgeführt. Im Stadtzentrum lohnt ein Blick auf den von Kaufleuten erbauten Palast Casa de los Leones sowie auf das wie eine Festung wirkende Kloster La Victoria, das im Lauf seiner Geschichte auch als Gefängnis und Hospital diente. Mit einer kleinen Fähre erreicht man das historische Viertel der Hafenstadt Cadiz auf der anderen Seite der Bucht.

El Puerto de Santa María kann zwar auf einige Stadtstrände verweisen – wer aber goldgelben Sand über mehrere Kilometer sucht, wendet sich besser dem nahen Rota zu. Aktivurlauber können dort surfen und mit dem SUP-Board oder Kanu paddeln. Beim Gang durch die Stadt fällt die im 13. Jh. erbaute

Festung El Castillo de Luna mit ihren fünf Türmen ins Auge, während die Innenausstattung der Iglesia de la O aus dem 16. Jh. mit einem interessanten Stilmix aus verschiedenen Epochen überrascht.

JEREZ DE LA FRONTERA

Es ist nicht allein die maurisch geprägte Altstadt, die Jerez so sehenswert macht. Doch zwischen der Festung Alcázar und mehreren historischen Kirchen ver-

CAMPINGPLÄTZE

25 Camping Torre de la Peña I ★★★☆☆

In Sichtweite des afrikanischen Kontinents ist Tarifa einer der ultimativen Magneten für Windsurfer. Am südlichsten Punkt Europas lassen sich sowohl Sonnenauf- als auch Sonnenuntergang über dem Meer beobachten. Unterhalb des Steilufers vor dem Campingplatz erstreckt sich ein etwa 300 m langer feiner Sandstrand; nicht weit entfernt befindet sich eine Bootslipanlage. Unter Laub- und Nadelbäumen gibt es 120 parzellierte Standflächen à 40 bis 70 m², das Gelände ist terrassenförmig angelegt. CEE-Steckdosen (5 A) sorgen für Energie, eine Ver- und Entsorgungsstation für Reisemobile befindet sich auf dem Platz. Im Bereich des Restaurants gibt es WLAN-Empfang.

▸ Ctra. N-340, km 78, 11380 Tarifa, Tel. +34 (0) 956 68 49 03, ganzjährig, GPS: 36.0567166,-5.65958333

■ pincamp.de/AD3250

26 Camping Bahia de la Plata ★★★☆☆

Die Sand- und Felsstrände der Atlantikküste wechseln einander ab, die nahe Surfschule lehrt die Grundlagen auf dem Board. Sportfischer erfreuen sich des Fischreichtums vor der Küste, und die Boote zur Wal- und Delfinbeobachtung kreuzen über das Wasser. Der in einer weiten Bucht gelegene Campingplatz Bahia de la Plata reicht bis an den feinsandigen Strand heran, für Zelter und Camper stehen 67 Parzellen in Größen von 25 bis 100 m² bereit. Die Stromkästen sind mit Schukosteckdosen (6 A) bestückt. Laubbäume und Hecken begrünen das ebene Gelände, ein Mini-Markt und ein Restaurant warten auf Gäste. Im Bereich der Rezeption gibt es WLAN-Empfang.

▸ Av. de las Palmeras s/n, 11399 Zahara de los Atunes, Tel. +34 (0) 956 43 90 40, März–Okt., GPS: 36.12318333, -5.8359

■ pincamp.de/AD3500

27 Camping Playa Las Dunas ★★★☆☆

In der Bucht von Cádiz, an der Mündung des Flusses Guadalete gelegen, befindet sich Playa Las Dunas. Der Name ist Programm, grenzt der Platz doch direkt an den Strand. Surfer nutzen die Kraft der Wellen – die ruhigeren Bereiche können gut mit dem Kanu erkundet werden. Entlang der Küste bieten sich einige Tauchspots an. Ein großer Teil des Platzes liegt in einem Pinienwald auf Sanduntergrund. Bedingt durch den großen Baumbestand gibt es unterschiedliche Parzellengrößen zwischen 40 und 100 m². Von den 479 Standplätzen verfügen 37 über CEE-Steckdosen, die restlichen sind mit Schukosteckdosen (jeweils 10 A) ausgestattet. Der Platz ist für sein Qualitäts- und Umweltmanagement zertifiziert.

▸ Paseo Maritimo La Puntilla s/n, 11500 El Puerto de Santa María, Tel. +34 (0) 956 87 22 10, ganzjährig, GPS: 36.58766667, -6.24085

■ pincamp.de/AD7500

Hier ist Afrika zum Greifen nah: Einfahrt zum Campingplatz Torre de la Peña I an der Straße von Gibraltar.

steht man schnell, warum das gesamte Viertel unter Denkmalschutz steht. Regelmäßig aufgespielt wird in den Flamenco-Bars des benachbarten Stadtteils Santiago, wo auch die Hersteller des dort produzierten Sherry beheimatet sind. Nur Trauben, die im so genannten Sherry-Dreieck gewachsen sind, dürfen dafür verwendet werden. Probieren lassen sich die Weine in den vielen Bodegas, die zum Teil ganz eigenwillig gestaltet sind. Nicht weit entfernt befindet sich die Königlich-Andalusische Reitschule, in der klassische Reitkunst gelehrt wird. In jedem Mai werden beim Pferde-Festival »Feria del Caballo« farbenprächtige Umzüge und Reitwettbewerbe veranstaltet.

SEVILLA

Musik liegt in der Luft: Sevilla ist nicht nur die Kapitale Andalusiens, sondern auch die Hauptstadt des Flamenco. Aufgespielt wird das ganze Jahr über in der Altstadt, die Spaniens größtes historisches Viertel darstellt. Und in geraden Jahren findet dort ein wochenlang andauerndes Flamenco-Festival statt. Sevilla ist ein Ort der Kultur – gleich drei Weltkulturerbestätten werden von der UNESCO bescheinigt. Weithin sichtbar die Kathedrale Giralda mit ihrem Glockenturm, die wie der Real Alcázar ursprünglich aus maurischer Zeit stammt. Den Römern ist mehr als ein Aquädukt zu verdanken – die ganze Altstadt ist voll von Spuren, die aus verschiedenen Epochen stammen. Und es gibt sowohl Barbiere als auch ein Opernhaus. Vor der Erkundung des alten Sevilla empfiehlt sich die Anschaffung eines Stadtplans, kann man in dem Labyrinth der schmalen Gassen doch schnell die Orientierung verlieren. Wo die Boulevards breiter sind, werden sie von Orangenbäumen und Dattelpalmen gesäumt, an den Balkonen wachsen Bougainvilleen. Von der Küste kommend führt kein Weg an der Millionenstadt vorbei. Im Süden befindet sich der Nationalpark von Doñana – sehenswert, aber nur mit Voranmeldung auf einer geführten Tour zu besuchen.

REISEINFORMATIONEN SPANIEN

Notruf: 112
Int. Vorwahl: +34
Sprache: Spanisch
Währung: Euro
Zeitverschiebung: keine
Einreise: Personalausweis

Für Camper ist Spanien nicht nur im Winterhalbjahr ein beliebtes Reiseziel: Von den Pyrenäen bis zur Straße von Gibraltar weist die Küste eine Vielzahl von Campingplätzen am Meer auf. Dazu hat das Land, in dem die Siesta ebenso wichtig ist wie die Fiesta, landschaftliche und kulturelle Höhepunkte zu bieten. Vom Massentourismus geprägte Regionen lassen sich mit dem Reisemobil leicht umfahren – belohnt wird man an anderen Orten mit schönen Buchten, die mit kristallklarem Wasser zum Bleiben einladen.

STRASSENVERKEHR

Maut: Streckenbezogen auf einigen Autobahnen
Promillegrenze: 0,5 Promille; für Fahranfänger bis zwei Jahre Fahrpraxis gelten 0,3 Promille.

Kleine Rast an der andalusischen Südküste mit Blick auf den Felsen von Gibraltar.

Warnwestenpflicht: Autofahrer müssen bei Verlassen des Fahrzeugs im Fall einer Panne oder eines Unfalls auf Autobahnen oder Landstraßen eine Warnweste tragen.
Umweltzonen: Madrid, Barcelona, Sevilla, Valencia, Valladolid, Formentera.

Tempolimits

	Pkw	Caravan-Gespann	Wohnmobil bis 3,5 t	Wohnmobil über 3,5 t
innerorts *1	50	50	50	50
außerorts	90	70	80	80
Schnellstraße *2	100	80	90	80
Autobahn *3	120	90 *4	120	90

***1:** 20 km/h innerorts auf Straßen mit einer einzigen Fahrspur für beide Fahrtrichtungen und seitlichen Gehsteigen ohne Höhenunterschied zwischen Fahrbahn und Gehsteig, 30 km/h auf Straßen mit jeweils einer Fahrbahn für jede Fahrtrichtung, 50 km/h auf Straßen mit zwei oder mehr Fahrspuren in jeder Fahrtrichtung; ***2:** sowie auf Straßen mit mehr als einer Fahrspur in jeder Richtung; ***3:** Die Tempobegrenzungen gelten auch auf autobahnähnlichen Straßen (Autovías); ***4:** Bei Anhängern über 0,75 t darf auf Autobahnen nur 80 km/h gefahren werden.

Besonderheiten im Straßenverkehr

- Das Mitführen und Benutzen von Radarwarngeräten ist nicht gestattet.
- Abschleppen durch Privatfahrzeuge ist verboten.
- Über das Fahrzeug herausragende Ladung muss mit typgenehmigten Warntafeln gekennzeichnet sein. Dies gilt auch für Fahrradträger. Die Verwendung von in Italien vorgeschriebenen Warntafeln ist unzulässig.

CAMPEN

Campingplätze: An den Küsten und in Urlaubsregionen ist das Platzangebot flächendeckend, in der Regel mit Ver- und Entsorgungsstationen.
Stellplätze: Im Küstenbereich verbreitet, aber nicht überall mit Ver- und Entsorgungseinrichtungen versehen.
Gasversorgung: Das Befüllen deutscher Flaschen ist nicht möglich, fest montierte Gastanks können an Tankstellen befüllt werden. Repsol- und Cespa-Tankstellen bieten Leihflaschen und Adapter an.
Strom: 230 V; CEE-Stecker sind auf Campingplätzen üblich; sonst Schuko- und Eurostecker, kein Adapter erforderlich.

Besonderheiten für Caravangespanne

- Maximale Länge: 18,75 m

Freies Campen

Übernachten außerhalb von Campingplätzen	für eine Nacht	für mehrere Nächte
auf Straßen und Parkplätzen	eingeschränkt erlaubt *1,2,3	eingeschränkt erlaubt *1,2,3
auf Privatgrund *4	eingeschränkt erlaubt *1,3	eingeschränkt erlaubt *1,3

***1:** nicht in Wohngebieten sowie in der Nähe von Campingplätzen und Stränden; ***2:** nur mit Genehmigung der örtlichen Behörden; ***3:** maximal drei Nächte, drei Zelte und zehn Personen; ***4:** nur mit Erlaubnis des Grundstücksbesitzers

Portugal

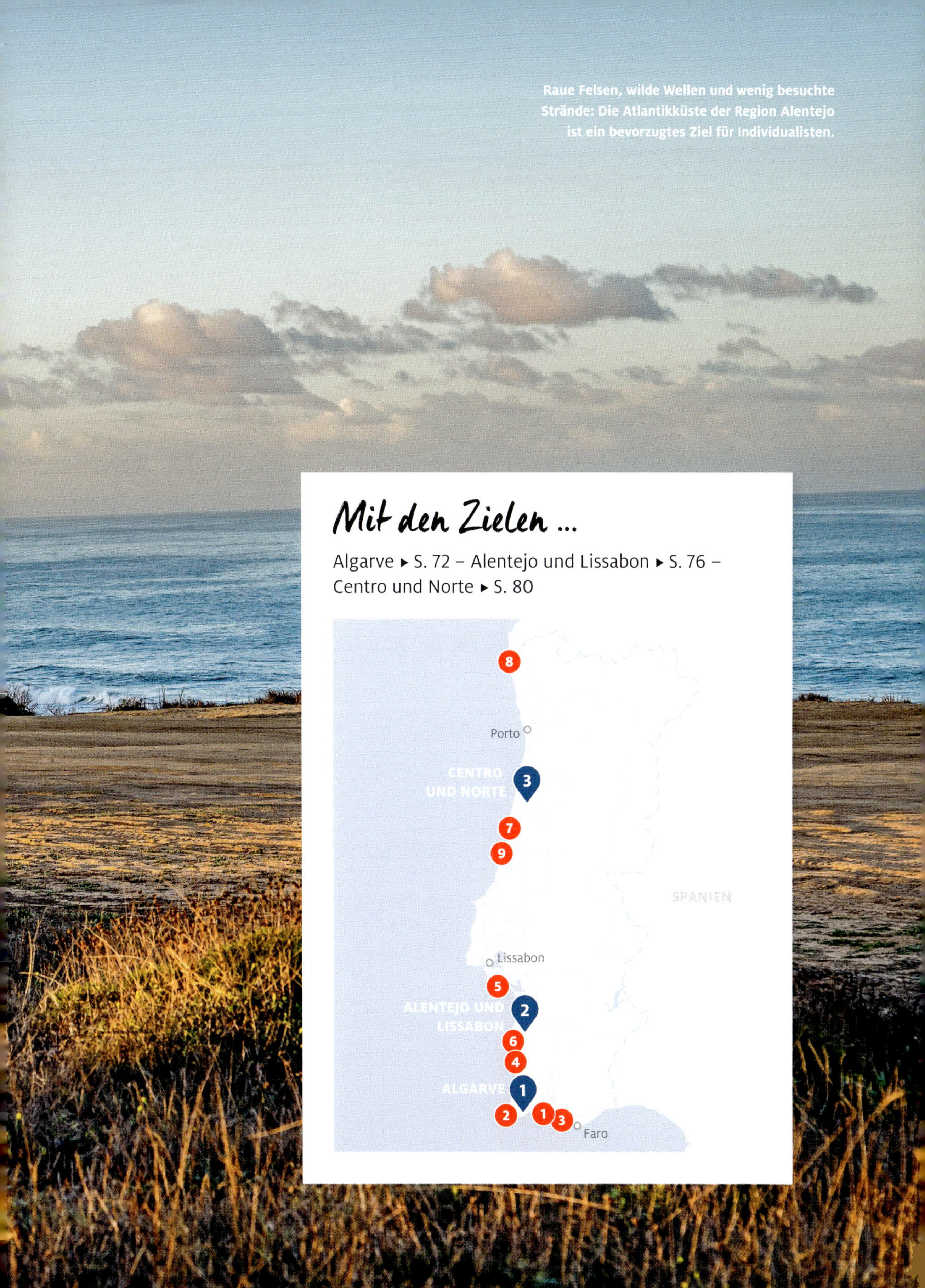

Raue Felsen, wilde Wellen und wenig besuchte Strände: Die Atlantikküste der Region Alentejo ist ein bevorzugtes Ziel für Individualisten.

Mit den Zielen ...

Algarve ▸ S. 72 – Alentejo und Lissabon ▸ S. 76 – Centro und Norte ▸ S. 80

ALGARVE

Das Meer besiegt den Fels

Auf Sand gebaut

Zwischen Albuferia und Portimao hat das Meer tiefe Buchten in die Felsen gewaschen, die Sandstrände der Praia Nova gehören zu den schönsten der Algarve. Von der vor über 800 Jahren auf einer Landzunge erbauten Wallfahrtskapelle Nossa Senhora da Rocha kann man den Blick über die Küste schweifen lassen. Wie lange noch, ist fraglich – frisst sich das Meer doch auch in diesen aus Sandstein bestehenden Fels.

1

Berühmte Seefahrer und Eroberer stachen von der Südküste Portugals aus in See, und der über Jahrhunderte währende Einfluss der Mauren drückt sich noch heute im Ortsbild vieler Städte aus. Urlaubern bietet die Algarve eine reichhaltige Vielfalt an historischen Orten und malerischen Feriendomizilen. Romantische Hafenstädte bezaubern mit ihren mittelalterlichen Altstädten, Kunst und Kultur werden ebenso groß geschrieben wie die für ihre delikaten Gerichte bekannte Küche. In den Urlauberhochburgen geht es vor allem im Sommer hoch her, an Angeboten für Boots- und Tauchtouren besteht kein Mangel. Doch auch die Suche nach einsamen Buchten und Stränden bleibt nicht unerfüllt, zahlreiche Fischerdörfer warten mit guten Bedingungen für Badegäste auf. Für Camper der ideale Landstrich, um auf Entdeckungsreise zu gehen – zudem ist der Weg zum nächsten Camping- oder Stellplatz nie weit.

Die guten Windbedingungen der westlichen Atlantikküste sprechen vor allem Surfer an. Dieser Teil der Algarve ist zwar touristisch nicht so erschlossen wie die Südküste, bietet aber dennoch genügend legale Übernachtungsgelegenheiten. Wildes Campen wird scharf kontrolliert und mit empfindlichen Strafen geahndet. Übrigens: Die durchschnittliche Anzahl der Regentage beträgt an der Algarve zwischen Mai und September nur sieben Tage.

◂ Eine hölzerne Treppe führt hinunter zum Traumstrand Praia do Camilo mit seinen hoch aufragenden bizarren Klippen und feinem Sand.

SEHENSWERTES

TAVIRA

Nur gut 20 km westlich der Grenze zu Spanien profitieren Urlauber von einer Küste, die gleich zwei Uferlinien aufweisen kann. Die Ilha de Tavira erstreckt sich über 10 km vor dem Festland – eine Brücke und mehrere Fährverbindungen sorgen für eine Verbindung, und an der Mündung des Gilão gibt es sogar einen kleinen Campingplatz. An den Stränden am geschützten Achterwasser geht es ruhig zu, zum offenen Meer lässt sich die Brandung genießen. Sehenswert ist die Praia do Barril – die in den Dünen der Insel liegenden Anker wurden früher von den Fischern zum Festmachen ihrer Netze benutzt. Strand und Brücke sind durch eine Schmalspurbahn verbunden.

Einst war Tavira der wichtigste Hafen der Algarve, der Fang von Thunfisch und Sardinen machte den Ort so lange reich, bis die Bestände überfischt waren. An die goldenen Zeiten erinnert die Misericordia-Kirche, die reich mit Azulejos – den landestypischen Fliesen – ausgestattet ist. Lohnenswert ist der Gang durch das alte maurische Viertel zur auf einem Hügel gelegenen Burgruine, die einen beliebten Aussichtspunkt darstellt.

PORTIMÃO

Wer seinen Urlaub gern abgeschieden auf einer einsamen Insel verbringen möchte, wird Portimão nur der Einkaufsmöglichkeiten wegen schätzen. Für Aktivurlauber bietet das Ferienzentrum jedoch eine große Bandbreite an Möglichkeiten: Die Küste kann vom Segelschiff aus erlebt werden, die nicht weit entfernten Benagil-Höhlen lassen sich per Bootstour aber auch mit dem eigenen Kajak oder SUP-Board erreichen. An der Mündung des Flusses Arade befindet sich gegenüber des Stadtzentrums die große Marina, gleich nebenan ragt die Festung Santa Catarina auf. Ein Magnet für Sonnenhungrige ist der Stadtstrand Praia de Rocha mit seinen bizarr wirkenden Felsformationen. Der Aussichtspunkt am Miradouro dos Três Castelo ist ein beliebtes Ziel für Strandwanderungen. Das Geheimnis, wie die Sardine in die Dose kommt, wird im örtlichen Museum gelüftet: In einer alten Fischfabrik wird auf die lange Tradition, aber auch auf die industrielle Verarbeitung des Sardinenfangs eingegangen. Sowohl auf dem Fluss Rio Arade als auch über Straßen erreicht man die alte maurische Hauptstadt Silves. Die dortige Altstadt wird von der aus dem 11. Jh. stammenden Burg und der Kathedrale überragt. Absolut sehenswert!

LAGOS

Seine geschützte Lage am Meer hat Lagos einst zur portugiesischen Handelsmetropole und Königstadt werden lassen. Von seinem Hafen aus legten Schiffe großer Entdecker und kriegerische Flotten ab, und bis vor 200 Jahren fand hier ein reger Handel mit afrikanischen Sklaven statt. Von der nach dem verheerenden Erdbeben von 1755 wieder errichteten Altstadt führen steile Gassen hinunter zur Palmenpromenade am Flüsschen Bensafrim.

Die Praia dos Três Irmãos ist mit ihren markanten Felsformationen einer der berühmtesten Strände der Algarve.

CAMPINGPLÄTZE

1 Parque de Campismo de Armação de Pera, Faro ★★☆☆☆

Nur zehn Gehminuten trennen den Campingplatz vom feinen Sandstrand, das Zentrum des Badeortes ist nur 300 m entfernt. Die 560 teilweise durch Bäume beschatteten Standplätze befinden sich auf sandigem Boden. Die Schukosteckdosen sind mit 6 bis 10 Ampere abgesichert. Ein Schwimmbad und Kinderanimation werden ebenso geboten wie ein Unterhaltungsprogramm und WLAN. Einkaufsmöglichkeiten und Lokale sind in unmittelbarer Umgebung zu finden.

▶ 8365-184 Armação de Pera, Faro, Tel. +351 (0) 282 31 22 60, ganzjährig, GPS: 37.10901667, -8.35336667

■ pincamp.de/PG3650

2 Camping Orbitur Sagres ★★☆☆☆

Campen am südöstlichen Zipfel Europas: Camping Orbitur lockt am Rand der Stadt Sagres mit einer schattigen Lage unter naturbelassenem Pinienwald. Bis zum Sandstrand sind es nicht mehr als 1,5 km. Geboten werden 546 Standplätze, von denen 90 in Größen bis 100 m² parzelliert sind. In einigen Teilen des Platzes gibt es WLAN-Empfang, die Schukosteckdosen sind mit 6 Ampere abgesichert. Von einigen Bereichen des Platzes aus lassen sich Ort und Festung überblicken. Für die Verpflegung stehen ein Restaurant und ein Lebensmittelladen zur Verfügung.

▶ Cerro das Moitas, 8650-998 Sagres, Tel. +351 (0) 282 62 43 71, ganzjährig, GPS: 37.02313333, -8.94555

■ pincamp.de/PG3400

3 Camping Albufeira ★★★½☆

Die etwa 3 km vom Campingplatz entfernt liegenden Traumstrände der Algarve laden Wassersportler zum Windsurfen, Parasailing und Tauchen ein. Den Sprung ins kühle Nass sichert jedoch auch die platzeigene Badelandschaft. Die von Palmen und mediterranen Wäldchen geprägte Anlage punktet mit ihren vielen Angeboten für Kinder. Urlauber haben die Wahl zwischen 860 Standplätzen, 600 davon sind in Größen zwischen 60 und 120 m² parzelliert. Für die Stromversorgung stehen insgesamt 840 Schukosteckdosen (10 bis 12 Ampere) bereit. Die Sanitäranlagen sind zum Teil barrierefrei angelegt, WLAN ist auf dem gesamten Areal verfügbar.

▶ Estrada de Ferreiras, 8200-555 Albufeira, ganzjährig, Tel.+351 (0) 289 58 76 29, GPS: 37.10643333, -8.25335

■ pincamp.de/PG3700

Dort findet man auch die fast hundertjährige Fischhalle am Hafen. Kann Lagos schon mit seinem lebendigen Ortskern punkten, beeindruckt die vielfältige Uferlinie nahe der Stadt umso mehr: Gen Osten erstreckt sich der kilometerlange Dünenstrand mit seinen Möglichkeiten zum Surfen und Segeln. Der ablandige Wind macht die Meia Praia ab dem späteren Nachmittag zu einem beliebten Treffpunkt der Surfer. Nach Westen hin schließt sich die Goldküste mit ihren faszinierenden Felsformationen und Grotten an. An der Spitze einer Landzunge befindet sich die Grottenlandschaft der Ponta da Piedade nebst Leuchtturm. Dank mehrerer Parkplätze ist eine Anreise per Wohnmobil problemlos – noch besser kann die wildromantisch wirkende Natur jedoch im Rahmen einer Bootstour erlebt werden.

SAGRES UND CABO DE SÃO VICENTE

Willkommen am Ende der Welt: Wer das Fischerdorf Sagres passiert, steuert den südwestlichsten Punkt Europas an. Wer aber bleibt, findet auf beiden Flanken des Kaps Felsbuchten, die von Surfern geschätzt werden. Vom Hafen aus werden Meeressafaris angeboten, die Chancen auf eine Sichtung von Delfinen und Walen sind groß. Die Hauptattraktion aber ist das Cabo de São Vicente. Hinter den 70 m hohen Klippen gibt es nur noch die unendlich scheinenden Weiten des Atlantischen Ozeans, der sich bis zum amerikanischen Kontinent erstreckt. Für Phönizier, Griechen und Römer war das Kap ein heiliger Ort, an der Spitze des Kaps steht der lichtstärkste Leuchtturm Europas. Ob Heinrich der Seefahrer tatsächlich in der nahen Festung eine Seefahrerschule betrieb, ist mittlerweile umstritten, imposant wirken die Ruinen der Fortaleza de Sagres dennoch.

Ein Erlebnis für die Sinne stellt der Besuch der Installation »A Voz do Mar« dar: In der Mitte des Labyrinths sind die unter dem Fels brandenden Wellen mit vielfacher Verstärkung zu hören. Wer bei alledem Hunger bekommt, hat die Wahl zwischen den guten Fischrestaurants des Ortes und einem schlichten Imbisswagen – während der Saison wird dort die letzte Bratwurst vor Amerika angeboten.

Das Städtchen Lagos punktet mit einer zauberhaften Altstadt aus der zweiten Hälfte des 18. Jahrhunderts.

Wer im Camping Orbitur Sagres untergekommen ist, hat es nicht weit zu den Traumstränden im Südwesten Portugals.

CARRAPATEIRA

Wer an die Algarve denkt, hat meist die langen Strände des Südens vor Augen – dabei hat die rauere Westküste ebenfalls ihre Reize. Fast als Geheimtipp wird das gut 20 km nördlich von Sagres gelegene Carrapateira gehandelt, das mit seiner außergewöhnlichen landschaftlichen Vielfalt punkten kann. Im Naturpark Costa Vicentina liegt der Ort in einer Dünenlandschaft und wartet mit zwei höchst unterschiedlichen Stränden auf: Die Praia do Amado markiert das Ende der Felsküste und genießt große Beliebtheit bei Surfern. Der Strand ist über Holzstege erreichbar; für den Nachwuchs werden Surfkurse offeriert. Etwas weiter nördlich dominieren die weiten Dünen, die die 3 km lange Praia da Bordeira begrenzen. Auch Kinder können sich gefahrlos in die ruhigen Wasser der Lagune begeben. Ein Blickfang sind die 90 m hohen Klippen im Süden, die gern von Anglern bevölkert werden. Die Geschäftigkeit der Urlauberhochburgen ist dem Ort fremd, pulsierendes Nachtleben sollte man nicht erwarten. Wer Attraktionen sucht, besucht das Meeres- und Heimatmuseum Museu do Mar e da Terra *(www.cm-aljezur.pt)*.

ALENTEJO UND LISSABON

Stein gewordene Träume

Schräge Architektur

Gerade Linien sucht man in den Schlossanlagen von Sintra vergebens – der Palácio Nacional da Pena ist ein Mix verschiedenster Stilelemente, im Park des Regaleira-Palasts erweist sich der Einweihungsbrunnen als in die Erde gebauter Turm. Über eine Treppe erreicht man das sich anschließende Höhlensystem. Nützlich ist die Mitnahme einer Taschenlampe.

▸ www.sintra-portugal.com

2

Kaum eine Küstenregion Portugals erweist sich als so vielfältig wie die Gestade des Alentejo und der Region Lissabon. Die fjordartigen Buchten und felsigen Steilküsten des Südens lassen Vogelkundler auf Erkundungstrips gehen, weiter nördlich erstreckt sich der längste Strand Portugals. Der Alentejo bringt es auf mehr als 40 Strände, die sich durch ihre Dünenlandschaft und den fast weißen Sand auszeichnen. Wind und Wellen sorgen für beste Surfbedingungen; in den ruhigeren Buchten weisen Surfschulen in den sicheren Umgang mit dem Board ein. Die besondere Lage am Atlantik führt jedoch auch dazu, dass Campingplätze nicht direkt an der Uferlinie, sondern eher ein paar Kilometer im Inland ihre Dienste anbieten. Auf ihre Kosten kommen auch Wanderer und Mountainbiker, die auf dem Wanderweg »Trilho dos Pescadores«, dem Fischerpfad, unterwegs sind. Die Strecke durch die ursprüngliche Natur führt meist am Ufer entlang.

An der Mündung des Tejo führt kein Weg an Portugals Hauptstadt Lissabon vorbei. In den schmalen Gassen der Altstadt gehen Museen und historische Bauwerke eine gelungene Symbiose mit moderner Kunst und Kultur ein. Für einen Besuch sollten mehrere Tage eingeplant werden. Spektakuläre Klippen und sehenswerte Badeorte laden dazu ein, auch die westliche Küstenlinie der Region Lissabon anzusteuern.

◂ Eine Fahrt mit dem legendären Eléctrico Nr. 28E durch die engen und oft steilen Gassen des Stadtteils Alfama gehört zu den Höhepunkten eines Lissabon-Besuchs.

SEHENSWERTES

VILA NOVA DE MILFONTES

Es ist nicht nur die Altstadt, die Vila Nova de Milfontes so attraktiv erscheinen lässt. Eine kleine Personenfähre verbindet die durch den Rio Mira getrennten Ortsteile miteinander, wobei am Flussufer SUP-Boards und Kanus ausgeliehen werden können. Sportliche Kajaker paddeln flussaufwärts bis Odemira. Die im Mündungsgebiet gelegenen Strände lassen in ihrer Unterschiedlichkeit kaum Wünsche offen: Eingerahmt von Steilfelsen und rötlich schimmernden Dünen lässt sich an der Praia de Almograve sowohl Ruhe finden als auch hervorragend surfen. Etwas weiter südlich genießt man vom Cabo Sardão aus das außergewöhnliche Küstenpanorama. Dies ist zudem der einzige Ort der Welt, an dem weiße Störche auf Klippen nisten.

SANTIAGO DO CACÉM UND GRÂNDOLA

An sich ist die Küste des Alentejo für ihre ursprüngliche Schönheit bekannt. Sines aber kann man gepflegt umfahren. Die Geburtsstadt von Vasco da Gama hat zwar eine hübsche Altstadt – doch mindern Raffinerien und der Industriehafen den Reiz. Stattdessen geht es ins Inland, wo sich Santiago do Cacém als Perle erweist. Von der auf einem Berg gelegenen Burgruine hat man einen prächtigen Blick auf die Küste. Rund um das Marktgebäude erstreckt sich die Altstadt. Am Rand des für seine Instrumentenbauer bekannten Ortes liegen die Ausgrabungsstätten der römischen Siedlung Miróbriga, die sogar eine antike Pferderennbahn aufweisen.

Folgt man der Nationalstraße 120, lohnt ein Stopp im von Korkeichenwäldern umgebenen Örtchen Margarida da Serra, in dem traditionelle Bauernhäuser alentejanischer Bauweise vorzufinden sind. Von hier aus ist es nicht weit bis Grândola. Dort erinnert ein Denkmal daran, dass das Lied »Grândola Vila Morena« – Grândola, braun gebrannte Stadt – 1974 das Signal der Nelkenrevolution war, die nach 48 Jahren Diktatur zur Demokratie führte.

HALBINSEL TRÓIA

20 km weit ragt die schmale Halbinsel Tróia in die Bucht von Setúbal hinein. Auf der Westseite reihen sich die bei Surfern beliebten und dennoch ruhigen Familienstrände aneinander, wo man sogar Delfine beobachten kann. Wer sich wundert, warum die Menüs vieler Restaurants auch Reisgerichte enthalten, findet am Fuß der Landzunge die Antwort: Der Ort Comporta ist von ausgedehnten Reisfeldern umgeben, es gibt sogar ein eigenes Reismuseum. Nicht weit entfernt befindet sich das erst in den 50er-Jahren des letzten Jahrhunderts angelegte Pfahlbaudorf Carrasqueira, von dessen Stegen aus die einheimischen Fischer auch heute noch auf Fang gehen. Auf die Bedeutung der Region in der Römerzeit weisen die »Ruínas Romanas de Troia« hin, die auch als älteste portugiesische Grabungsstätte angesehen werden. Führt der Weg weiter nach Norden in Richtung Lissabon, empfiehlt sich die stündlich verkehrende Autofähre, die den Hafen Tróia Süd mit Setúbal verbindet. Der vom Hafen Tróia Nord ablegende Katamaran ist Fußpassagieren vorbehalten.

LISSABON

Wer von Süden aus auf Lissabon zufährt, sollte brückenfest sein: Drei gigantische Brücken über den Tejo verbinden die Halbinsel Setubal mit Portugals Hauptstadt, das Panorama der bis auf 200 m Höhe bebauten Hänge lässt die Größe und Vielfalt der Metropole erahnen. Die ältesten Baudenkmäler der Oberstadt stammen noch aus der Zeit vor dem großen Erdbeben von 1755, doch auch entlang der Küstenlinie finden sich lebendige Zeugnisse der Geschichte: Im Stadtteil Belém beeindrucken Palast, Promenade und die zum Weltkulturerbe erklärte Torre de Belém. Das ehemalige Hafenviertel wurde zum Parque das Nações umgewidmet. Dort finden sich sowohl das Aquarium Oceanário als auch die Torre Vasco da Gama, das mit 142 m höchste Gebäude Portugals. Seit mehr als 120 Jahren verbinden drei Standseilbahnen die oberen und unteren Stadt-

CAMPINGPLÄTZE

4 Camping Villa Park Zambujeira ★★★☆☆

Zambujeira gehört zu den Geheimtipps an der portugiesischen Atlantikküste: An der Uferlinie hat man die Wahl zwischen mehreren Stränden, die geschützten Buchten laden zum Baden ein – auch mit Kindern. Der Weg zum 900 m vom Wasser entfernten Campingplatz führt durch den Ort, der es an touristischen Angeboten nicht missen lässt. Das Areal befindet sich in einem leicht geneigten, teilweise terrassierten Gelände mit vielen Bäumen und Sträuchern. Von den 200 Standplätzen sind 80 in Größen zwischen 70 und 100 m² parzelliert. Von den Gästen wird immer wieder die Sauberkeit und der Zustand der sanitären Anlagen hervorgehoben. 128 Schukosteckdosen (6 bis 16 Ampere) stehen zur Verfügung, WLAN-Empfang gibt es auf dem gesamten Gelände.

▸ 7630-740 Zambujeira do Mar, Tel. +351 (0) 926 15 39 66, ganzjährig, GPS: 37.525868, -8.775513

■ pincamp.de/PG3270

5 Parque Campismo Forte do Cavalo ★★☆☆☆

Sonnenanbeter und Wassersportler kommen in Sesimbra gleichermaßen auf ihre Kosten. Der Campingplatz liegt oberhalb der Marina, Bademöglichkeiten sind in 400 m Entfernung erreichbar. Zum 1,3 km entfernten Stadtstrand fahren auch Busse. Die Küste ist zudem als interessantes Tauchrevier bekannt. Der städtische Campingplatz bietet 524 parzellierte Standplätze in Größen bis zu 90 m², im Bereich der Rezeption gibt es WLAN-Empfang, und die CEE-Steckdosen sind mit 6 Ampere abgesichert. Von den oberen Terrassen ergibt sich ein schöner Blick auf das Meer, die Stadt und ein Kastell. Der sehr ruhige Platz verfügt über ein Restaurant und einen Lebensmittelladen.

▸ R. José Relvas 681, Q.ta do Conde, 2970-741 Sesimbra, Tel. +351 (0) 212 28 85 08, ganzjährig, GPS: 38.4358666, -9.11678333

■ pincamp.de/PG3050

6 Parque de Campismo de Milfontes ★★½☆☆

Wer die Wahl hat, hat hier keine Qual: An der 800 m entfernten Küstenlinie nutzen Wassersportler die perfekten Windverhältnisse zum Segeln und Surfen. Etwas näher sind die Strände des Flusses Mira, die flach abfallend ideal zum Baden mit Kindern sind. Überdies bietet der Campingplatz eine gepflegte Poollandschaft. Das einfache Camp liegt nur 300 m vom Ort entfernt im Naturpark Sudoeste Alentejo e Costa Vicentina. Im lichten Kiefernwald und unter hohen Eukalyptusbäumen wurden 520 Standplätze angelegt, von denen 200 in Größen zwischen 40 und 50 m² parzelliert sind. Kostenloses WLAN ist verfügbar, die Schukosteckdosen sind mit 6 Ampere abgesichert. Shop und Restaurant runden das Angebot ab, Haustiere sind allerdings nicht erlaubt.

▸ 7645-300 Vila Nova de Milfontes, Tel. +351 (0) 283 99 61 40, ganzjährig, GPS: 37.7319, -8.783

■ pincamp.de/PG3200

viertel miteinander. Die Fahrt mit dem »Eléctrico«, der berühmten Straßenbahnlinie 28E, gleicht einer historischen Zeitreise. In den mehr als 80 Jahre alten Waggons führt die Strecke durch die Altstadt und zugleich an einigen der bekanntesten Sehenswürdigkeiten der Stadt entlang. Um einen Platz für die Nacht muss man sich nicht sorgen – rund um Lissabon gibt es acht Campingplätze.

Eine Vielzahl von Eukalyptusbäumen in malerischer Natur beschattet die Fahrzeuge im Camping Villa Park Zambujeira.

BOCA DO INFERNO UND CABO DA ROCA

Der Glanz vergangener Zeiten ist Cascais noch heute anzusehen: Vom ehemaligen Königspalast und der in Laufweite befindlichen Zitadelle hat man den besten Blick auf die nahen Stadtstrände. Der 1868 neben der Marina erbaute Leuchtturm von Santa Maria beheimatet ein kleines Museum. Allein der außergewöhnlichen Architektur wegen lohnt der Besuch der Kunstausstellung der Malerin Paula Regos – die pyramidenförmigen Türme sind kaum zu übersehen. In direkter Nachbarschaft des Meeresmuseums steht das Hipódromo Manuel Possolo, in dem auch Konzerte veranstaltet werden.

Die Urgewalten des Atlantik lassen sich nur 2 km westlich der Stadt erleben: Die Boca do Inferno wird ihrer Bezeichnung als Höllenschlund gerecht – von der 30 m hoch in den Fels gemauerten Aussichtsplattform erlebt man bei Flut, wie die Wellen durch senkrechte Felsschlote gepresst werden. Meterhoch wird das Wasser nach oben geschleudert. Folgt man von hier aus der Küstenstraße über 20 km, erreicht man den nicht minder spektakulären westlichsten Punkt des europäischen Festlands. Das Cabo da Roca erhebt sich 140 m über den Meeresspiegel, der Aussichtspunkt befindet sich am Leuchtturm.

ERICEIRA

Wind und Wellen verdankt der Küstenort Ericeira seine Nominierung zum ersten Surfreservat Europas – seit 1985 werden vor der hiesigen Steilküste auch Weltmeisterschaften im Wellenreiten ausgetragen. Entsprechend vielfältig ist das Angebot an Surfschulen und -ausrüstern. Reizvoll jedoch ist auch der alte Ortskern mit seinen verwinkelten Gassen. Die Kirche Igreja Paroquial de São Pedro enthält sowohl Azulejos aus dem 17. Jh. als auch barocke Figuren und vergoldetes Schnitzwerk.

CENTRO UND NORTE

Wildcampen ist strafbar

Bußgeld droht

Nachdem viele Jahre lang das Übernachten im Wohnmobil geduldet wurde, ist Wildcampen in Portugal inzwischen verboten. Kurzfristig erweitert werden soll jedoch das Netz von Stellplätzen für autarke und als Wohnmobile zugelassene Fahrzeuge. Nächtliche Kontrollen drohen, die Bußgelder betragen zwischen 120 und 600 €. Im Zweifelsfall besser einen der Campingplätze ansteuern!

3

Nördlich von Lissabon überrascht Portugal mit einer immer grüner werdenden Landschaft, und bis zur spanischen Grenze reihen sich an der Küste die schönen Strände wie Perlen aneinander. Die ausgedehnten Lagunen im Norden stellen einen malerischen Gegensatz zu den Steilküsten und Klippen dar. Im Sommer sind die Plätze am Meer begehrt – Badestellen und Wasserportangebote sind nie weit entfernt. Wenn der Atlantik im Winter seine Wogen spielen lässt, beginnt die Saison der Profisurfer, die ihre Meisterschaften austragen und auf der Suche nach den höchsten Wellen sind. Die Küstenorte können häufig auf historische Wurzeln verweisen, und das Hinterland empfiehlt sich für ausgedehnte Ausflüge. Die jahrhundertelange Tradition des Fischfangs findet auf den Speisekarten ihre Entsprechung. Für den edlen portugiesischen Portwein traten die Engländer einst sogar Fangrechte vor den Britischen Inseln ab.

Wer auf dem schnellsten Weg nach Portugal gelangen möchte, wählt die in den Norden des Landes führende Atlantikstrecke. Gegenüber der Mittelmeerroute zur Algarve verkürzt sich die Anfahrt um gute 600 km. Neben vielen sogar ganzjährig geöffneten Campingplätzen bieten sich zur Übernachtung vermehrt Stellplätze an. Zunehmend gibt es für dort parkende Wohnmobile die Anforderung, autark zu sein und über eine Bordtoilette zu verfügen.

◂ Unzählige blau-weiße Fliesen – in Portugal Azulejos genannt – zieren die Außenwände der Kirche Capela das Almas im Zentrum von Porto.

SEHENSWERTES

ÓBIDOS

Allein die Strände vor Óbidos sind eine Empfehlung wert. An der Praia d'El Rey können Golfspieler bei ihrem Hobby den Blick über den Atlantik genießen, und die 800 m langen Holzstege des Badeorts Foz do Arelho bieten einen hervorragenden Panoramablick über die Klippen und den Atlantik. Was die Region so besonders macht, ist die 5 km lange Lagune, die sich von der offenen See bis zur mittelalterlichen Stadt erstreckt. Nicht nur Vogelkundler erfreuen sich an den Flamingos, Kiter und Paddler ziehen ihre Bahnen. Überragt wird die auf einem Hügel gelegene Stadt von der gut erhaltenen Burg, deren Festungsmauer begehbar ist. Noch älter ist die aus dem 12. Jh. stammende Kirche Santa Maria, die zahlreiche Azulejos und Gemälde birgt. Für einen Ausflug mit dem Fahrrad bietet sich die Bucht von São Martinho do Porto an – vom Strand von Salir do Porto aus hat man den besten Blick auf die mit 50 m Höhe gewaltigste Düne Portugals.

NAZARÉ

Breite Strände bilden die Uferlinie der lang gezogenen Bucht, im schützenden Hafen breiten die Fischer ihren Fang auf Gittersieben zum Trocknen aus. Mit dem Boot geht es hinaus zur Delfinbeobachtung oder mit dem Jet-Ski zum Spaß im Wasser. Das etwa 120 km nördlich von Lissabon gelegene Nazaré ist im Sommer ein sympathischer Badeort. Vom Stadtstrand Praia de Nazaré lassen sich mit der Seilbahn Ascensor de Nazaré die 110 Höhenmeter zur Oberstadt Sítio leicht überwinden. Dort befindet sich die sehenswerte Altstadt mit einigen historischen Gemäuern, die Pilgerkirche Nossa Senhora da Nazaré birgt eine der ältesten Marienskulpturen der Welt. Die Festung São Miguel Acanjo dient schon lange nicht mehr dem Schutz vor Piraten, sondern enthält ein Museum zur Geschichte des Surfens. Nicht ohne Grund – hat sich Nazaré doch einen Namen als die Stadt der Monsterwellen gemacht. Zwischen November und März sorgt ein Tiefseegraben vor der Bucht für bis zu 30 m hohe Wellen. Für Extremsportler eine Herausforderung: Die höchste Welle, auf der vor Nazaré gesurft wurde, war mehr als 26 m hoch.

FIGUEIRA DA FOZ

Zu Zeiten der Belle Époque war der Badeort Figueira da Foz der meistbesuchte in Portugal, schon 1884 wurde hier das erste Casino des Landes eröffnet. Noch immer geht dem an der Mündung des Monego gelegenen Ort der Ruf als Königin der portugiesischen Strände voraus. An der Praia da Claridade lässt es sich prima surfen, segeln, paddeln oder einfach entspannen. In der 1895 erbauten Stierkampfarena werden Konzerte veranstaltet, und im nahen Salinen-Freilichtmuseum in Lavos bieten Salzbauern das Flor do Sal an. In Buarcos, auf der anderen Seite der Stadt, erzählt das Fischerei- und Meeresmuseum die Geschichte vom Leben am und mit dem Meer. Nur wenig weiter befindet sich das Kap Mondego, das wegen seiner besonderen Gesteinsstruktur in die Liste des UNESCO-Welterbes aufgenommen werden soll. Ein besonderes Relikt der Vergangenheit stammt aus dem angrenzenden Naturschutzgebiet Serra da Boa Viagem: Das Fossil eines 154 Mio. Jahre alten Dinosaurierfußabdrucks wird im Stadtmuseum von Figueira ausgestellt.

AVEIRO

Gondeln gleiten über die Kanäle, und mit bunten Kacheln dekorierte Häuser schmücken die Straßen im Zentrum. Einen guten Eindruck der Lagunenstadt Aveiro bekommt man während eines Ausflugs mit einem der bunten Maliceiros, die allerdings nicht gestakt, sondern mit Motorkraft bewegt werden. Das Venedig Portugals ist ebenso farbenfroh wie der vorgelagerte Strandort Costa Nova, der für seine bunt gestreiften Fischerhäuser berühmt ist. Am Ufer der die Lagune einfassenden Halbinseln reihen sich die Strände aneinander. Der über 60 m hohe Leuchtturm von Barra ist der höchste Portugals. Den Möglichkeiten zum Wassersport sind kaum Grenzen gesetzt, und man kann sogar auf

Mietunterkünfte auf dem Parque de Campismo da Praia de Pedrógão – das Dünenareal ist weitgehend naturbelassen.

einem historischen Segelschiff in See stechen: Der 1937 gebaute Viermaster »Santa Maria Manuela« kreuzt durch die Gewässer der Region, auf den mehrtägigen Fahrten werden auch Passagiere mitgenommen *(www.santamariamanuela.pt)*.

PORTO

Zugegeben, nach Porto fährt man nicht der Strände wegen. Die zweitgrößte Stadt Portugals ist das moderne Wirtschaftszentrum des Nordens und gleichzeitig ein Ausflug in die Vergangenheit: Das gesamte historische Zentrum ist Weltkulturerbe; die Kathedrale ist ebenso sehenswert wie die Barockkirche Igreja de Santa Clara. Anschauen sollte man sich auch den mit blauen Kacheln verzierten Bahnhof Porto São Bento, der einst ein Kloster war. Und im schönsten Buchladen Europas werden Erinnerungen an Harry-Potter-Kulissen wach. Wer viel von der Stadt sehen möchte, löst ein Ticket für die historische Straßenbahn. Weinkenner dagegen zieht es über die Stahlbrücke Ponte Luis I. auf die andere Seite des Douro ins Viertel Vila Nova de Gaia. Am Stammsitz der Portweinproduzenten werden auch Verkostungen angeboten. Entspannung findet man in den Gärten des Kristallpalastes, der unter anderem von Pfauen bevölkert ist. Porto lässt sich auch gut mit dem Fahrrad erkunden – entsprechende Stadtrundfahrten sind im Programm.

VIANA DO CASTELO

Nur gut 20 km von der Grenze zu Spanien entfernt ist Viana do Castello der letzte große Ort auf dem portugiesischen Jakobsweg. Allerdings ist die Küstenroute nur eine Möglichkeit für die Strecke nach

CAMPINGPLÄTZE

7 Camping Orbitur Gala ★★★☆☆

Segler und Surfer haben ihre Freude an dieser Küste, der Badestrand liegt nur 300 m vom Platz entfernt – nicht zu vergessen der Outdoor-Pool sowie der Fitness-Parcours. Auch Angler können auf einen reichen Fang hoffen. Das Camp am Rand von Figueira da Foz ist von einem Pinienwald umgeben. Sandiger Untergrund prägt die 240 Standplätze, 25 Parzellen werden durch niedrige Hecken unterteilt. Landesüblich sind die CEE- und Schukosteckdosen mit 6 Ampere abgesichert. WLAN ist vorhanden, ebenso wie Einkaufsmöglichkeiten und Gastronomie. Haustiere sind willkommen, die Sanitäranlagen sind teilweise barrierefrei. Der nächste Ort ist 4 km weit entfernt.

▸ EN109, km 4, Gala, 3090-380 Figueira da Foz, Tel. +351 (0) 233 431 4 92, ganzjährig, GPS: 40.11846667, -8.8568

■ pincamp.de/PG2250

8 Camping Orbitur Caminha ★★☆☆☆

Im Norden Portugals, wo die Mündung des Rio Miño die Grenze zu Spanien markiert, herrschen ausgezeichnete Bedingungen zum Wind- und Kitesurfen. Der Strand ist nur 300 m weit weg. Das Wiesengelände des 2,1 ha großen Campingplatzes wird durch Laub- und Nadelbäume begrenzt. Auf dem Areal stehen 200 Standplätze zur Verfügung, 30 davon sind in Größen zwischen 55 und 85 m² parzelliert. Für jeden Stellplatz steht eine Schukosteckdose bereit (5 und 10 Ampere). Anschlüsse für Frisch- und Abwasser sind vorhanden, WLAN gibt es an der Rezeption und am Restaurant.

▸ Rua Foz do Minho 777, 4910-621 Vilarelho, Tel. +351 (0) 258 92 12 95, ganzjährig, GPS: 41.86623333, -8.85878333

■ pincamp.de/PG1050

9 Parque de Campismo da Praia de Pedrógão ★★☆☆☆

Sandstrand, so weit das Auge reicht: Zwischen Nazaré und Coimbra lockt der nur 200 m vom Ufer entfernte Campingplatz mit seinen wunderbaren Bademöglichkeiten. Am Rand des Ortes Praia de Pedrógão gelegen, ist auch der Weg zu Strandlokalen und Einkaufsmöglichkeiten nicht weit. Auf 9 ha Fläche verteilen sich 620 Standplätze, von denen 500 parzelliert sind. Das Gelände befindet sich auf einem teils naturbelassenen, teilweise terrassierten Dünenareal mit niedrigen Laubbäumen. Strom (Schuko, 6 A) und WLAN sind im Preis bereits inbegriffen.

▸ 2425-458 Praia do Pedrógão, Leiria, Tel. +351 (0) 244 69 54 03, ganzjährig, GPS: 39.91533333, -8.95045

■ pincamp.de/PG2350

Santiago de Compostela, weshalb sowohl der Besuch der Kathedrale als auch der Wallfahrtskirche Santa Luzia problemlos ist. Der gleichnamige Hausberg lässt sich übrigens leicht mithilfe einer Kabinenbahn bewältigen. Viana do Castelo gilt als eine der hübschesten Städte des Landes. Der Gang durch die Stadt führt vorbei am arkadengeschmückten Rathaus zur Praça da República mit ihrem Brunnen aus dem 16. Jh. Neben dem Kulturzentrum am Hafen liegt das Museumsschiff »Gil Eannes« vor Anker, das jahrelang den Fischern im Nordatlantik als schwimmendes Hospital diente. Naschkatzen finden ihr Ziel unweit der Marina im Schokoladenmuseum – Probieren ausdrücklich erwünscht!

REISEINFORMATIONEN PORTUGAL

Notruf: 112

Int. Vorwahl: +351

Sprache: Portugiesisch

Währung: Euro

Zeitverschiebung:
–1 Stunde;
D 12 Uhr = P 11 Uhr

Einreise:
Personalausweis

Die langen Sandstrände der Algarve und die hervorragenden Surfspots an der Westküste haben Portugal zur beliebten Destination für Wassersportler gemacht. Das südwestlichste Land Europas besticht durch seine Vielfalt. Die jahrhundertelange Geschichte der legendären Seefahrer hat ebenso ihre Spuren hinterlassen wie die Einflüsse des nahen afrikanischen Kontinents. Unterschiedliche Klimazonen sorgen für immer neue Eindrücke, in den alten Städten herrscht eine Mischung aus Historie und Moderne – ideal für einen Campingurlaub.

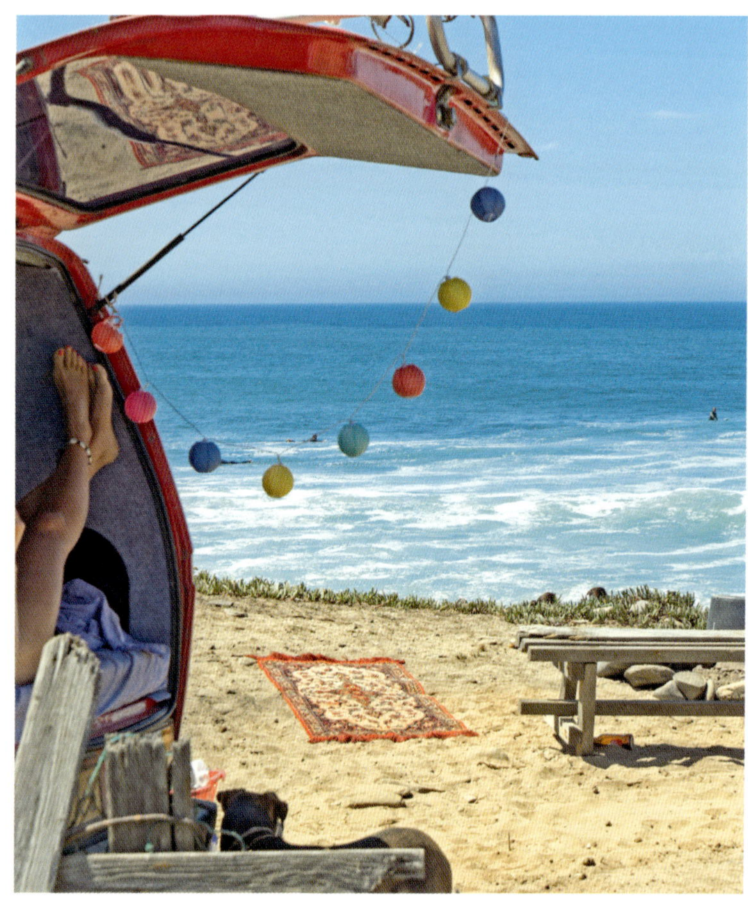

An Portugals Stränden kann man wunderbar die Seele baumeln lassen.

STRASSENVERKEHR

Maut: Streckenabhängig auf Autobahnen

Promillegrenze: 0,5 Promille; für Fahrer mit weniger als drei Jahren Fahrpraxis beträgt die Promillegrenze 0,2.

Lichtpflicht: Auf der »IP 5« (von Vilar Formos nach Aveiro) und an entsprechend beschilderten Strecken.

Warnwestenpflicht: Die Pflicht zum Mitführen und Tragen einer Warnweste gilt nur für Fahrer und Passagiere von Fahrzeugen mit einer portugiesischen Zulassung.

Umweltzonen: Teile des Stadtgebiets von Lissabon sind als Umweltzone deklariert, die »ZER« (Zona de Emissões Reduzidas) ist durch Schilder markiert.

Tempolimits

	Pkw	Caravan-Gespann	Wohnmobil bis 3,5 t	Wohnmobil über 3,5 t
innerorts	50	50	50	50
außerorts [*1]	90/100	70/80	90/100	80/90
Schnellstraße	100	80	100	90
Autobahn	120	100	120	110

***1:** je nach Beschilderung

CAMPEN

Campingplätze: Im ganzen Land gibt es zahlreiche auch im Winter nutzbare Campingplätze. In der Regel finden Camper dort auch Ver- und Entsorgungsstationen vor.

Stellplätze: Es gibt viele auch im Winter nutzbare Stellplätze, in den meisten Fällen sind diese kostenpflichtig. Ver- und Entsorgungsstationen sind nicht überall vorhanden.

Gasversorgung: Deutsche Gasflaschen werden nicht befüllt, an Repsol- oder Cepsa-Tankstellen sind Leihflaschen erhältlich, Adapter aus dem Euro-Set sind erforderlich.

Strom: 230 V; auf vielen Campingplätzen sind CEE-Stecker üblich; für Schukostecker wird kein Adapter benötigt.

Freies Campen

Übernachten außerhalb von Campingplätzen	für eine Nacht	für mehrere Nächte
auf Straßen und Parkplätzen	nicht erlaubt	nicht erlaubt
auf Privatgrund	nicht erlaubt	nicht erlaubt

Anmerkung zu Autobahnparkplätzen: Der Aufenthalt zwischen zwei Mautstellen ist auf zwölf Stunden begrenzt. Bei Überschreitung dieses Zeitlimits wird die doppelte Gebühr für die längste mögliche Strecke bis zur Zahlstelle/Ausfahrt fällig.

Besonderheiten im Straßenverkehr

- Zulässig ist ein Ladungsüberstand nach vorne bis zu einer Länge von 55 cm bzw. nach hinten bis höchstens 45 cm. Überstehende Ladung wie Fahrradträger sind mit einer rot-weiß schraffierten Warntafel zu kennzeichnen. Die Verwendung der in Spanien vorgeschriebenen Warntafeln ist zulässig.
- Von der Verwendung einer Dash-Cam wird abgeraten.
- Im Kreisverkehr befindliche Fahrzeuge haben stets Vorfahrt.

Besonderheiten für Caravangespanne

- Maximale Länge: 18,75 m

Italien

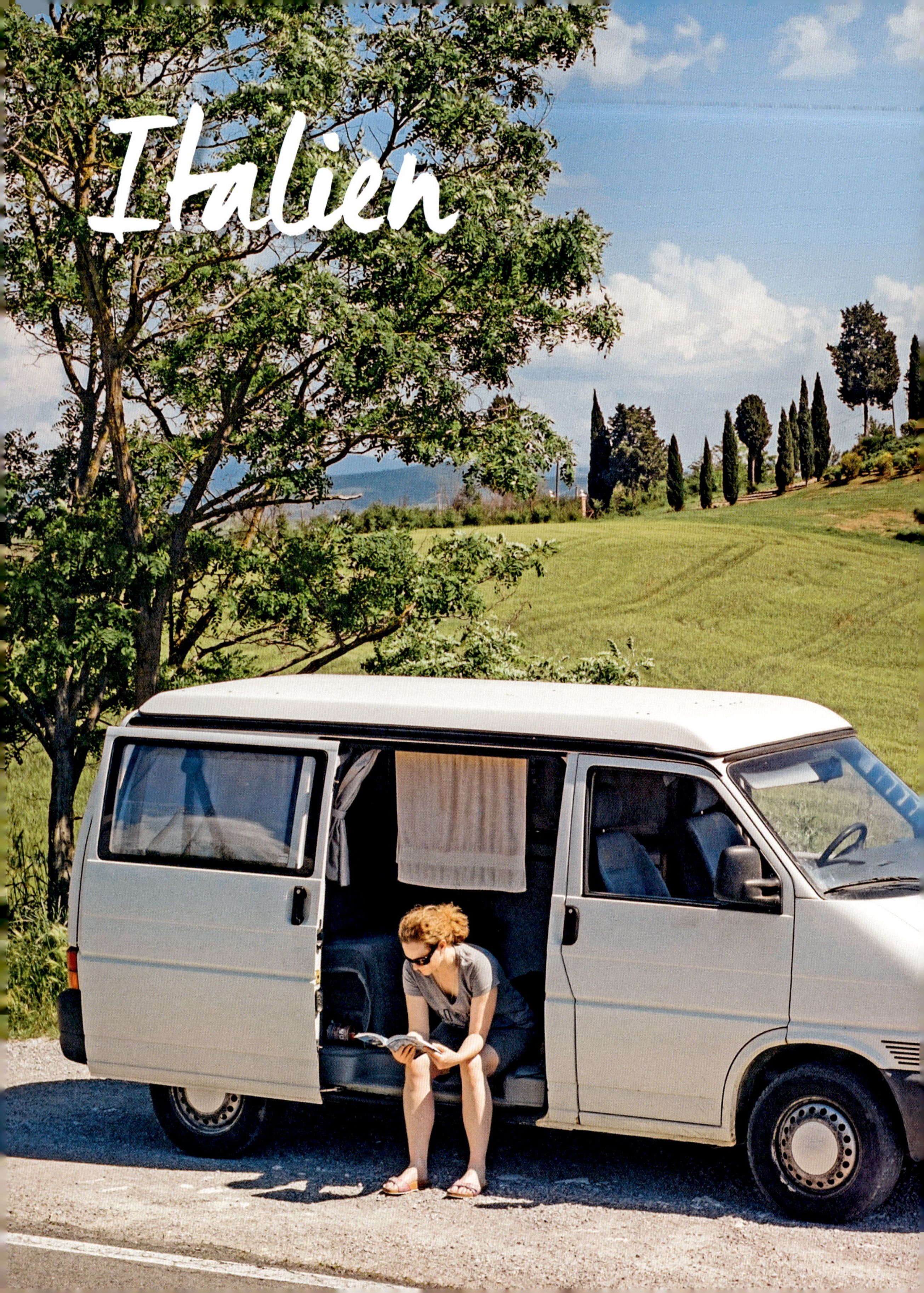

Welches Ziel als nächstes ansteuern? Keine einfache Frage in der idyllischen Landschaft der Toskana mit ihren Zypressenalleen und wunderbar gelegenen Landgütern.

Mit den Zielen ...

LIGURIEN

Das Heiligtum der Wale

Auf Walsafari

Der gesamte Golf von Genua wurde zur Rettung der dort lebenden Delfine und Wale zum Meeresschutzgebiet erklärt. Das sogenannte Heiligtum der Wale reicht bis Sardinien, in vielen Häfen an der Küste werden Walsafaris angeboten. Fischen und Harpunieren ist verboten, doch Tauchen ist gestattet. Auf dem Meeresgrund lassen sich zudem Korallenriffe und Schiffswracks entdecken.

1 Schon als die ersten deutschen Urlauber gen Italien aufbrachen, stellte die italienische Riviera eines der Traumziele dar. Die Seealpen erstrecken sich bis hinunter zum Meer, während zwischen Bergen und Küste die Dörfer und Städte die Hänge hinaufwachsen. Bunte Häuser machen das Durchfahren und das Verweilen in der Region zu einem farbenfrohen Vergnügen. Zwischen Frühjahr und Herbst beeindruckt die Blumenpracht der Westküste ebenso wie die bergigen Wandergebiete des Ostens. Die Buchten der Steilküste sind so reizvoll wie die langen Sandstrände, und an Spuren der wechselhaften Geschichte mangelt es nicht. Palazzi künden vom Reichtum der einstigen Seemacht Genua, deren Herrschaftsbereich erst vor gut 200 Jahren durch Napoleon aufgelöst wurde.

Mit dem Reisemobil unterwegs bieten sich die Küstenstraßen geradezu an, bei Abstechern in die Berge muss jedoch mit engen Serpentinen gerechnet werden. Dafür ist es die gesamte Küste entlang kein Problem, geeignete Campingplätze zu finden. Es gibt wenige Top-Adressen, die meisten Anlagen entsprechen den landestypischen Standards. In den Sommermonaten sind Reservierungen empfehlenswert, ist die italienische Riviera doch auch ein bevorzugtes Ziel einheimischer Urlauber. Die Suche nach einem Stellplatz für eine Zwischenübernachtung ist ebenfalls flächendeckend Erfolg versprechend – Meerblick wird allerdings nicht überall geboten.

◄ Wer hat den schönsten Blick auf das Meer? Hinter der alten Hafenstadt Genua steigt das Apennin-Gebirge steil an, sodass sich viele Gebäude an den Hang ducken.

SEHENSWERTES

SANREMO

Die üppige Blütenpracht hat der Küste den Beinamen Riviera dei Fiori – Blumenriviera – eingebracht. Kunstvoll angelegte Parks kennzeichnen auch Sanremo, das zu Zeiten der Belle Époque als beliebte Sommerfrische der begüterten Gesellschaft galt. Geblieben ist das Casino aus der Jahrhundertwende, dazugekommen ist das Floriseum als Blumenmuseum mit Pflanzen aus aller Welt sowie das jeden März stattfindende Blumenfest mit geschmückten Wagen. Einem Irrgarten gleicht die Altstadt La Pigna mit ihren verwinkelten Gassen und Durchgängen. Gegenüber dem Jachthafen befindet sich die zum Museum umfirmierte Villa Nobel, in welcher der norwegische Preisstifter seine letzten Lebensjahre verbrachte. Südlich des Ortes schließen sich von Landzungen durchbrochene Sandstrände an, die guten Bedingungen locken auch Kanuten und Kajaker aufs Meer. Wo früher die Küsteneisenbahn dampfte, verläuft nun ein ausgebauter Radweg, der bis Ospedaletti und San Lorenzo al Mare führt. Räder können ausgeliehen werden *(www.pistaciclabile.com)*.

IMPERIA

Mehr als 800 Jahren ist es her, dass die an der Flussmündung des Impero gelegenen Dörfer Oneglia und Porto Maurizio Krieg gegeneinander führten. Selbst 100 Jahre nach der Vereinigung zur Stadt Imperia im Jahr 1923 werden zwar nicht verschiedene Sprachen, aber doch unterschiedliche Dialekte gesprochen. Einigend wirkt, dass der Besuch beider Teile der Stadt lohnt. Die schönere Altstadt befindet sich auf dem Hügel Paraiso in Porto Maurizio, wo auch die im 18. Jh. erbaute Basilika zu finden ist. Am Jachthafen kommt Urlaubsatmosphäre auf, zum Sonnenbaden empfiehlt sich die Spiaggia d'Oro.

Obwohl Oneglia moderner wirkt, sind auch dort überall die in ligurischen Pastellfarben bemalten Häuser zu sehen. Zudem lohnt ein Besuch der Villa des verstorbenen Clowns Grock, die von einem prachtvollen Garten umgeben ist. Sah man auf dem Weg nach Imperia bereits die großen, auf Terrassen angelegten Olivenplantagen, wundert es nicht, dass der Ort besonders für seine Olivenöle berühmt ist. Beim Produzenten Carli kann werktags die Herstellung angesehen werden, obendrauf gibt es ein Olivenbaummuseum *(www.oliocarli.de)*.

ALASSIO

Unter den Badeorten an der Riviera stach Alassio schon Ende des 19. Jh. hervor. Der Schriftsteller Ernest Hemingway genoss das mediterrane Flair ebenso wie der Musiker Louis Armstrong. Die kleinen Geschäfte in den versteckten Gassen eignen sich für Entdeckungen, in der Oberstadt ist der 150 Jahre alte englische Garten der Villa Pergola ein botanisches Meisterwerk, und am Meer liegt die Altstadt Budello mit ihren Boutiquen und Cafés. Am Hafen starten Bootsausflüge zum Schnorcheln und zur Walbeobachtung *(www.isolagallinaratour.com)*. Vom Jachthafen aus zieht sich der durch seinen hellen, feinen Sand geprägte Strand Baia del Sole bis zum Capo Mele. Nur wenige Kilometer landeinwärts befinden sich im »Tal der Wahrheit« die Tropfsteinhöhlen von Toirano. In den drei begehbaren Grotten wurden sowohl Spuren menschlicher Besiedlung als auch Bärenknochen gefunden *(www.toiranogrotte.it)*.

FINALE LIGURE

Ockerfarbene Häuser reichen bis an den Strand heran, die überall wachsenden Phönixpalmen verhalfen dem Küstenabschnitt zu dem Beinamen Palmenriviera. Finale Ligure verfügt über eine historische Altstadt mit engen Straßen und schmalen Häusern, die Einrichtung der Barockkirche San Giovanni Battista geizt nicht mit Prunk, Gold und Deckengemälden. Mountainbiker fühlen sich in den nahen Bergen gut aufgehoben – dort werden auch die 24-Stunden Cross-Country-Rennen ausgetragen. Um die Kalksteinwände zu erklimmen, haben Sportkletterer die Wahl zwischen über 2500 Routen unterschiedlicher Schwierigkeitsgrade. Man kann stattdessen auch das Uhrenmuseum im 10 km entfernten Bardino

CAMPINGPLÄTZE

1 Camping Maralunga ★★☆☆☆

Steile Klippen prägen die unweit von La Spezia gelegene Bucht von Lerici. Vom Campingplatz auf dem Fels hat man einen wunderbar weiten Blick über das Meer. Die 75 parzellierten Standflächen in Größen zwischen 35 und 60 m² werden von einem Olivenhain beschattet. Der Weg ans Ufer führt über Treppen zu einer Badebucht mit betonierten Liegeflächen. Leitern erleichtern den Zugang zum Wasser. Der einfache Platz befindet sich in direkter Nachbarschaft zu einem alten Leuchtturm, der besichtigt werden kann. Auf einem Teil des Geländes hat man WLAN-Empfang, die Stromkästen verfügen über CEE-Steckdosen (6 A). Die unteren Standplätze sind Zeltcampern vorbehalten. Wegen der engen Zufahrt ist der Platz für lange Wohnmobile und Gespanne nur bedingt geeignet.

▸ Via Carpanini 61, 19032 Lerici, Tel. +39 (0) 01 87 96 65 89, Anfang Juni–Sept.,
GPS: 44.06981667, 9.9101

■ pincamp.de/LG4500

2 Camping Lino ★★★★☆

Die italienische Riviera lockt mit ausgedehnten Sandstränden und vielen Möglichkeiten, das Meer zu genießen. Zum Camping Lino gehört ein von Oleanderbäumen gesäumter Sandstrand, der während der Saison von einem Bademeister überwacht wird. Angler können von der Mole aus ihr Glück versuchen, im Angebot sind auch Angeltouren auf dem offenen Meer. Auf Walsafaris können Delfine und Wale in freier Wildbahn beobachtet werden, und Surfer erfreuen sich der guten Bedingungen. Die 90 parzellierten Standflächen des Platzes messen zwischen 50 und 75 m², zum Teil sind sie mit Frisch- und Abwasseranschlüssen sowie TV-Anschlüssen versehen. CEE-Steckdosen mit 10-Ampere-Absicherung sind Standard, auf dem ganzen Terrain gibt es WLAN-Empfang. Ein Mini-Markt und ein Lokal sowie ein Pool und ein Fahrradverleih komplettieren das Angebot.

▸ Via Nazario Sauro, 4, 18010 Cervo, Tel. +39 (0) 33 56 69 80 66, April–Mitte Okt.,
GPS: 43.92328333, 8.1092

■ pincamp.de/LG1350

3 Camping Villaggio dei Fiori ★★★★★

5 km westlich von Sanremo gelegen, wird das »Dorf der Blumen« seinem Namen gerecht. Das Camp ist parkartig gestaltet: Eukalyptusbäume, Pinien und Palmen sorgen für ausreichend Schatten. Viele der 100 gepflasterten Parzellen in Größen von 50 bis 100 m² bieten Meerblick. Zum Baden bietet sich eine kleine Kiesbadebucht an, auf dem Platz gibt es zudem ein Meerwasserfreibad sowie einen Whirlpool. Die Küste ist ein schönes Ziel für Taucher und Surfer; Bootstouren zur Delfinbeobachtung sind möglich. Im Angebot sind auch organisierte Tagesausflüge (z. B. nach Monaco und Nizza) im platzeigenen Kleinbus. Alle Standflächen sind mit Strom (CEE 3–10 A) und Wasser ausgestattet, WLAN ist inklusive. Der für sein Umweltengagement zertifizierte Platz verfügt über eine komplette Ver- und Entsorgung sowie einen Gasflaschenservice. Es herrscht generelles Hundeverbot.

▸ Via Tiro a Volo, 3, 18038 Sanremo, Tel. +39 (0) 01 84 66 06 35, ganzjährig,
GPS: 43.80223333, 7.74483333

■ pincamp.de/LG1150

Camping Villaggio dei Fiori: Das »Blumendorf« erstreckt sich inmitten eines 3,5 Hektar großen Gartens am Meer.

Nuovo besuchen oder die archäologischen Stätten Arene Candide an der Küste. Auf jeden Fall sollte man das 5 km nördlich gelegene einstige Fischerdorf Varigotti nicht verpassen, wo der Strand Baia dei Saraceni mit seinem feinen rosafarbenen Sand lockt.

GENUA

So reich an Geschichte ist keine andere Stadt am Ligurischen Meer: Genua war Hafenstadt und Seemacht – Handel und Eroberungen führten zu einem Reichtum, der den Ort bis heute prägt. In der größten Altstadt Europas reihen sich die Patrizierbauten aneinander, die Palazzi dei Rolli sind UNESCO-Weltkulturerbe. Von der Altstadt aus gibt es zudem einen direkten Übergang zum alten Hafen und zum berühmten Springbrunnen auf der Piazza de Ferrari. Auf der anderen Seite des Hafens steht auf der Anhöhe San Benigno der höchste Leuchtturm Europas – 77 m hoch und mit zwei großen Aussichtsplateaus ausgestattet. Und wie es sich für eine einstige Seemacht gehört, gibt es auch ein Meeresmuseum – für Fans maritimer Traditionen ein Muss.

LA SPEZIA

Wer La Spezia nur ansteuert, um eine Fähre nach Korsika oder Sardinien zu besteigen, sieht die faszinierende Küstenlinie des »Golfs der Poeten« nur vom Schiff vorüberziehen. Im Osten ruht der Blick auf den kleinen Buchten mit ihren Stränden, von denen der Lido di Lerici mit Blick auf das Kastell einer der schönsten ist. Im Westen reihen sich die Marinas aneinander, dahinter beginnt die Bergwelt des Naturparks Cinque Terre – mit Dörfern, die mangels Straßen nur in Wanderschuhen oder mit dem Zug erreichbar sind. Ein über 2 km langer Wellenbrecher vor der Bucht sorgt für niedrigen Wellengang, was Wassersportlern entgegenkommt. Und schließlich lockt die Stadt mit ihrer Mischung aus historischen Gebäuden und modernen Elementen – selbst die Hauptpost residiert in einem Palast. Alles überragt vom Castello di San Giorgio, einer Höhenburg aus dem 14. Jh., die mit der Standseilbahn erreicht werden kann. Wer sich nicht direkt einschifft, sondern La Spezia genießen möchte, sollte zudem den in der Region angebauten Sciacchetrà-Wein probieren, der mit 17 Prozent Alkohol schon fast ein Likör ist.

Die bunten Häuser von Manarola, das zu den fünf Orten der Cinque Terre gehört, drängeln sich eng auf dem Felsen.

NÖRDLICHE ADRIA

Wer im Glashaus sitzt …

Murano

Die von Venedig aus nur per Boot zu erreichende Insel Murano ist seit Jahrhunderten für ihr hochwertiges Glas berühmt. Noch heute gibt es dort 66 Hersteller und Manufakturen, die auf traditionelle Art Gläser und Glaskunst anfertigen. Souvenirs lassen sich in den vielen Ateliers erwerben, einen Überblick bietet das örtliche Glasmuseum.

▸ www.museovetro.visitmuve.it

2 Von der Po-Ebene im Westen bis nach Triest nahe der Grenze zu Slowenien erstrecken sich die im Norden der Adria gelegenen Provinzen Venetien und Friaul-Julisch Venetien. Die flache, von Lagunen geprägte Landschaft lädt mit ihren kinderfreundlichen Stränden zum Baden ein, Wassersportler finden in den zahlreichen Ferienorten Möglichkeiten, ihrem Hobby nachzugehen. Für entspannte Touren ins Inland sollte ein Fahrrad an Bord sein – entlang der gut ausgebauten Rad- und Wanderwege lässt sich manches Kleinod entdecken. Im Zentrum des Interesses steht mit 30 Mio. Besuchern pro Jahr Venedig. Von den Campingplätzen und Marinas der Region ist die Lagunenstadt leicht per Taxiboot oder Ausflugsschiff zu erreichen.

Für seine Badeorte war die Region bereits im 19. Jh. bekannt. Als die Adria in den 1950er-Jahren zum Traumziel der Urlauber wurde, eröffnete man die ersten Campingplätze. Mittlerweile mit gehobener Ausstattung aufgewertet, geht das Angebot weit über Spaghettieis und Pizza hinaus. All inclusive sind die Rundum-glücklich-Offerten allerdings nicht: Extraleistungen werden häufig gesondert in Rechnung gestellt. Problemlos ist das Bereisen der Küstenlinie mit sporadischen Übernachtungsstopps: Auch die Anzahl der zur Verfügung stehenden Reisemobilstellplätze ist beinahe flächendeckend.

◂ Die kleine Schwester der Serenissima: Auch Chioggia am südlichen Ende der Lagune von Venedig ist von Kanälen durchzogen und wurde auf Holzpfählen gebaut.

SEHENSWERTES

CHIOGGIA

Ein Damm verbindet das Festland mit der kleinen Insel am nördlichen Ende der Adria, Kanäle durchziehen die von historischen Bauten geprägte Stadt. Doch dies ist nicht Venedig, sondern Chioggia. Hier gibt es keinen Markusplatz und keine Rialtobrücke, doch in vielen Belangen hält Chioggia, was Venedig verspricht: klassische Lagunenatmosphäre, aber ohne Gedränge und Nepp. Der Vena-Kanal wird von neun Brücken überspannt, die Häuser stehen auf Holzpfählen. Die Palazzi mögen nicht so prunkvoll sein, doch beeindruckend sind sie allemal. Die Sehenswürdigkeiten lassen sich beim Schlendern durch das Gewirr der Gassen entdecken – allen voran das Stadttor Porta di Santa Maria Assunta und die gleichnamige Kathedrale aus dem 11. Jh. Die Fänge, die am größten Fischereihafen Italiens angelandet werden, finden sich wenig später auf dem Fischmarkt wieder. An den Stränden von Sottomarina reihen sich die Campingplätze aneinander. Zehn Marinas, drei Golfplätze und ein Freizeitpark sorgen für Abwechslung, per Boot kann man sich in einer Stunde nach Venedig schippern lassen.

VENEDIG

Ja, man sollte das meistbesuchte Ziel Italiens gesehen haben: den Dogenpalast und die Gondeln auf dem Canal Grande, den Markusdom und den Campanile di San Marco. Eine Unzahl von geschichtsträchtigen Palazzi und Kirchen hat der auf 127 Inseln erbauten Stadt den Beinamen »La Serenissima« eingebracht – die Durchlauchtigste. Das Zentrum der einstigen Seemacht und ihre Lagune stehen auf der UNESCO-Liste des Welterbes. Doch gibt es auch das nicht minder interessante andere Venedig mit seinen schmalen, abrupt an Kanälen endenden Gassen und den kleinen Cafés der Einheimischen. Durch Venedig sollte man sich treiben lassen – ob zu Fuß oder mit einer Gondel.

Die entlang der Lagune gelegenen Campingplätze punkten zwar mit hochwertiger Ausstattung und Animation, doch sind die Parzellen mitunter nur wochenweise beziehbar. Durchreisende Camper, die nur ein, zwei Tage in Venedig verbringen möchten, finden in Mestre auf dem Festland geeignete Plätze mit einer Busverbindung nach Venedig.

JESOLO

Am Anfang gab es dieses Stück Land am Meer – noch bevor die erste Reisewelle deutscher Urlauber an die Adria schwappte, eröffneten die Generalimporteure der Motorradfirma NSU bei Jesolo den ersten Campingplatz für Markenkunden – NSU-Lido. Nach der Fusion mit Audi in Union Lido umbenannt, war der Platz in Ausstattung und Lage Vorbild für Campen auf hohem Niveau. Längst nicht mehr markengebunden, aber immer noch in Familienhand, hat der vor den Toren Venedigs gelegene Platz auf der Landzunge westlich von Jesolo Mitbewerber angezogen – die Wahl, wohin es einen verschlägt, fällt schwer. Der 13 km lange, goldene Strand ist ein gewichtiges Argument für die Region, auf der Strandpromenade lässt sich gut flanieren und noch besser Geld ausgeben. Bootstouren führen durch die Lagunen rund um Jesolo. Wem das nicht reicht, der wendet sich einem der Themen- und Wasserparks zu.

CAORLE

Der 20 km lange Sandstrand ist ein gewichtiger Grund, Caorle anzusteuern – doch nur wenige Schritte entfernt hat die Kleinstadt noch eine Vielfalt anderer Ziele zu bieten. Kleine Sträßchen durchziehen den sympathisch wirkenden Ort mit seinen in venezianischen Farben gestrichenen Häusern. Als Orientierung dient der 48 m hohe zylinderförmige Glockenturm der ehemaligen Bischofskirche, der zwar nicht so stark geneigt ist wie der Schiefe Turm von Pisa, aber dennoch ein Fotomotiv ist. Ausfüge in den Nachbarort Bibione oder zur Lagune im Ortsteil Falconera lassen sich gut mit dem Fahrrad absolvieren – die Lagunenlandschaft ist ideal zur Vogelbeobachtung. Darüber hinaus findet man dort die traditionellen reetgedeckten Fischerhäuser, die zum Teil als einfache Lokale eingerichtet sind. Wer sich

Rundum von Wasser umgeben: Dort, wo die Schiffe in die Lagune von Venedig einfahren, liegt Camping Marina di Venezia.

nur dem Genuss der Natur hingeben will, nimmt an einer der mehrmals täglich stattfindenden Touren mit einem Bragozzo, dem typischen Holzboot, teil. Übernachtungsgäste auf dem angrenzenden Wohnmobilstellplatz bekommen eine Ermäßigung des Eintritts im Aquafollie-Freizeitpark.

GRADO

Auf Sand zu bauen kann durchaus von Erfolg gekrönt sein: Der Hafenort Grado wurde auf einer Küstendüne errichtet – und das schon von mehr als 2000 Jahren. Die in der Lagune von Grado gelegene Insel ist zwar von mehreren Seiten aus über Brücken erreichbar, blieb aber vom Massentourismus verschont. In der charmanten Altstadt ist der Weg zur nächsten Marina nie weit. Wer kein eigenes Boot hat, nutzt eines der Ausflugsboote zur Fahrt durch die Lagune. Ein beliebtes Ziel ist die Insel Barbana, am ersten Juliwochenende findet zum Fischerfest eine Wallfahrt zur dortigen Kirche statt. Zum Badeort wurde Grado zu Zeiten der langen Habsburger Herrschaft – schon damals wurden der mineralienreiche Strand und die ionisierte Seeluft als heilkräftig geschätzt. Alle Strände der Insel sind zudem nach Süden ausgerichtet, um auch den letzten Sonnenstrahl ausnutzen zu können. Camper finden mehrere Campingplätze und einen großen Stellplatz vor.

TRIEST

Bella Italia in Trieste? Ja, auch – doch sicherte die Hafenstadt von 1382 bis 1918 der österreichischen Habsburgermonarchie den Zugang zum Mittelmeer. Die Spuren sind noch heute unübersehbar: Die Prachtbauten der Innenstadt erinnern an den Glanz der k.u.k.-Zeit; unzählige Kaffeehäuser – die ältesten stammen aus dem 19. Jh. – bewahren das Flair der Vergangenheit. Überhaupt ist die Stadt ohne Kaffee nicht denkbar: Rund 30 Prozent des nach Italien importierten Kaffees werden im Triester Hafen gelöscht, an der Universität unterhält die Rösterei Illy einen Lehrstuhl für Kaffeeverarbeitung, und mit 1500 Tassen pro Jahr trinken Triester doppelt so viel Kaffee wie andere Italiener. Vor den Toren der Stadt finden sich kinderfreundlich flache Strände. Landschaftlich noch etwas schöner geht es im Norden der Bucht unterhalb des Schlosses Miramare zu. Nach der EU-Erweiterung ist der Grenzübertritt ins nahe Slowenien problemlos.

CAMPINGPLÄTZE

4 Camping Capalonga ★★★★½

Fast die ganze Landzunge zwischen dem Meer und einer Lagune wird von dem 24 ha großen Campingplatz Capalonga eingenommen. Der bis zu 100 m breite Sandstrand ist durch eine niedrige Düne abgeschirmt, am Kanal befinden sich die Liegeplätze der Boote. Am Bootskran und der Slipanlage können Schiffe zu Wasser gelassen werden – es gibt auch einen Kanu- und Seekajakverleih. Kite- und Windsurfkurse sind im Angebot, eine Segelschule ist vor Ort. Der Platz verfügt über Vollausstattung. Die 790 Parzellen messen zwischen 60 und 100 m² und sind mit Stromanschlüssen (CEE, 6–10 A) versehen. Viele Angebote sind auf kleinere Kinder ausgerichtet. Wohnmobilisten steht eine Ver- und Entsorgungsanlage zur Verfügung, WLAN ist flächendeckend abrufbar.

▸ Viale della Laguna 16, 30028 Bibione Pineda, Tel. +39 (0) 04 31 43 83 51, Mitte April–Sept., GPS: 45.63053333, 12.99438333

■ pincamp.de/VE4200

5 Centro Vacanze Pra' delle Torri ★★★★★

Die langen Sandstrände haben die Küste Venetiens zu einem Magneten für Sonnenhungrige werden lassen. Wer sich nicht nur am Strand bräunen lassen möchte, hat die Wahl zwischen zahllosen Sportangeboten an Land und auf dem Wasser: Tauchen und Segeln, Surfen und Paddeln – beim Parasailing kann man sogar in die Luft gehen. Oder man leiht sich für die ruhige Tour ein Tretboot aus. Die östlich von Venedig gelegene Ferienanlage lässt kaum Wünsche offen. Die 825 Standplätze (80–150 m²) befinden sich zumeist in Strandlage, alle Parzellen sind mit Strom- (CEE, 6–16 A) und Wasseranschlüssen ausgestattet. Mehrere Läden und Lokale sowie eine Badelandschaft und ein eigener Vergnügungspark für Kinder lassen keine Langeweile aufkommen. WLAN kann auf dem ganzen Platz empfangen werden, es herrscht generelles Hundeverbot.

▸ Viale Altanea, 201, 30021 Caorle, Tel. +39 (0) 04 21 29 90 63, Mitte April–Anfang Okt., GPS: 45.57393333, 12.8118

■ pincamp.de/VE4280

6 Camping Marina di Venezia ★★★★★

1,2 km feiner Sandstrand, der bis zu 200 m breit ist, ein Wasserpark mit Pools für Kinder und Erwachsene und ein Hochseilgarten sind nur einige der Attraktionen, die der 5-Sterne-Platz zu bieten hat. Die auf der Halbinsel Cavallino-Treporti gelegene Ferienanlage befindet sich auf sandigem Grasgelände, teilweise mit dichtem Baumbestand. Wassersportutensilien können ausgeliehen werden, es gibt Tennis- und Volleyballplätze, während mehrere Restaurants einfache Gerichte, aber auch eine gehobene Küche anbieten. Am Strand kann man sich sogar offiziell trauen lassen. Der auf junge Familien ausgerichtete Platz verfügt über 2242 Parzellen in Größen von 80 bis 100 m², die alle über Stromanschlüsse (CEE, 10– 16 A) verfügen. Für Hundebesitzer wurden eigene Sektionen auf dem Gelände und am Strand eingerichtet. Im Sommer gibt es Shuttleboote nach Venedig.

▸ Via Montello, 6, 30013 Cavallino-Treporti, Tel. +39 (0) 04 15 30 25 11, April–Anfang Okt., GPS: 45.43735, 12.43808333

■ pincamp.de/VE5550

TOSKANA

Feuchtfröhliche Himmelfahrt

So viel Wasser

Im August wird Urlaub gemacht – in ganz Italien und am liebsten mit der ganzen Familie am Meer. Besonders belebt sind die Strände rund um den Feiertag Ferragosto am 15. August, der in Deutschland als Mariä Himmelfahrt begangen wird. Traditionell finden zu diesem Anlass an den Stränden wahre Wasserschlachten statt – auch mit gefüllten Eimern und Luftballons. Also in Deckung gehen oder mitmachen ...

3 Der Duft von Rosmarin und Thymian, die Kunstschätze von Florenz, Siena, Pisa und Lucca – dazwischen die Anbaugebiete von Chianti und Brunello. Im Land Michelangelos und Da Vincis beschränken Besucher ihre Reiseroute häufig auf die bekannten Sehenswürdigkeiten im Binnenland. Dabei erfüllt die Toskana auch alle Voraussetzungen für einen entspannten Urlaub am Wasser: Mehr als 300 km Küstenlinie erstrecken sich entlang des Mittelmeers. Die feinen Sandstrände im Norden und die schönen Buchten im Süden sind gespickt mit hübschen Badeorten, für die hohe Wasserqualität bürgt an den meisten Stränden die Blaue Flagge. Wohltuend ist zudem die im Vergleich zum oft heißen Inland frische Brise am Tyrrhenischen Meer. Kunst und Geschichte kommen dabei keineswegs zu kurz: Von der Küste aus lassen sich einige sehenswerte Orte im Rahmen von Tagesausflügen erreichen: Morgens Kultur zu genießen und sich nachmittags in der Sonne zu aalen wird allen Wünschen gerecht.

Bei einheimischen Urlaubern haben sich die Qualitäten der toskanischen Küste längst herumgesprochen – die große Anzahl gut ausgestatteter Campingplätze lässt Reisenden die Wahl zwischen Anlagen, die auch Sportangebote und Animation im Angebot haben, und kleineren Platzen mit familiärer Atmosphäre. Für den Zwischenstopp zur Übernachtung stehen darüber hinaus viele Stellplätze zur Verfügung.

◂ Schier endlose Sandstrände bis zum Horizont: Camping Village Le Esperidi hat sich inmitten eines üppigen Naturparks an der etruskischen Riviera eingerichtet.

SEHENSWERTES

CARRARA

Das weiße Gold der Berge hat der Stadt zu Reichtum verholfen – der seit mehr als 2000 Jahren rund um Carrara abgebaute gelblich-weiße Marmor wird von Bildhauern ebenso geschätzt wie von Baumeistern. In den etwa 150 Steinbrüchen der Region werden pro Jahr 5 Mio. t gewonnen – von April bis September sind Führungen möglich *(www.marmotour.com)*. In Carrara wurde eine Schule für angehende Bildhauer und Steinmetze sowie ein Marmormuseum eingerichtet. Nicht verwunderlich, dass neben dem Dom Sant'Andrea Apostolo auch für den Bau mehrerer Häuser auf lokales Steingut zurückgegriffen wurde. Wer aber genau hinschaut, entdeckt, dass in Carrara auch für Blumenkübel, Bordsteine und natürlich die vielen Skulpturen Marmor verwendet wurde. Die kilometerlangen Sandstrände des Ortes befinden sich im Vorort Forte dei Marmi, in dessen altem Hafen einst der Marmor verschifft wurde. Die Uferpromenade lädt zur Radtour ein, ein Platz am Strand jedoch kann teuer sein – der mondäne Badeort gilt als ausgesprochen exklusiv.

PISA

Ganze 199 Jahre dauerte es, bis der Glockenturm des Pisaner Doms endlich vollendet war – bereits zwölf Jahre nach der Grundsteinlegung gab der Untergrund unter dem Gewicht von 14 000 t Marmor nach. Heute ist der Schiefe Turm die Attraktion von Pisa, obwohl der Dom aus dem 12. Jh. ebenso spektakulär wirkt. Pisa ist die Stadt der schönen Künste und der Museen, die wechselhafte Vergangenheit als Seemacht wird im Schifffahrtsmuseum nachvollzogen *(www.navidipisa.it)*. Vor dessen Toren fließt der Arno bis zur Mündung bei Marina di Pisa, das von Bädern geprägt wird. Die schönsten Strände findet man weiter im Norden – Viareggio hat sich das Flair eines eleganten Badeorts bewahrt.

Von Pisa aus bieten sich Ausflüge ins nahe Lucca an, dessen Altstadt von einem 4 km langen Festungswall umgeben ist. Von dem aus genießt man in 12 m Höhe einen imposanten Blick auf die Stadt. Moderne Technikgeschichte lässt sich bei den Erfindern der allgegenwärtigen Vespa erfahren: Am Stammsitz in Pontedura betreibt die Firma Piaggio ein Werksmuseum *(www.museopiaggio.it)*.

LIVORNO

Eine bedeutende Hafenstadt sollte das Fischdorf werden – damals im 16. Jh., als die Neubauten der Medici Hafen und Stadtbild prägten. Einen bedeutenden Hafen hat Livorno, die drittgrößte Stadt der Toskana, noch immer. Die Kanäle, die das Zentrum durchziehen, haben ihr den Ruf eines »Neuen Venedigs« verschafft, die Sehenswürdigkeiten lassen sich auf einer Bootsfahrt bestaunen. Besonders atmosphärisch sind die am Abend angebotenen Touren. In der von einer Wehrmauer umgebenen Festung Fortezza Nuova befindet sich ein Park, auch die alte Festung am Hafen kann besichtigt werden. Eine schöne Aussicht auf das Meer hat man von der Terrazza Mascagni, wo auf 9000 m² helle und dunkle Bodenplatten im Schachbrettmuster verlegt wurden – gleich neben dem Aquarium mit seinen Haien und Schildkröten. Schöne Strände mit idealen Voraussetzungen zum Surfen oder Paddeln mit dem Kanu oder SUP-Board schließen sich südlich der Stadt an.

PIOMBINO

Der Golf von Piombino besticht mit seinen weißen Stränden, die Insel Elba scheint zum Greifen nah. Der Blick auf die Industrieanlagen am Stadtrand macht es leicht, Piombino nur als Fährhafen zu sehen – dabei liegen die wahren Qualitäten im Herzen des Ortes. Auf einer Felszunge gelegen, ragt die Stadt hoch über das Meer hinaus, am Ufer befinden sich kleinerer Steinstrände. Vom Hafen aus taucht man ins Zentrum ein, das mit seiner mittelalterlichen Struktur und den in späteren Epochen errichteten Gebäuden bezaubert. Herausragend ist der große Uhrturm von 1598, die Kirche Sant'Antimo stammt aus dem 14. Jh. Wer den Sternen nah sein möchte, wendet sich dem astronomischen Observa-

CAMPINGPLÄTZE

7 Orbetello Family Camping Village ★★★★

Drei schmale Landstreifen verbinden die Halbinsel Argentario mit dem Festland. Auf der dem Meer zugewandten Landzunge bietet das Orbetello Family Camping Village Ferienvergnügen für die ganze Familie. Der feine Sandstrand, von dem ein Abschnitt für Hunde freigegeben ist, befindet sich nur 70 m von der Rezeption entfernt und kann schnell und sicher durch eine Unterführung erreicht werden. Auf dem Campinggelände lockt darüber hinaus ein Wasserpark mit besonderen Einrichtungen für Kinder, auch Bootstouren werden angeboten. Pinien werfen Schatten auf viele der 130 parzellierten Standflächen, die alle mit Stromanschlüssen (CEE, 6 A) versehen sind. Ein Teil des Platzes verfügt über WLAN-Empfang; für Wohnmobile gibt es eine Ver- und Entsorgungsstation.

▸ Strada Giannella, 166, 58015 Albinia, Tel. +39 (0) 05 64 82 02 01, Mitte April–Mitte Sept., GPS: 42.4634, 11.18633333

■ pincamp.de/TO5750

8 Camping Pappasole ★★★★½

Die feinen Sandstrände und das glasklare Meer gehören zu den ausgemachten Attraktionen der Maremma-Küste. Südlich der Hafenstadt Piombino bürgt die Auszeichnung mit der Blauen Flagge für gute Wasserqualität. Der Campingplatz Pappasole liegt nur 300 m vom Strand entfernt, wo Sonnenhungrige sowohl beschirmte Liegen als auch Wassersportangebote vorfinden. Betätigen kann man sich bei Beachvolleyball und Beach-Tennis, ein Bootsverleih steht zur Verfügung. In der Ferienanlage gibt es weitere Sportanlagen, eine Erlebnis-Minigolfanlage sowie eine Poollandschaft. Die 455 Parzellen in Größen von 80 bis 100 m² verteilen sich zwischen Hecken und lockerem Baumbestand. Die Stromkästen sind mit CEE-Steckdosen (6–10 A) ausgestattet, WLAN ist auf Teilen des Areals verfügbar. Im hinteren Teil sind die Züge auf der nahen Bahntrasse vernehmbar.

▸ Loc. Torre Mozza, Via di Carbonifera, 14, 57025 Riotorto, Tel. +39 (0) 056 52 04 14, Mitte April–Okt., GPS: 42.951, 10.68716667

■ pincamp.de/TO3950

9 Camping Village Le Esperidi ★★★★½

Im Bereich der etruskischen Riviera, wo die Strände lang sind und aus weißem Sand bestehen, erstreckt sich in zentraler Lage das Campingdorf Le Esperidi. Der saubere Strand von Marina di Bibbona ist vom Platz aus schnell erreicht, Rettungsschwimmer achten auf die Sicherheit der Badegäste. Zusätzlich kann ein künstlicher Badesee auf dem Gelände genutzt werden. Der familienfreundliche Platz verfügt über ein Restaurant und einen Supermarkt. Es gibt ein Outdoor-Fitnessstudio und eine Sauna, im Spa werden auch Massagen angeboten. Das Camp liegt in einem dicht bewaldeten Naturpark – die 356 parzellierten Standplätze à 80 bis 120 m² verteilen sich sowohl unter Pinien als auch im Dünenbereich. WLAN ist nicht überall nutzbar, die Stromkästen sind mit CEE-Steckern (6 A) ausgerüstet. Einrichtungen zur Ver- und Entsorgung sind vorhanden.

▸ Via Dei Cavalleggeri Nord, 25, 57020 Marina di Bibbona, Tel. +39 (0) 05 86 60 01 96, April–Okt., GPS: 43.25051667, 10.52781667

■ pincamp.de/TO3640

torium zu *(web.astropiombino.org)*. Bäder und Sandstrände findet man im südlichen Teil der Bucht. Das Leben der Etrusker lässt sich beim Besuch des Freilichtmuseums Populonia erforschen. Von der rund 80 ha großen archäologischen Stätte aus bietet sich ein herrliches Panorama über die gesamte Bucht von Baratti *(www.parchivaldicornia.it)*.

CASTIGLIONE DELLA PESCAIA

Stolz erhebt sich der Turm der mittelalterlichen Burg Castello Aragonese über dem Fels. Ihm zu Füßen erstreckt sich die Altstadt, die jedoch nur zu Fuß erkundet werden kann. Schmale, steile Gassen führen hinauf zu einer Aussichtsplattform, von der man bis zur Isola del Giglio und zum Monte Argentario blicken kann. An der Mündung des Flüsschens Bruna hat sich Castiglione della Pescaia zu einem sympathischen Ferienort entwickelt, in dessen Umgebung es nicht an langen Sandstränden mangelt. Tauchspots vor der Küste reizen zur Erkundung des Meeresgrunds, im Hinterland des Ortes befindet sich ein großes Vogelschutzgebiet. Mit dem Rad gut erreichbar ist die im 18. Jh. zur Wasserregulierung erbaute Casa Rossa, wo ein Museum untergebracht ist und Bootsfahrten angeboten werden.

Castiglione della Pescaia wird von einer mittelalterlichen Burg überragt, an die sich die Altstadthäuser schmiegen.

Flamingos fühlen sich im Naturschutzgebiet Diaccia Botrona in der Maremma sichtlich wohl.

PORTO SANTO STEFANO

Tief im Süden der Toskana ist die felsige Halbinsel Argentario an der Lagune von Orbetello nicht zu verfehlen: Schon von Weitem sieht man den Monte Argentario, der sich 635 m hoch über das Meer erhebt. Während der Silberberg ein faszinierendes Ziel für Wanderer darstellt, finden Wasserratten in den Felsbuchten der Insel sowie in der Lagune zahlreiche Sandstrände und Tauchspots. Die zu Ostern startende Segelregatta und der Ruderwettbewerb im August sind die sportlichen Höhepunkte des Jahres. Die für ihre zahlreichen Wehrtürme berühmte Halbinsel kann auf einer Küstenstraße umrundet werden, die Altstadt des Hauptorts Porto Santo Stefano gefällt mit ihren in Beige und Rosa gestrichenen Häusern. Nach ihrer Zerstörung im Zweiten Weltkrieg wurde die Altstadt im mittelalterlichen Borgo-Stil wieder aufgebaut. Historisch ist die im 17. Jh. errichtete Burg Fortezza Spagnola – der Zugang führt über eine Zugbrücke, innen gibt es Museen zur Unterwasserwelt und zum Handwerk der Schiffszimmerleute.

ELBA

Reisen mit dem Wind

Wetterwechsel

Die wechselnden Winde sollten bei der Freizeitplanung berücksichtigt werden. Wenn der kühle Mistral den Aufenthalt an der Nordküste unbehaglich macht, sollte die im Windschatten liegende Südküste angesteuert werden – wird diese vom warmen Scirocco im Sommer zusätzlich aufgeheizt, geht es im Norden auf Tour. Auf Elba ist es also möglich, Wetterkapriolen aus dem Weg zu gehen.

4

Das Glück ist eine Insel. Auf Elba trifft dies mit Sicherheit zu, bietet das drittgrößte Eiland Italiens doch alle Voraussetzungen für einen gelungenen Urlaub. Nur eine Stunde benötigen die eng getakteten Fähren ab Piombino, bis sie die Häfen von Portoferraio, Cavo oder Rio Marino erreichen. Camper finden eine erstklassige, sich über die gesamte Insel erstreckende Infrastruktur vor. Um sich nur zu sonnen, sind die über 125 Strände fast zu schade. Kajaker und Surfer treffen auf gute Wind- und Wasserverhältnisse, Taucher haben viele Möglichkeiten, den felsigen Meeresgrund zu erkunden. Wer lieber über der Wasserlinie bleibt, umrundet auf Bootsausflügen die ganze Insel. Und Wanderer erfreuen sich an den vielen gekennzeichneten Pfaden und den ausgewiesenen Picknickplätzen.

Voller Überraschungen präsentiert sich das Inland: Schächte und Museen erinnern an die über 2700-jährige Förderung von Eisenerz; Wehrtürme und Kastelle sind sichtbare Zeichen dafür, dass Elba über Jahrhunderte begehrter Zankapfel der Seemächte war. Und natürlich Napoleon, der seinen dortigen Aufenthalt nicht etwa in Verbannung verbrachte, sondern als Herrscher der Insel. Die Spuren seiner zehnmonatigen Regentschaft sind noch heute sichtbar. Vor allem aber ist Elba eines: eine Insel, die glücklich machen kann.

◂ Die Küsten der Insel Elba bestechen durch ihre Vielfalt: Neben langen Sandstränden findet man ebenso zahlreiche kleine und oft versteckte Buchten.

SEHENSWERTES

PORTOFERRAIO

In dem durch eine ausladende Bucht geschützten Hafen liegen Fähre und Fischerboote vor Anker, die mediterrane Atmosphäre von Elbas Hauptstadt verstärkt das Urlaubsgefühl. Einst als Umschlagplatz für die Verschiffung des im Land abgebauten Eisenerzes gegründet, überdauerte die Bezeichnung Eisenhafen – Portoferraio – die Jahrhunderte. Heute Zentrum des Handels und der Kultur, kann der Ort im Osten der Insel auch mit Spuren der Geschichte aufwarten: Relikte der Römerzeit neben Überbleibseln der Ära der Medici, auch die zehnmonatige Regentschaft Napoleons hat den Ort nachhaltig geprägt. In der von ihm bewohnten Villa dei Mulini befindet sich heute das Nationalmuseum. Am Stadtrand lohnt der Weg zum Castello del Volterraio allein des tollen Ausblicks wegen. Schöne Strände mit Aussicht auf mehr findet man an der nördlichen Küste der Stadt: Am Ufer leuchten die weißen Kiesel in der Sonne, das klare Wasser lässt bis zum Grund blicken und bietet gute Voraussetzungen zum Schnorcheln.

MARCIANA

Schon die Etrusker entdeckten diesen Platz für sich, heute ist Marciana die älteste Siedlung der Insel Elba. Unterhalb des Monte Giove am Massiv des Monte Capanne gelegen, beeindruckt der Ort nicht nur durch seine vielen Treppen, die den Höhenunterschied zur nächsten bebauten Terrasse überbrücken. Ein kurzes Verschnaufen auf einem der malerischen Plätze, dann führt der Weg weiter zur 415 m hoch gelegenen pisanischen Festung, die neben mehreren Museen auch eine alte Münze sowie ein Besucherzentrum des Nationalparks Toskanischer Archipel beheimatet. Etwas beschwerlicher ist der Kreuzweg, der zur Wallfahrtskirche Madonna del Monte in 630 m Höhe führt. Doch allein für den herrlichen Ausblick bis nach Korsika lohnt der Weg. Nicht weit entfernt befindet sich die Einsiedelei, in der Napoleon seine Geliebte traf. Auf den einstigen französischen Kaiser geht auch die Nutzung der mineralhaltigen Quelle zwischen Marciana und dem Nachbarort Poggio zurück: Nach seiner Verfügung darf dort jeder rund um die Uhr kostenlos Wasser zapfen. Und schmecken tut es auch noch …

MONTE CAPANNE

1019 m hoch erhebt sich der Monte Capanne über Elba. Der im westlichen Teil der Insel gelegene Berg hat sich als exzellentes Wandergebiet einen Namen gemacht. Gipfelstürmer haben die Wahl zwischen sechs Routen, die von Marciana, Poggio, Valle Nevera, Chiessi und Pomonte auf den Berg hinaufführen. Je nach Strecke und Kondition sollte man zwischen 3,5 und 6 Stunden veranschlagen. Belohnt wird der Aufstieg mit einem Panorama der gesamten Insel – selbst das italienische Festland und das Nachbareiland Korsika sind zu erkennen. Eine abenteuerliche Abkürzung stellt die in Marciana startende Seilbahn dar, die schwindelfreie Passagiere bis auf 963 m Höhe bringt: Bis zu zwei Personen passen stehend in einen der 54 bis auf Hüfthöhe mit einem Gitter gesicherten Metallkörbe. Die rund 1600 m lange Strecke zur oberen Bergstation wird von der »Cabinovia« in 18 Minuten absolviert – ein luftiges Vergnügen.

LACONA

Der Strand von Lacona mag nicht der längste der Insel sein, doch gilt er als einer der schönsten: annähernd 1200 m feiner, goldfarbener Sand in sonniger Südlage – flach genug, damit auch Kinder gefahrlos ins Wasser gehen können. Die Dünenzonen sind erfüllt vom Duft der weißen Seelilie, und hinter dem Strand sorgt ein Pinienwald für Schatten. Tagsüber ist der an vielen Abschnitten kostenfreie Strand von Familien bevölkert. Boote und Surfausrüstungen können ausgeliehen werden, die Buchten der Umgebung bieten sich für Tauchausflüge an.

CAPOLIVERI

Enge Gassen bestimmen das mittelalterliche Stadtbild von Capoliveri, zwischen den bunten Häusern sind Schwibbögen zu sehen, und die mit Felsen

Treppauf, treppab – enge Gassen und Durchgänge prägen den auf einem auf einem Bergsattel errichteten Ort Capoliveri.

durchsetzten Sandstrände des Ortes sind nah. Freunde dubioser Kriminalgeschichten kommen beim Besuch des Meeresmuseums auf ihre Kosten: An Bord des Dampfers »Polluce« befand sich etwas, das den Zielhafen Genua nicht erreichen durfte. Vorsätzlich durch ein neapolitanisches Schiff gerammt, versank die »Polluce« 1841 vor der Küste von Elba. Im Jahr 2000 täuschten englische Schatzsucher die Ortung eines anderen Wracks vor und plünderten die »Polluce«. Der Coup wurde aufgedeckt, die Beute beschlagnahmt, Fundstücke werden im Meeresmuseum von Capoliveri ausgestellt. Was so wichtig war, dass es die Versenkung des Schiffes rechtfertigte, wurde nie geklärt – zumindest nicht offiziell.

Nur wenige Kilometer entfernt sind Mountainbiker im groß angelegten Bike Park in ihrem Element – mehrere Routen unterschiedlicher Schwierigkeitsgrade führen über die Landzunge –, vorbei an reizvollen Buchten und einsamen Stränden. Auch mit dem Wagen erreichbar ist das Museum der 1981 stillgelegten Eisenerzmine. Die Schächte und die Außenanlagen können besichtigt werden.

PORTO AZZURRO

Zwei Marinas, Tauchbasen und mehrere Strände machen Porto Azzurro am Golf von Mola im Osten der Insel zum attraktiven Ferienziel. Die Voraussetzungen zum Surfen oder Paddeln mit dem Kanu oder SUP-Board sind ideal. Nicht ganz so prickelnd stellt man sich den Aufenthalt in der über der Stadt thronenden Festung Longone vor, die als Gefängnis dient und nicht besichtigt werden kann. Die Umschreibung »Urlaub in Longone machen« für eine dort verbüßte Haftstrafe ist in Italien so geläufig, dass die Stadt von Porto Longone 1947 in Porto Azzurro umbenannt wurde. Ganz friedlich dagegen geht es in der Mine Piccola Miniera am Stadtrand zu: Mit einem kleinen Zug geht es ins Innere des Berges,

CAMPINGPLÄTZE

10 Camping Arrighi ★★★½☆

In einer ruhigen Bucht im Osten der Insel Elba gilt die Spiaggia di Barbarossa als Hausstrand des Campingplatzes Arrighi. Das glasklare Wasser lädt zu Tauchexkursionen ein, eine Tauchschule und eine Surfschule gibt es vor Ort. Ankerplätze für Boote sind ebenso verfügbar wie ein Verleih für Tretboote. Der Kiesstrand fällt steil ab, es gibt jedoch einen mit Bojen gesicherten Bereich, der nicht tief und somit für Kinder geeignet ist. Das Camp verfügt über 80 Standplätze bis zu 60 m² Größe auf terrassiertem Terrain, Bäume sorgen für Schatten. WLAN und eine Ver- und Entsorgungsstation sind vorhanden, die Absicherung des Stromnetzes (CEE-Stecker) beträgt 5 Ampere.

▸ Loc. Barbarossa, 57036 Porto Azzurro, Tel. +39 (0) 056 59 55 68, April–Anfang Nov., GPS: 42.77058333, 10.40761667

■ pincamp.de/TO4200

11 Camping Ville degli Ulivi ★★★★½

Die Bucht von Marina di Campo im Süden Elbas zeichnet sich durch einen 3 km langen Sandstrand aus. Aktivitäten auf und unter der Wasserlinie gehören zu den Lieblingsbeschäftigungen der Urlauber dort. Vom Campingplatz aus werden Kajaktouren und Segelkurse organisiert, die Tauchschule verfügt über eine Füllstation für Taucherflaschen. Oder steht der Sinn mehr nach Kiten und Windsurfen? Pinien und Olivenbäume bestimmen das Bild auf dem Camp, die 188 Standflächen in Größen von 60 bis 90 m² werden von Oleanderhecken getrennt. Zentral gelegen ist die große Badelandschaft, viele Angebote sind auf Familien mit Kindern zugeschnitten. WLAN und Strom (CEE, 6 A) sind selbstverständlich, eine Ver- und Entsorgung ist vorhanden.

▸ Via La Foce, 89, 57034 Marina di Campo, Tel. +39 (0) 05 65 97 60 98, Mitte April–Okt., GPS: 42.75201667, 10.24471667

■ pincamp.de/TO4700

12 Camping Stella Mare ★★★½☆

Terrassenförmig zieht sich der knapp 6 ha große Platz hinunter zum Meer, wo Gäste die Wahl zwischen zwei langen Sandstränden haben. Dort können die Dienste von Tauch- und Windsurfschulen in Anspruch genommen werden, oder man erkundet mit dem Kajak die malerische Bucht von Lacona. Skipper können ihre Boote zu Wasser lassen und einen Bojenplatz mieten. Weiter werden Mountainbike- und Wandertouren angeboten. Die 201 bis zu 80 m² großen Parzellen beschatten Laub- und Nadelbäume, die Kinderanimation unterstreicht den Anspruch der Familienfreundlichkeit. Am Lokal hat man WLAN-Empfang, zur Nutzung des Stromnetzes (3–6 Ampere) sind CEE-Stecker erforderlich.

▸ Via del Moletto, 426, 57031 Lacona, Tel. +39 (0) 05 65 96 40 07, Mai–Okt., GPS: 42.757417, 10.313333

■ pincamp.de/TO4520

wo sich auch ein mineralogisches Museum befindet. An manchen Tagen kann man beim Schleifen der Steine zuschauen. Eine halbe Stunde Fußweg führt zu der 1606 errichteten Wallfahrtskirche von Monserrato. Da das Gotteshaus meist verschlossen ist, bleibt der Blick auf das Madonnenbild aus dem 17. Jh. verwehrt – die Sicht über das Tal bis hinunter zum Meer entschädigt jedoch für den Aufstieg.

EMILIA-ROMAGNA UND MARKEN

Teurer Meerblick

Kostenfalle Strand

Die freie Strandnutzung ist nur an der »spiaggia« möglich – entsprechend voll ist es dort. Für ab 20 € pro Tag und Person gibt es am »Lido« Strandliege, Sonnenschirm, WC und Umkleiden. Fast ein Drittel der Strände sind sogenannte »stabilimenti balneari«, kurz »bagni«, die zusätzliche Attraktionen bieten, aber auch mehr kosten. Die Wochenenden im August sind am teuersten.

5

Von den Lagunen des südlichen Podeltas bis zu den Abruzzen erstreckt sich die Küstenlinie der Regionen Emilia-Romagna und Marken. Die langen Strände im Norden begründeten den Ruf der Adria als Ferienregion, die unzähligen Bäder sind im Sommer Sehnsuchtsziel von Urlaubern aus Italien und vielen anderen Ländern. Beim Aufkommen des Massentourismus noch als »Teutonengrill« geschmäht, ist in den vergangenen Jahren ein Trend zum nachhaltigen Urlauben zu erkennen. Den Badeorten mangelt es nicht an Attraktionen – historische Stadtbilder, Monumente und Museen sind jedoch eher ein paar Kilometer landeinwärts zu finden. Obwohl die Küste der Marken durch ihre rauen Steilküsten geprägt wird, herrscht auch dort kein Mangel an schönen Buchten und sandbedeckten Naturstränden. Vor der Kulisse des zentralen Apenningebirges lädt die Region auch zu Bergtouren mit Wanderschuhen oder Ausflügen auf zwei Rädern ein.

Entlang der gesamten Adriaküste bieten sich Campingplätze als Feriendomizil an. Es muss jedoch damit gerechnet werden, dass der Zugang zum Wasser mit einem kurzen Spaziergang verbunden ist. Sowohl die Küstenautobahn als auch die Bahnlinie gen Süden verlaufen über weite Strecken in Ufernähe. Außerdem stehen küstennahe Stellplätze aller Ausstattungskategorien für Einzelübernachtungen zur Verfügung.

◂ Abendromantik in leuchtenden Farben: Das hügelige Umland von Ancona, wo der Monte Cònero, ein Ausläufer des Apennin bis ans Meer reicht, ist landwirtschaftlich geprägt.

SEHENSWERTES

RAVENNA

Ravenna ist ein Ziel für Kunstliebhaber: Acht historische Gebäude aus dem 5. und 6. Jh. wurden von der UNESCO als Weltkulturerbe anerkannt. Im Inneren der Bauten aus byzantinischer Zeit findet man farbenprächtige Mosaike, auf denen Szenen aus dem Alltagsleben verewigt wurden. Die aus byzantinischer Zeit stammende Tradition des Mosaiklegens lebt in den vielen Mosaikwerkstätten fort, ebenso wie die aufwendigen Stickereien, die gern als besondere Souvenirs offeriert werden. Beim Gang durch die belebte Altstadt tauchen Besucher in die Welt mittelalterlicher Architektur ein: bunte Häuser, Arkadenzeilen, und in den Cafés auf den hübschen Plätzen lässt man die Atmosphäre auf sich wirken. Die Stadt der Kaiser, Bischöfe und Künstler liegt nur wenige Kilometer südlich des Podeltas. Zwischen der Provinzhauptstadt und dem Meer bieten sich ausgedehnte Lagunen zur Vogelbeobachtung an. Die langen Strandabschnitte mit feinem Sandstrand erstrecken sich in der Region des vorgelagerten Seebads Marina di Ravenna über 36 km – oftmals zur Landseite hin von Pinienwäldern begrenzt.

RIMINI

1843 wurde in Rimini das erste Adriabad eröffnet, in den 60er-Jahren des letzten Jahrhunderts entwickelte sich die Küste hinunter bis Riccione und Cattolica zum sogenannten »Teutonengrill«. An den in der Regel kostenpflichtigen Stränden sind Auftritte nach der aktuellsten Mode, aber auch gefüllte Brieftaschen angesagt. In den Abendstunden werden die Bars und Diskotheken zur Partyzone, nirgends ist das Nachtleben so ausschweifend wie hier.

Wer darauf verzichten kann, findet in der gut 2 km von der Küste entfernten Altstadt von Rimini eine Mischung aus römischen und mittelalterlichen Plätzen und Palästen. Die als Malatesta-Tempel bekannte Kathedrale beeindruckt durch ihre Ausgestaltung, das Montanara-Stadttor stammt aus dem 14. Jh. Im Stadtteil Borgo San Guiliano wandelt man auf den Spuren des Regisseurs Federico Fellini. Vor den Toren der Stadt kann man sich ganz Italien im Miniaturformat anschauen *(www.italiainminiatura.com)*, daneben befindet sich ein Freizeitpark. Lohnenswert ist der Abstecher nach Cattolica, wo Kirchen, Museen und das wie ein Schiff wirkende Aquarium gute Ziele für Schlechtwettertage darstellen.

SAN MARINO

Nur 15 km hinter den Stränden Riminis erhebt sich weithin sichtbar der Monte Titano mit stolzen 739 m Höhe. Eingebettet zwischen den italienischen Regionen Emilia-Romagna und Marken erstreckt sich rund um den Fels das fünftkleinste Land der Erde. Seit mehr als 1700 Jahren eigenständig, ist San Marino die älteste Republik der Welt. Obwohl nicht Mitglied der EU, wird mit dem Euro bezahlt, die eigenen Münzen und Briefmarken sind bei Sammlern begehrt. Die oben auf dem Berg befindliche Altstadt des gleichnamigen Hauptortes wurde zusammen mit den drei Festungen Guaita, Cesta und Montale auf dem Monte Titano zum Welterbe der UNESCO erklärt. Ganz nach oben kommt man vom Stadtteil Borgo Maggiore mit der Kabinenseilbahn, die in unmittelbarer Nähe der Basilika San Marino ankommt. Die zweimal täglich stattfindende Wachablösung vor dem neogotischen Regierungspalast ist ein beliebtes Fotomotiv, kleine Cafés und Restaurants sorgen für das leibliche Wohl. Danach geht es in den schmalen Gassen auf Einkaufstour – immerhin werden in dem Zwergstaat keine Steuern erhoben.

PESARO

Der Weg nach Süden ist schön und kurvenreich: Von Cattolica aus schlängelt sich die Strada Panoramica Adriatica, kurz SP 44, durch den Naturpark Monte San Bortolo bis nach Pesaro. Der lang gestreckte Hafen liegt parallel zur Mündung der Foglia, nach Süden hin schließen sich die natürlichen Sandstrände an. Pesaro ist die Stadt der Musik und der Motorräder an der Adria. Am Geburtsort des Opernkomponisten Gioachino Rossini wurde dessen Geburtshaus als Museum ausgestaltet. Im Rossini-Theater verfolgen Zuschauer von fünf Etagen aus das Geschehen auf der Bühne, jedes Jahr finden dort Festivals klassischer Musik statt. Der aus dem 15. Jh. stammende Palazzo Ducale indes kann nur von außen in Augenschein genommen werden. Den einst in der Stadt gebauten Motorrädern von Benelli und Motobi, mit denen diverse Weltmeisterschaften gewonnen wurden, ist heute ein großes Privatmuseum gewidmet *(www.pesaromusei.it)*.

Nur wenige Kilometer in südlicher Richtung taucht man in der kleinen Hafenstadt Fano in mittelalterliches Ambiente ein: Durch das römische Stadttor Arco d'Augusto aus dem 1. Jh. erreicht man den Ortskern, der Hauch der Vergangenheit weht über die Piazza XX Settembre mit ihren historischen Häusern und dem ewig plätschernden Glücksbrunnen. Sehenswert sind auch die alte Festung und die Mauern der Chiesa San Francesco.

ANCONA

Steilküsten und Sandstrände bestimmen die Uferlinien, die Zitadelle thront auf dem Monte Astagno, und auf dem Monte Guasco sieht man vom Dom aus die in den Hafen einlaufenden Fähren aus Griechenland und Kroatien. Neben der Altstadt lohnt der Weg zum Kriegerdenkmal Monumento ai Caduti – weiße Treppen führen von dort aus hinunter zu den Fischergrotten. Die kleinen Buchten eignen sich als gute Ausgangspunkte für Tauchausflüge. Ein Tipp für Freunde alter Meister: Im Museum Galleria Comunale Francesco Podesti werden neben moderner Kunst auch Werke von Tizian ausgestellt.

GROTTAMMARE

Vor den 5 km langen Stränden sorgen künstliche Wellenbrecher für gute Bedingungen zum Baden und Planschen, die Strandpromenade ist von Grünanlagen und unzähligen Palmen gesäumt. Außer-

Die Piazza del Plebiscito mit dem Turm des Regierungspalastes in Ancona ist selten so leer anzutreffen.

CAMPINGPLÄTZE

13 International Camping Mare e Pineta ★★★★☆

Strand, Sport und Wellness sind das Motto des 30 km nördlich von Ravenna gelegenen Platzes. In einem überwiegend naturbelassenen Pinienwald finden sich 800 Standplätze (60–100 m²) auf sandigem Boden. Am nahen Strand gibt es nicht nur Liegen und Sonnenschirme, sondern auch SUP- und Segelkurse. Surfer kommen ebenso zu ihrem Vergnügen wie Kanuten. Daneben wird ein umfangreiches Aktivprogramm geboten, zur Entspannung können unter anderem Massagen gebucht werden. Jede Parzelle wird mit Wasser und Strom (CEE, 6–10 A) versorgt – WLAN ist in einigen Bereichen nutzbar.

▶ Viale Acacie, 67, 44029 Lido di Spina, Tel. +39 (0) 05 33 33 01 10, Mitte April–Mitte Sept., GPS: 44.65565, 12.245316

■ pincamp.de/ER7300

14 Camping Stella Maris (Torrette di Fano) ★★★★½

Zwischen Pesaro und Ancona verläuft die Küstenlinie fast schnurgerade, auf halber Strecke erstreckt sich der Urlaubsort Torrette di Fano. Am Strand von Camping Stella Maris werfen Sonnenschirme Schatten auf die bereitgestellten Liegen, ein Beachvolleyballfeld lädt zum Spielen ein. Tretboote und Kanus können gemietet werden, über eine Slipanlage gleiten Boote zu Wasser. Das Camp verfügt über 100 parzellierte Standplätze à 60 m², die mit Strom- (CEE, 6 A) und teils mit Frisch- und Abwasseranschlüssen versehen sind. WLAN ist verfügbar. Auf dem Platz sorgen Animationsprogramme für Unterhaltung, großer Beliebtheit erfreut sich auch das Schwimmbad mit Babybecken und Whirlpool.

▶ Via a Cappellini, 5, 61032 Torrette di Fano, Tel. +39 (0) 07 21 88 42 31, Ende April–Sept., GPS: 43.79868333, 13.09453333

■ pincamp.de/MA1450

15 Camping Riva Verde ★★★★½

Weit im Süden der Region Marken empfiehlt sich das Camping Riva Verde als Ziel für Feriengäste, die gern den Vorschlägen der Animateure folgen und eine Mischung aus Strandurlaub und Unterhaltung schätzen. Von den lang gezogenen Terrassen hat man einen schönen Blick aufs Meer, das Erlebnisbad mit mehreren Becken ist eine Attraktion für Erwachsene und Kinder. Eine Unterführung unter der parallel verlaufenden Autobahn und der Bahnstrecke erlaubt einen barrierefreien Zugang zum Sandstrand. Dort gibt es ebenfalls Sportfelder und einen Kinderspielplatz, vorgelagerte Buhnen sorgen für ruhiges Wasser. Der Platz bietet 300 Parzellen zwischen 65 und 90 m² Größe, Strom- (6–10 A) und Wasseranschlüsse. WLAN ist überall abrufbar.

▶ S.S. 16 Adriatica, 63824 Altidona (FM), Tel. +39 (0) 07 34 93 20 12, Ende Mai–Mitte Sept., GPS: 43.1174982, 13.831762

■ pincamp.de/MA4470

gewöhnlich ist die Bandbreite der in Grottammare beheimateten Museen: Dem im Ort geborenen Bildhauer Pericle Fazzini ist das Museum in der Festung Torrione della Battaglia gewidmet, im Sistino Museum wird der aus Grottammare stammende Papst Sixtus V. geehrt, und das Museo dell'Illustrazione Contemporanea zeichnet die Geschichte der Comics vom Anfang des 19. Jh. bis in die Gegenwart nach.

ABRUZZEN UND MOLISE

Mautgebühren direkt bezahlen

Teure freie Fahrt

Wird beim Passieren der Mautstationen auf italienischen Autobahnen nicht bezahlt, muss die fällige Maut alsbald nachgezahlt werden. Möglich ist dies an den Servicestellen des Betreibers auf größeren Rastplätzen oder binnen 15 Tagen per Überweisung. Ausstehende Beträge können zehn Jahre lang über Inkassobüros eingefordert werden – nebst saftigen Gebühren.

6

Ein Badeurlaub in den Abruzzen? Immerhin ist die Hochgebirgsregion doch eher für hervorragende Wintersportbedingungen in ihren 18 Skigebieten bekannt. Doch verfügt die Region Abruzzen auch über einen gut 150 km langen Küstenstreifen an der Adria. Im Süden schließt sich Molise an, die zweitkleinste Region Italiens, die mit nochmals 50 km Küste aufwarten kann. Wer ruhigere Strände und Ursprünglichkeit schätzt, der wird von diesem Landstrich angetan sein. Auch, weil die Gegend als Tor nach Süditalien angesehen werden darf: Abruzzen war über Jahrhunderte der nördlichste Posten der Königreiche von Sizilien bzw. Neapel. Erst vor 60 Jahren gewann Molise eine größere politische Eigenständigkeit.

Nahezu durchgängig führt die parallel zur Autobahn verlaufende Küstenstraße nahe der Wasserlinie entlang, das gut ausgebaute Straßennetz erlaubt kleinere und größere Abstecher ins reizvolle Inland. Das Bereisen von Abruzzen und Molise mit dem Wohnmobil ist problemlos. Vor allem rund um die Ferienorte stehen viele Campingplätze zur Verfügung – häufig auch mit Pool. Im italienischen Ferienmonat August, wenn alle ans Meer wollen, sollten Reservierungen getätigt werden, um mit Sicherheit eine freie Parzelle zu bekommen. Nicht ganz so üppig ist die Anzahl der Stellplätze. Ein frühes Erscheinen sichert dort die Nachtruhe.

◄ Das bis zu 2912 Meter aufragende Gebirgsmassiv des Gran Sasso ist nur gut 50 Kilometer vom Meer entfernt. Hier lassen sich Bade- und Trekkingurlaub wunderbar verbinden.

SEHENSWERTES

DIE »SIEBEN SCHWESTERN«

Sanft fallen die breiten Sandstrände zum Meer hin ab, die Promenaden sind von Palmen gesäumt, und das im Süden gelegene Meeresschutzgebiet Torre del Cerrano stellt ein reizvolles Tauchrevier dar. 70 Prozent der Urlauber, die an die abruzzesische Adriaküste kommen, wählen die Region der »Sieben Schwestern« im Norden der Provinz Teramo für ihren Aufenthalt. Wie an einer Perlenschnur aufgereiht liegen die Orte Martinsicuro, Alba Adriatica, Tortoreto, Giulianova, Roseto degli Abruzzi, Pineto und Silvi am Meer. Gemein ist ihnen die hohe Wasserqualität und eine gut ausgebaute Infrastruktur für einen gelungenen Ferienaufenthalt. Tortoreto lockt darüber hinaus mit einem großen Wasserpark, der mehr als 25 Attraktionen zu bieten hat. Der historische Ortskern von Giulianova mit seinem Dom aus dem 15. Jh. und der Wallfahrtskirche Madonna dello Splendore lädt zu längerem Verweilen ein. Für seine nahezu unberührten Strände ist Pineta bekannt. Die 50 km lange Wasserlinie im Bereich der »Sieben Schwestern« bietet gute Bedingungen für Segler – was auch für Wind- und Kitesurfer gilt.

ATRI

Fast unwirklich wirken die zerklüfteten Berghänge des nahen Inlands, kahler Fels wird von Weinbergen durchbrochen, auf denen die Reben für den schmackhaften Rotwein Montepulciano wachsen. Nur 20 Minuten werden benötigt, um vom Strandidyll Pineta zur schon in der Antike bekannten Stadt Atri zu gelangen. Enge, mit Kopfsteinen gepflasterte Gassen durchziehen den Ort, der als einer der schönsten der Abruzzen gilt, die Balkone sind mit Blumen geschmückt. Die im 14. Jh. fertiggestellte Kathedrale Santa Maria Assunta überragt mit ihrem 55 m hohen Glockenturm den Ort. Fresken schmücken den Innenraum, vom angrenzenden Museum aus gelangt man zum Kreuzgang und zu den unter dem Dom befindlichen römischen Zisternen. Wegen der diffusen Lichtverhältnisse empfiehlt sich die Mitnahme einer Taschenlampe. Der Palazzo Ducale kann als Sitz des Rathauses nur teilweise besichtigt werden. Als Wanderziel empfiehlt sich das Naturreservat der Calanchi, wo die Erosion bizarr wirkende Gesteinsformationen entstehen ließ. Die zum Teil steilen Wege sind mit festem Schuhwerk besser begehbar, bei Hitze sollten Getränke mitgenommen werden.

PESCARA

Die schlafende Schöne nennt man in Pescara die Bergkette des Gran Sasso – weist sie doch die Silhouette einer ruhenden Frau auf. Begründet wurde die Bezeichnung mutmaßlich von dem aus Pescara stammenden Dichter Gabriele D'Annunzio, dessen Geburtshaus zum Museum umgewandelt wurde. Seine dubiose politische Karriere als kurzzeitiger Regent über Fiume – heute Rijeka – sowie als Mentor Mussolinis überschatten bis heute das literarische Werk.

Historische Höhepunkte sollte man in Pescara nicht erwarten, doch sind die modernen Errungenschaften einen Blick wert: In einem großen Bogen überspannt die futuristisch gezeichnete Brücke Ponte del Mare kurz vor der Mündung den Fluss Fiume Pescara. Genutzt werden darf sie allein von Fußgängern und Radlern, bei Sonnenuntergang kann vom höchsten Punkt aus gut die Arbeit der Fischer im Hafen beobachtet werden. Ebenfalls am Meer befindet sich der Skulpturenbrunnen Nave di Cascella, der schon wegen seiner abstrakten Formgebung sehenswert ist. Im Sommer bieten die Fischer Bootsfahrten an, bei denen auch die traditionellen Trabucchi – zum Fischfang am Wasser erbaute Pfahlbauten – angesteuert werden. Aus der Menge der Museen und Kulturstätten sticht das Museum für moderne Kunst hervor, in dem Werke von Miró und Picasso ausgestellt werden.

TERMOLI

Lang ist die Küste von Molise zwar nicht, doch weist auch sie Strände auf, die einen Vergleich nicht scheuen müssen. Dort, wo die Festung von Termoli den Hafen überragt, ist der Sand weich und goldfarben

CAMPINGPLÄTZE

16 Stork Family Camping Village ★★★★☆

Vor der Haustür das blaue Meer und ein goldgelber Strand, im Hinterland ist das Gebirgsmassiv der Abruzzen zu erkennen. Der durch Buhnen abgegrenzte Strand ist 400 m lang, neben sandigen Abschnitten gibt es Bereiche aus Kieseln und Fels. Beschattete Liegen stehen zur Verfügung, Sportfelder können genutzt werden. Strandatmosphäre herrscht ebenfalls am großen Pool mit Kinderschwimmbecken. Die 400 Standflächen sind etwa 55 m² groß und mit Stromanschlüssen (CEE, 6 A) ausgestattet. Eine Ver- und Entsorgung ist vorhanden, Gasflaschen können getauscht werden. Ein Restaurant bietet Menüs und Pizza – auch zum Mitnehmen. Vorräte lassen sich im Supermarkt ergänzen.

▸ Via del Mare, 11, 64026 Cologna Spiaggia, Tel. +39 (0) 08 58 93 70 76, Mitte Mai–Mitte Sept., GPS: 42.73535, 13.98085

■ pincamp.de/AB3350

17 Camping Village Grotta del Saraceno ★★★★½

Oberhalb einer sanft geschwungenen Badebucht erstreckt sich auf einem Hügel das Feriendorf, eine der Grotten wird als Restaurant genutzt. Sand und Kies prägen den über eine Treppe erreichbaren Strand, daneben gibt es in der Nähe weitere kleinere Felsbuchten – ein idealer Ort zum Schnorcheln, Tauchen und Sportfischen. Tretboote und Kanus können ausgeliehen, eigene Boote mittels Slipanlage zu Wasser gelassen werden. Auf dem Platz gibt es Sportangebote und Animation sowie eine große Badelandschaft. Die Parzellen messen zwischen 65 und 80 m² und sind mit Stromanschlüssen (CEE, 6 A) ausgestattet. WLAN kann auf dem gesamten Gelände abgerufen werden. Wohnmobilen steht eine Ver- und Entsorgung zur Verfügung.

▸ Via Osca, 6, 66054 Vasto, Tel. +39 (0) 08 73 31 02 13, Juni–Anfang Sept., GPS: 42.15421, 14.7161

■ pincamp.de/AB5550

18 Centro Vacanze Molise ★★½☆☆

Begrenzt von zwei Marinas erstreckt sich ein mit Kieseln durchsetzter Sandstrand, während vorgelagerte Wellenbrecher für einen leichten Einstieg ins Wasser sorgen. Der unter deutsch-italienischer Leitung stehende Campingplatz schließt sich unmittelbar daran an. Die 150 Parzellen in Größen zwischen 40 und 80 m² werden in einigen Bereichen von Pappeln und Palmen beschattet. Die Stromversorgung (CEE) fällt mit 3 Ampere etwas mager aus, WLAN ist eher an der Rezeption zu empfangen. Für Wohnmobile gibt es eine Ver- und Entsorgungsanlage.

▸ SS16, km 525, 86036 Montenero di Bisaccia, Tel. +39 (0) 08 73 80 35 70, Ende Mai–Mitte Sept., GPS: 42.06491667, 14.78005

■ pincamp.de/AB6150

– neben der Blauen Flagge für sauberes Wasser weht hier zudem die Grüne Flagge für besondere Kinderfreundlichkeit. Vom Strand aus sieht man die von einer mächtigen Stadtmauer eingefassten Häuser der Altstadt, das oberhalb befindliche Kastell wurde im 13. Jh. vom Stauferkönig Friedrich II. errichtet. Aus der gleichen Zeit stammt auch die Kathedrale. Die mit diversen Freizeiteinrichtungen und Möglichkeiten zum Wassersport ausgestatteten Strände ziehen sich bis zum 10 km entfernten Nachbarort Campo-

Das Naturreservat Punta Aderci bei Vasto – nur an wenigen Küstenabschnitten der Adria wurde eine Bebauung verhindert.

marino. Beide Orte bieten Anlegestellen für Segler, der Meeresgrund vor dem Strand Rio Vivo genießt zudem bei Tauchern einen guten Ruf.

VASTO

Lange Strände, eine Marina und gute Bedingungen zum Surfen kennzeichnen die Uferlinie zwischen Vasto und der abruzzesischen Grenze zu Molise. Am Hafen ragt der weiße, mit 70 m zweithöchste Leuchtturm Italiens in den Himmel. An der Marina di Vasto führt die Seebrücke Il Pontile zu einer kleinen Aussichtsplattform über dem Meer. Ihre Beliebtheit bei Liebespaaren erkennt man auf den ersten Blick an den zahllosen Schlössern, die am Geländer angebracht wurden. Lange Stege führen auch zu den im Wasser errichteten Pfahlbauten, an denen Fischer über Generationen ihren Fang aus dem Meer hoben. Bedarf es aufregenderer Attraktionen, empfiehlt sich der in der Stadt gelegene Freizeitpark Aqualand mit seinen verschlungenen Wasserrutschen.

Auf dem Hang hinter der Küste erstreckt sich Vasto, das nicht nur auf den ersten Blick wie ein Ort aus einem Reiseprospekt wirkt. Beim Erreichen der Oberstadt entdeckt man die ineinander verschachtelten Häuser, architektonische Höhepunkte sind die Kathedrale vom Ende des 13. Jh. und das 200 Jahre später erbaute Kastell Caldora. Als Mahnmal gegen das Vergessen dienen die Ruinen der Kirche San Pietro: Zusammen mit Teilen der historischen Altstadt wurde sie 1956 bei verheerenden Erdrutschen zerstört. Obwohl die stark befahrene Bahnlinie gen Süden auch über Vasto verläuft, ist davon in der Stadt nichts zu hören: Die Eisenbahnstrecke wurde vom nördlich gelegenen Vignola bis Marina di Vasto in den Untergrund verlegt. Die frühere oberirdische Bahntrasse dient nun als Fahrradweg.

LATIUM

Teures Bad im Brunnen

Ernüchternde Erfrischung

Die Schauspielerin Anita Ekberg wurde durch ihr Bad im Römer Trevi-Brunnen zur Ikone, nachahmen sollte man die Szene aus dem Film »La Dolce Vita« nicht: Wer hineinspringt, riskiert eine Strafe von 500 €, selbst das Sitzen auf dem Rand ist untersagt. Man darf aber Münzen in den Brunnen werfen. Das Badeverbot in öffentlichen Brunnen gilt auch in anderen Städten.

7

Die Mitte des Stiefels stellt seit jeher das Zentrum der Macht dar: Ob Kaiser, Päpste oder Präsidenten – die Region Latium mit der Hauptstadt Rom galt lange Zeit als Mittelpunkt der Welt. Das römische Imperium hat ebenso wie der über 1100 Jahre währende Kirchenstaat seine Spuren hinterlassen. Selbst in abgelegenen Gebieten finden sich Aquädukte und Ausgrabungsstätten, an den Küsten gibt es mehr Wehrtürme als Leuchtfeuer. Auch kleinere Ortschaften entlang der Küste bestechen oftmals durch ihre schönen Altstädte, in den Gassen und auf Plätzen wetteifern während der Saison die Restaurants miteinander. Während Rom die von internationalen Gästen meistbesuchte Stadt Italiens ist, dienen die Orte und Strände an Latiums Küste in erster Linie einheimischen Urlaubern als Ferienziele.

Mit seiner gewaltigen Natur, der lockeren Lebensart und den lieblichen Weinanbaugebieten im Hinterland bietet sich der Landstrich jedoch auch für eine Reise mit dem Wohnmobil an. Entlang der Küste und vor allem rund um die Ferienorte ist man auf mobile Reisende gut eingestellt, Campingplätze aller Kategorien befinden sich häufig in direkter Nachbarschaft zu den Stränden. Stellplätze sind in ausreichender Anzahl vorhanden, doch muss dort zuweilen auf einen Meerblick verzichtet werden.

◂ Wer sich in einem der Terrassencafés von Roms belebter Piazza Navona niederlässt, kann ganz in Ruhe die imposante barocke Architektur der Kirchen und Paläste genießen.

SEHENSWERTES

CIVITAVECCHIA

Die von Korsika, Sardinien und Sizilien kommenden Fähren landen am Pier an, für Kreuzfahrtschiffe ist Civitavecchia der Anleger für den Landausflug nach Rom. Wer sich gern das Kommen und Gehen großer Pötte anschaut, ist am wichtigsten Hafen Latiums genau richtig. Freizeitkapitäne wenden sich eher der Marina Riva di Traiano zu, die im Süden der Stadt mehr als 1100 Liegeplätze bietet. Die von Michelangelo vollendete Festung am Haupthafen wirkt zwar von außen imposant, kann aber nicht besichtigt werden – 500 Jahre nach ihrer Fertigstellung wird die Burg als Hafenbehörde genutzt. In Sichtweite befindet sich entlang der Promenade der aus Sand und Steinen bestehende Stadtstrand. Vom Hafen aus sind es nur wenige Schritte bis zur Altstadt, die mit einigen historischen Kirchen und Gebäuden zu ausgedehnten Spaziergängen einlädt. Tief in die etruskische Geschichte eintauchen lässt sich im 25 km nördlich gelegenen Tarquina: Die Altstadt ist sehenswert, die über 3000 Jahre alte, mit Malereien versehene Nekropole gehört zum Weltkulturerbe der UNESCO.

ROM

Nur wenige Städte bringen es auf so viele Zeugnisse der Geschichte wie Italiens Hauptstadt Rom. Die Spuren des römischen Weltreichs ziehen Reisende ebenso an wie die zahlreichen Museen, die sich an Kunstschätzen geradezu überbieten. Nicht zu vergessen: der Vatikan als eigenständiges Machtrefugium der katholischen Kirche – die Sixtinische Kapelle und die Vatikanischen Museen lassen nicht nur Gläubige staunen. Soll der Besuch der Ewigen Stadt nicht durch langes Anstehen und hohe Preise für Einzeltickets getrübt werden, empfiehlt sich die Vorabreservierung des »Rom City Pass«, in dem der Eintritt der bekanntesten Sehenswürdigkeiten bereits enthalten ist *(www.turbopass.de/rom-city-pass)*. Kostenfrei ist übrigens der Eintritt in den Petersdom – eine spontane Privataudienz beim Papst ist jedoch eher unwahrscheinlich. Da fast die gesamte Innenstadt zur verkehrsberuhigten Zone erklärt wurde, empfiehlt es sich, das Mobil auf einem der sechs Camping- oder zehn Stellplätze zu belassen und Rom mit öffentlichen Verkehrsmitteln zu erkunden.

Mag man nach einem heißen Tag in der Stadt nicht auf das Meer verzichten, führt der Weg unweigerlich nach Ostia: Nach Süden hin erstrecken sich lange Sandstrände, nahe der Mündung des Tiber gibt es eine Marina. Landeinwärts bekommt man in der archäologischen Stätte des antiken Hafens einen Eindruck vom Leben zur Römerzeit.

NETTUNO

Beinahe scheint es, als würden sich die Häuser in Nettunos mittelalterlicher Altstadt gegenseitig stützen – so eng und verschachtelt stehen sie beieinander. Der kunstvoll gestaltete Neptunbrunnen auf der Piazza del Mercato spendet seit Jahrhunderten Trinkwasser, das hinter dem Stadtstrand gelegene Forte Sangallo beherbergt zwei Museen und wird für Veranstaltungen genutzt. Geht man um die Marina herum, ist die Pilgerkirche Santuario Santa Maria Goretti schnell erreicht. Gepflegte Sandstrände mit Möglichkeiten zum Surfen sind an der nördlichen Küstenlinie zu finden. Angler und Taucher zieht es eher an die felsigen Ufer gen Süden. Nur gut 10 km entfernt befindet sich an einer Landspitze die Burg Torre Astura – vom Parkplatz aus führt der Weg dorthin durch schattige Kiefernwälder. Die umliegenden Strände sind wegen der abgelegenen Lage nicht allzu belebt, Schnorchler finden dort ein schönes Revier zur Erkundung des Meeresbodens.

SAN FELICE CIRCEO

Kaum zu glauben, dass der 541 m hohe Monte Circeo einst von Wasser umgeben war. Der Legende nach betörte hier die Zauberin Circe den griechischen Helden Odysseus, und auch heute erliegt man schnell den Reizen des bewaldeten Berges, der zum Nationalpark erklärt wurde. Zwischen Korkeichen und Olivenbäumen führt ein Rundweg zur Kuppe – da der Wald weitgehend sich selbst überlassen ist, eignen sich die Wege nur bedingt für Mountainbiker. Die oben gelegene Akropolis entschädigt mit einem grandiosen Panorama für die Mühe, historische Wachtürme markieren die Küste. Rund um die Landzunge um San Felice Circeo befinden sich flache Buchten und schöne Strände, an denen Surfausrüstungen und SUP-Boards verliehen werden. Die Grotten der Felsküste lassen sich am besten mit einem Boot erreichen. Im Ort, der über eine hübsche Innenstadt verfügt, lohnt der Weg zur Kirche Chiesa dell'Immacolata, die als Rundbau an ältere orthodoxe Kirchen erinnert.

SPERLONGA

Weithin sichtbar ist die schneeweiße Torre Truglia, die seit 500 Jahren am Fuß der kleinen Stadt Sperlonga steht. Die östlich gelegene Felsenküste ist ein beliebtes Ziel für Kletterer, während Bootstouren durch den Regionalpark Riviera di Ulisse bis zur für ihre Marmorskulpturen berühmte Tiberiusgrotte führen. Fußarbeit ist beim Besuch des am Berg gelegenen Ortes Sperlonga angesagt: Die historische Altstadt ist autofrei, über Treppen geht es zu den kleinen Gassen auf den höheren oder tieferen Ebenen. Wem das Wasser des Tyrrhenischen Meeres zu warm ist, der hat die Möglichkeit, am Strand in Sorgente di Sperlonga im kühlen Nass einer natürlichen Quelle zu baden.

GAETA

Äußerlich ausgesprochen reizvoll wirkt das mittelalterliche Kastell, das sich über der Altstadt von Gaeta erhebt. Verweilen aber mag man dort nicht, wird die aus dem 8. Jh. stammende Burg doch als Gefängnis genutzt. So wirft der Besucher lieber einen Blick auf die nahe Kathedrale oder geht hinunter zur Uferpromenade, wo die Barockkirche Santissima Annunziata mit der goldenen Kapelle und der goldenen Grotte lockt. Gaeta erfreut sich vor allem bei

Liegestühle und Sonnenschirme am Campingplatz Holiday Village, der über einen direkten Strandzugang verfügt.

CAMPINGPLÄTZE

19 Holiday Village ★★★★☆

Urlaub am Golf von Gaeta, wo der Sandstrand 30 m breit ist und in einem Pinienhain gecampt wird. Das Holiday Village verfügt über direkten Strandzugang und Liegeflächen auf einer gepflegten Wiese, an der Wasserlinie gibt es Spielfelder für Beachvolleyball, Beachtennis und Beachsoccer. Auf dem Platz stehen weitere Sportanlagen sowie ein Pool bereit. Für Wohnmobile und Caravans sind 40 parzellierte Standflächen von 50 bis 70 m² reserviert. Alle Parzellen verfügen über Wasser- und Abwasseranschlüsse sowie Digital- und Satelliten-TV-Anschluss. Die CEE-Steckdosen sind mit 3 Ampere abgesichert.

▸ Via Flacca, km 6,800, 04020 Salto di Fondi, Tel. +39 (0) 0771555009, ganzjährig, GPS: 41.28843333, 13.3554

■ pincamp.de/LA5550

20 California International Camping Village ★★★☆☆

Wer Ruhe sucht, dürfte hier fündig werden: Die Ferienanlage liegt fernab von Schnellstraßen und Bahnstrecken in einer ländlichen Umgebung. Der 300 m lange Sandstrand lädt zu Spaziergängen ein. Tretboote und Kanus können ausgeliehen werden, und der Meeresgrund bietet sich zum Schnorcheln an. Auf dem weitläufigen Areal gibt es einen Wasserpark, Kinderanimation sowie ein Restaurant und einen Supermarkt. Die 300 Standflächen sind nicht parzelliert, viele Bäume sorgen für Schatten. Die Anlage verfügt über eine Ver- und Entsorgungsstation, die Stromkästen sind mit CEE-Steckdosen (6 A) bestückt. Auf einem Teil des Geländes ist WLAN verfügbar.

▸ Loc. Le Casellette, 01014 Marina di Montalto di Castro, Tel. +39 (0) 0766802848, Ende April–Mitte Sept., GPS: 42.30468333, 11.62371667

■ pincamp.de/LA1700

21 Camping Village Parco della Gallinara

50 km von der Metropole Rom entfernt ist der Campingpark della Gallinara am Tyrrhenischen Meer ein Platz der Superlative: 1200 Standflächen verteilen sich im dichten Pinien- und Eichenwald auf 140 ha Fläche. Am über 3 km langen und 70 m breiten Strand aus feinem Sand gibt es Gelegenheit zum Segeln, Windsurfen oder Kiten – Schwimmen und Sonnenbaden sowieso. Schlauchboote und Jet-Ski stehen zum Verleih bereit. Auf dem Platz gibt es drei Restaurants, einen Supermarkt und nicht weniger als 15 Sanitärhäuser. Sportplätze, Pool und eine Mountainbikestrecke sind nur die Spitze der Attraktionen. Die mit Stromanschlüssen (CEE, 6–10 A) ausgestatteten Parzellen messen je nach Kategorie bis zu 100 m², in einigen Arealen gibt es WLAN-Empfang.

▸ Via Ardeatina km 29, 00042 Anzio, Tel. +39 (0) 0698901004, Ende Mai–Sept., GPS: 41.531294, 12.561594

■ pincamp.de/LA_84526

einheimischen Urlaubern großer Beliebtheit, ausgedehnte Grünflächen mit Palmen und Pinien lassen tief durchatmen. Der Hafen ist Hauptstützpunkt der NATO-Flotte, entsprechend belebt geht es rund um die im Westen liegenden Strände zu. Entlang der Via Flacca befindet sich die von Dutzenden Diskotheken geprägte Partymeile – gute Chancen, hier die Nächte kurz werden zu lassen.

KAMPANIEN

Tanz auf dem Vulkan

Der Vesuv und Pompeji

Rund um den noch immer aktiven Vulkan Vesuv befindet sich ein Nationalpark – während einer Führung darf ein Blick über den Kraterrand geworfen werden. Besichtigt werden kann auch der Archäologiepark der beim Ausbruch im Jahr 79 n. Chr. unter Asche begrabenen Stadt Pompeji. Neben dem Park gibt es zwei Campingplätze.

▸ www.vesuviopark.it, www.pompeji.it

8

Der Reiz des Südens liegt in der Luft: Orangen- und Zitronenplantagen säumen den Weg, die urwüchsige Landschaft hat ihr eigenes Aroma, und aus den Steinöfen quillt der Duft frisch gebackener Pizza. Italiens Exportschlager wurde 1889 in Kampanien erfunden – als Hommage für Königin Margherita in den Nationalfarben mit Tomaten, Mozzarella und Basilikum belegt. Legendär ist auch die Schönheit der Küsten, die oftmals schroff abfallenden Klippen, zwischen denen schöne Badebuchten anzutreffen sind. Teile der Amalfiküste sind zwar ganzjährig tagsüber für Reisemobile gesperrt, doch präsentieren sich andere Küstenabschnitte nicht minder attraktiv. Wer jedoch genießen möchte, wie bei Capri die rote Sonne im Meer versinkt, sollte dies vom Festland aus tun. Auf Capri gibt es keine Möglichkeiten zum Campen – auch auf der größeren Nachbarinsel Ischia steht nur ein Campingplatz zur Verfügung. Ansonsten erfreut entlang der Wasserlinie das üppige Angebot an Übernachtungsgelegenheiten für Reisemobilisten.

Ganz gleich, ob man von Norden oder Süden kommt, der immer noch aktive Vulkan ist entlang des Golfs von Neapel ein zuverlässiger Wegweiser. Die versunkene Stadt Pompeji ist bei Weitem nicht der einzige archäologisch erforschte Ort, und um alle sehenswerten Kirchenbauten zu besichtigen, müssten wohl mehrere Reisen nach Kampanien unternommen werden.

◂ Neapel: südliche Lebensfreude im Schatten des Vesuvs. Bereits Goethe war dem besonderen Charme dieser quirligen und temperamentvollen Stadt verfallen.

SEHENSWERTES

MONDRAGONE

Lange Strände erstrecken sich hinter der Küstenstraße, die den Badebereich von der Stadt trennt. Dazu gesellen sich Dünenlandschaften und hinter dem Ort der unübersehbar emporragende Monte Petrino, auf dem über 400 m hoch die Festung Rocca Montis Dragonis thront. Die unrestaurierte Burg fügt sich gut in die raue Landschaft ein. Wer den Aufstieg über Naturpfade bewältigt hat, wird mit einer Aussicht belohnt, die bis zur Insel Ischia und den Golf von Gaeta reicht. Die in der Umgebung ans Tageslicht beförderten Zeugen früher Besiedlung werden im örtlichen archäologischen Museum ausgestellt – darunter eine Kopie der berühmten Venus von Sinuessa aus schwarzem Marmor. An der Küste reihen sich über Kilometer die Strandbäder aneinander, nur 60 km von Neapel entfernt stellt die Region auch ein beliebtes Ziel für einheimische Kurzurlauber dar. Wasserspaß mit vielen Attraktion bietet der Freizeitpark im Süden der Stadt.

NEAPEL

Die größte Stadt Süditaliens steht anderen historischen Orten des Landes in keinster Weise nach – immerhin ist sie eine der ältesten Städte Europas. Die Altstadt steht als Weltkulturerbe unter dem Schutz der UNESCO, allein für den Besuch der Kirchen und Museen sollten Tage veranschlagt werden. Neapel ist die Stadt des Gesangs und des Essens – dort wurde sowohl die Pizza als auch die Nudelmaschine erfunden. Vom auf dem Stadthügel gelegenen Castel Sant'Elmo sieht man den Golf von Neapel ebenso wie die Hafenburg Castel dell'Ovo. In die Unterwelt lässt sich in der Galleria Borbonica eintauchen – im 19. Jh. vom König Ferdinand II. in 23 m Tiefe als Fluchtweg gebaut, sind die Katakomben heute ein verlorener Ort, der sowohl einen Autofriedhof als einen verlassenen Luftschutzbunker in sich birgt.

SORRENT

Der antiken Mythologie zufolge war kein Gesang schöner als jener der Sirenen – wer ihn vernahm, war jedoch verloren. Obwohl der Name der Stadt Sorrent auf diese Meerjungfrauen zurückgehen soll, geht man dort kein Risiko akustischer Reizüberflutung ein. Die Augen aber können einem beim Anblick der auf hohen, steil abfallenden Tufffelsen erbauten Stadt schon übergehen. Im Zentrum finden sich Relikte aus griechischer und römischer Zeit. Wie einst Johanna I. von Anjou, die hier im 14. Jh. gerne nackt in Gesellschaft ihrer Liebhaber verweilt haben soll, kann man im Bad der Königin, einer durch hohe Klippen begrenzten Bucht, schwimmen gehen. Am alten Hafen Marina Grande flicken Fischer noch heute ihre Netze, und Werften legen die klassischen Gozzo-Boote auf, die über drei Kiele verfügen. Als einzigartiges Museum empfiehlt sich das Museo Sorrento Experience, wo sprechende Statuen und Gemälde Geschichten erzählen und man virtuell den Ausbruch des Vesuv erleben kann. Das Land der Zitrushaine ist auch die Heimat des Likörs Limoncello di Sorrento, der aus den dort angebauten Zitronen hergestellt wird. An den Stränden sind Badehose oder Bikini üblich, doch darf man so nicht in die Stadt – wer in Badebekleidung durch Sorrent läuft, riskiert Strafen bis zu 500 €.

SALERNO

Die Amalfiküste im Norden des Golfs von Salerno ist so populär, dass im Süden der Landzunge Streckensperrungen ausgesprochen werden mussten. An der Nordküste aber ist der Weg bis Salerno möglich. Über der Bucht ziehen sich die Häuser den Hang hinauf, prächtiger als das verfallene Kastell sind die prunkvollen Kirchen. Allen voran der von Normannen im 11. Jh. errichtete Dom, der aber auch ein Beispiel für Pfusch am Bau darstellt: In nur vier Jahren erbaut, kämpft man bis heute mit den Rissen in der Fassade. Das schöne historische Viertel wird von verwinkelten Gassen durchzogen. Vom Hafen aus lassen sich Bootsfahrten nach Capri und entlang der Küste unternehmen. Wer auf dem Weg nach Sizilien gut 650 km Strecke sparen möchte, nimmt von Salerno aus die Fähre nach Palermo.

CAMPINGPLÄTZE

22 Camping Arco Naturale ★★★★☆

An der unteren Amalfiküste wechseln sich felsige Abschnitte mit Sandbuchten ab – die Region bietet sich gleichermaßen für einen Badeurlaub als auch für Entdeckungen unter Wasser an. In unmittelbarer Nähe des Felsentors Arco Naturale erstreckt sich der gleichnamige Campingplatz, der 200 Parzellen unter hohen, alten Olivenbäumen bietet. Am 200 m entfernten Strand gibt es teilweise groben Kies, an anderen Stellen besteht der Untergrund aus Sand. Anfänger können Tauchkurse buchen, die angebotenen Exkursionen umfassen Bootsausflüge bis nach Capri. Zwei Tennisplätze, zwei Schwimmbäder und eine Bogenschießanlage gehören zum umfangreichen Sportangebot. Die 30 bis 70 m² großen Standplätze sind mit Strom (CEE, 3 A) ausgestattet, WLAN ist nur im Bereich des Restaurants verfügbar. Die weitgehend ebene Anlage ist barrierefrei.

▸ Via Molpa, 1, 84064 Palinuro, Tel. +39 (0) 09 74 93 11 57, Mitte Juni–Mitte Sept.,
GPS: 40.03576667, 15.3065

■ pincamp.de/CM3750

23 Camping Paestum ★★★½☆

Gold-gelb schimmert der grobkörnige Sand in der Sonne, und die flache Uferlinie macht den Strand zu einem idealen Ort für den Nachwuchs. Camping Paestum liegt nur 400 m vom Waser entfernt, ein Shuttlebus verkehrt ständig zwischen der Rezeption und dem Privatstrand, wo ein separater Hundebereich ausgewiesen ist. Wer lieber seine Bahnen schwimmen möchte, kann dies im platzeigenen Pool tun. Für Kinder steht ein eigenes Schwimmbecken mit Rutschen und Planschbecken bereit. Der Campingplatz bietet 200 parzellierte Standflächen in Größen von 65 bis 80 m², zahlreiche Pinien und Pappeln sorgen für ausreichend Schatten. Das WLAN-Netz wird gerade ausgebaut, die zur Verfügung stehende Stromstärke beträgt zwischen 3 und 6 Ampere (CEE). Der Platz liegt nur etwa 10 km von den archäologischen Ausgrabungsstätten von Paestum entfernt.

▸ Loc. Foce-Sele, Via Litoranea, 84025 Eboli, Tel. +39 (0) 08 28 69 10 03, Mitte Mai–Anfang Sept.,
GPS: 40.49248333, 14.94196667

■ pincamp.de/CM3280

24 Camping Villaggio Nettuno ★★★☆☆

Schroffe Felsformationen prägen die westliche Amalfiküste, entlang der Wasserlinie empfehlen sich kleine Badebuchten mit Kieselstränden. Die faszinierende Unterwasserwelt der Bucht von Nerano im Unterwasserschutzgebiet Punta Campanella hat sich bei Schnorchlern und Tauchern einen Namen gemacht. Am Campingplatz bietet eine Tauchschule Kurse mit Zertifikat an. Camping Nettuno ist der einzige Campingplatz mit Meerzugang an diesem Küstenabschnitt, und die Insel Capri ist hier zum Greifen nah. Die Anfahrt über enge Serpentinen stellt für Gespanne und größere Mobile allerdings eine Herausforderung dar. Auf dem teilweise terrassierten Gelände werden 60 Standplätze mit Strom (CEE, 4 A) versorgt, WLAN-Abdeckung gibt es auf einem Teil der Anlage.

▸ Via A. Vespucci, 39, 80061 Marina del Cantone, Tel. +39 (0) 08 18 08 10 51, Ende März–Okt.,
GPS: 40.5832, 14.35415

■ pincamp.de/CM2800

Für die Gäste des Campingplatzes Paestum ist ein privater Strandabschnitt reserviert, den ein Shuttlebus anfährt.

AGROPOLI

Wer nicht nur auf Strandurlaub aus ist, sondern sich auch für Kultur und Geschichte interessiert, dürfte im Süden Kampaniens an der richtigen Stelle sein. Die Cilentoküste wurde von der UNESCO in die Liste des Weltkulturerbes aufgenommen, wobei das zentral gelegene Agropoli einen guten Ausgangspunkt für Ferienaktivitäten darstellt. Die geschützte Bucht ist von hohen Klippen umgeben, in die das Meer im Lauf der Zeit tiefe Grotten hineingefräst hat – ein beliebtes Revier für Taucher und Schnorchler, aber auch während eines Bootsausflugs eine Augenweide. In der Altstadt führen schmale Gassen hinauf zur Sarazenerburg, die schon Napoleon als Stützpunkt diente. Beliebte Fotomotive sind das aus dem 16. Jh. stammende Stadttor und die in die Altstadt führende Treppe »Scaloni«. An der Uferpromenade befindet sich eine Marina, neben Sandstränden gibt es in der Umgebung einsame Buchten mit Steinstränden. Nur 10 km nördlich erstreckt sich die archäologische Anlage von Paestum, wo neben den Hera, Athene und Poseidon gewidmeten Tempeln auch ein römisches Amphitheater und eine 5 km lange Stadtmauer zur Erkundung einladen.

PALINURO

Weit im Süden Kampaniens hat die felsige Küstenlinie des Kaps Palinuro mehr zu bieten als türkisfarbenes Wasser, endlose Strände und lauschige Buchten. Berühmt ist die Landzunge für ihre außergewöhnlichen Grotten, die im Rahmen von Bootsausflügen besucht werden können: Die Grotta Azzurra wird durch einfallende Sonnenstrahlen in blaues Licht getaucht, die Blutgrotte hat ihren Namen dem blutroten Gestein zu verdanken, das Eisenoxid enthält. Das Innere der Silbergrotte ist in metallenen Glanz getaucht. Nur von außen zu betrachten ist dagegen die Schwefelgrotte, in die wegen ihrer intensiven Dämpfe nicht eingefahren werden kann.

Längst hat sich das alte Fischerdorf Palinuro zum Badeort gewandelt, der sich auch einen Namen als Tauchbasis gemacht hat. Die Erforschung der Grotten ist wegen des komplexen Höhlensystems nicht ungefährlich – mehr als einmal haben Taucher nicht mehr aus diesem Labyrinth herausgefunden. Auf der sicheren Seite ist man bei der Erkundung der verfallenen Burg Castello della Molpa auf der anderen Seite der Landzunge. Der nahe, unter Naturschutz stehende Strand Baia degli Infreschi an der Mündung des Fiume Mingardo ist für Kinder gut geeignet, sehenswert ist der dortige Felsenbogen Arco Naturale.

Eine Insel im Zeichen der Zitrone: Auf Capri begegnet man der gelben Zitrusfrucht allerorten.

KALABRIEN

Eiskalte Leckereien

Tartufo

Die Eismacher Süditaliens sind ebenso stolz auf ihre lange Tradition wie auf ihre leckeren Kreationen. Das am Golf von Sant'Eufemia gelegene Pizzo gilt als Geburtsstätte des Tartufo-Eises. Für die Zubereitung werden jedoch keine Trüffel verwendet, sondern Schokoladen- und Nusseis mit einem Kern aus Schokoladensoße. In Kakao gewendet zergeht die kalte Melange auf der Zunge.

9

An der Spitze des italienischen Stiefels gelegen ist Kalabrien die südlichste Festlandregion der Apenninhalbinsel. Das Land zwischen dem Tyrrhenischen Meer und dem Ionischen Meer im Osten bringt es auf eine abwechslungsreiche Küstenlinie von knapp 800 km – lange Sandstrände und von hohen Felsen umrahmte Badebuchten lassen keine Wünsche offen. Für die Badeferien zieht es Urlaubsgäste vorrangig in den Westen, faszinierende Tauchgänge sind nicht nur rund um das Capo Vaticano möglich. Die etwas rauere Ostküste ist beliebt bei Surfern. Abseits der Strände warten viele Küstenorte Kalabriens mit reizvollen Altstädten auf, Kastelle erinnern an unruhige Zeiten, in denen man sich gegen Eroberer zur Wehr setzen musste. Unzählige kleine Museen erinnern an die reichhaltige Geschichte des Landstrichs, fast noch größer ist die Anzahl sehenswerter Kirchen und Paläste. Nicht zu vergessen die vom nahen Nordafrika beeinflusste Gastronomie, die für ihre pikanten Gerichte gerühmt wird.

Mit einer guten Infrastruktur an Campingplätzen verschiedener Kategorien darf im Norden der Region sowie rund um die bekannten Feriengebiete gerechnet werden. Stellplätze füllen die Lücken entlang der Westküste, sind aber zum großen Teil sehr einfach ausgestattet – Möglichkeiten zur Ver- und Entsorgung sind keine Selbstverständlichkeit.

◂ Auf einem Sandsteinfelsen am Strand von Tropea thront die mittelalterliche Wallfahrtskirche Santuario di Santa Maria dell'Isola, die man über steile Stufen erklimmt.

SEHENSWERTES

DIAMANTE

An den Sandstränden wachsen Palmen, glasklares Wasser umspült die Meeresbuchten, die sich auch gut zum Schnorcheln eignen. Doch eine Besonderheit an Diamante sind die vor rund 40 Jahren von 80 Künstlern geschaffenen »Murales« – grandiose Wandmalereien, die überlebensgroß an vielen Fassaden zu sehen sind und ebenso Anlass zum Schmunzeln wie zum Nachdenken geben. In der Region Diamante werden nicht nur die begehrten Zitronatzitronen angebaut, sondern auch Peperoni, die sich sowohl in der Wurst als auch in schmackhaften Pastasoßen wiederfinden. Wer es gern schärfer mag, sollte den Besuch im nur 8 km entfernten Maierà nicht verpassen – im dortigen Peperoncino-Museum kann man auch Geschmacksproben nehmen.

TROPEA

Mehr als nur Strand erwartet den Besucher in Tropea, das zu Recht als Perle des Tyrrhenischen Meeres bezeichnet wird. Vom Strand Spiaggia della Rotonda schnell erreichbar sind die Häuser der Altstadt, die sich an den 40 m hohen Felshang schmiegen. Wahrzeichen der Stadt ist die im Westen des Ortes gelegene Wallfahrtskirche Santuario di Santa Maria dell'Isola, die schon wahre Heilungswunder bewirkt haben soll. Das über Treppen erreichbare Felsplateau ist ein beliebter Aussichtspunkt. Liebhaber von Sakralbauten schauen noch beim im 12. Jh. errichteten Dom vorbei, der mittels eines staufischen Bogengangs mit dem benachbarten Bischofspalast verbunden ist. Dieser beherbergt heute das Diözesanmuseum. Doch zurück ans Wasser, wo flach abfallende Strände warten und Schnorchler sich an der Vielzahl bunter Fische erfreuen können. Möglichkeiten für verschiedene Wassersportaktivitäten sind ebenso im Angebot wie Bootsausflüge zu den nahe gelegenen Äolischen Inseln.

CAPO VATICANO

Der in der Antike in einer hoch gelegenen Felsgrotte lebende Seher Mantineo sagte das Wetter so exakt voraus, dass einst das ganze Kap nach ihm benannt wurde. Aus dem Capo dei Vaticinii – das Kap der Prophezeiungen – wurde im Lauf der Zeit das Capo Vaticano, das heute die beliebteste Ferienregion Kalabriens darstellt. Auf dem Weg von Sant'Eufemia nach Gioia Tauro ergibt sich ein grandioses Panorama über die Straße von Messina, bei gutem Wetter reicht der Blick bis zu den Äolischen Inseln. Auf beiden Seiten des Kaps erstrecken sich unterhalb der steilen Felsküste lange Sandstrände, aber der Besucher stößt auch auf malerische Sandbuchten. Felsige Riffe in glasklarem Wasser machen die »Küste der Götter« für Taucher und Schnorchler besonders interessant. Will man den Tag am Strand verbringen, sollte man an die Verpflegung denken – abseits der Ferienorte an der Küstenlinie findet sich nicht hinter jedem Felsvorsprung ein Lokal.

SCILLA

Vom langen Kiesstrand aus sieht man die Schiffe auf dem Weg nach Palermo vorüberziehen, nur wenige hundert Meter weiter schlagen die Wellen an die Fundamente der Häuser, die direkt an der Wasserlinie stehen. Scilla liegt ganz im Süden Kalabriens, nur 20 km trennen den sympathischen Badeort von der Provinzhauptstadt Reggio di Calabria. Keine Distanz, wenn man die dortigen Sehenswürdigkeiten bewundern möchte, doch zum Aufenthalt am Meer bietet der kleine Küstenort einfach mehr Atmosphäre. Der Strand wird von dem steil aufragenden Felsen begrenzt, auf dem sich die mächtige Festung Castello Ruffo über die bunten Häuser der Altstadt erhebt. Die gut erhaltene Burg kann besichtigt werden und überrascht mit einer Ausstellung zu Fischfang und Booten in der Region. Am Stadtstrand Spiaggia di Scilla können nicht nur Sonnenschirme, sondern auch Kanus und Tretboote ausgeliehen werden.

LE CASTELLA

Auf der östliche Flanke der Landspitze liegt die Marina, im Westen schließen sich die Sandstrände an, die diesen Küstenabschnitt am Ionischen Meer so be-

CAMPINGPLÄTZE

25 Villaggio Camping da Mario ★★★★☆

Die Höhenzüge des nahen Nationalparks von Sila bieten sich für Trekking-Touren an, die Küste im Südwesten des italienischen Stiefels eignet sich für einen entspannten Badeurlaub mit der ganzen Familie. Die ganzjährig geöffnete Ferienanlage setzt auf gehobene Küche im eigenen Restaurant sowie auf diverse Sportangebote. Am aus Sand und Kiesel bestehenden Strand befindet sich neben einem Beachvolleyballfeld auch ein kleiner Kinderspielplatz. Der 48 Standplätze umfassende Campingplatz wird durch Eukalyptusbaumreihen unterteilt, jede Parzelle ist mit Strom- (CEE, 16 A) sowie Frisch- und Abwasseranschlüssen ausgestattet. Auf dem gesamten Gelände haben Gäste Zugang zum WLAN-Netz.

▶ Loc. Castello dell'Arso, 87060 Mandatoriccio Mare, Tel. +39 (0) 098 39 00 50, ganzjährig, GPS: 39.52316667, 16.89858333

■ pincamp.de/CL1900

26 Pineta di Sibari ★★★☆☆

Das kristallklare Wasser des Golfs von Tarent trägt viel dazu bei, dass sich der Küstenstreifen bei Sibari bei Einheimischen und Urlaubern großer Beliebtheit erfreut. Der Campingplatz Pineta di Sibari verfügt über einen 400 m langen und bis zu 100 m breiten Sandstrand – nur an der Wasserlinie gilt es, einen schmalen Kiesstreifen zu überwinden. Der unter deutscher Leitung stehende Platz bietet auf einem naturbelassenen Pinienwaldgelände 350 parzellierte Standflächen in Größen von 80 bis 100 m². Restaurant, Bar und Pizzeria servieren verschiedene Gerichte, Selbstversorgern steht ein Einkaufszentrum zur Verfügung. Alle Plätze haben Stromanschlüsse (CEE, 4–6 A), viele sind mit Frisch- und Abwasservorrichtungen ausgestattet, und im Bereich des Restaurants ist WLAN verfügbar.

▶ 87070 Sibari, Tel. +39 (0) 098 17 41 35, Ende April–Anfang Okt., GPS: 39.77976667, 16.47941667

■ pincamp.de/CL1500

27 Villaggio Campeggio Punta Alice ★★★½☆

Am Ionischen Meer gelegen kommen Sonnenanbeter am 400 m langen Sand- und Kieselstrand ebenso auf ihre Kosten wie Freunde der Unterwasserwelt – Tauch- und Surfkurse können vor Ort gebucht werden. Wer sein Glück eher auf dem Rücken eines Pferds findet, kann in rund 1 km Entfernung Reitstunden nehmen oder an geführten Ausritten teilnehmen. Shows und Animationsprogramme finden in einem Amphitheater auf dem Gelände statt. Für den Aufenthalt gibt es 300 parzellierte Standflächen à 60 bis 90 m² mit Strom- (CEE, 3– 6 A) und Wasseranschlüssen. Vielerlei Einkaufsmöglichkeiten bietet der nur 1,5 km südlich gelegene Ort Cirò Marina.

▶ 88811 Cirò Marina, Tel. +39 (0) 09 62 37 38 23, ganzjährig, GPS: 39.3848, 17.1429

■ pincamp.de/CL2200

liebt machen. Taucher und Schnorchler sind in ihrem Element, wer zur Erkundung der Unterwasserwelt nicht selbst ins Meer springen möchte, lässt sich mit einem Glasbodenboot die Küste entlangfahren. Weithin sichtbar ist das Wahrzeichen von Le Castella – ein Damm führt zum aragonischen Kastell, das die ganze vorgelagerte Insel einnimmt. Die normannische Burg übt einen besonderen Reiz auf Hochzeitspaare aus, die sich gern vor der malerischen Kulisse ablichten lassen. Die Anlage befindet sich in einem sehr

Mobilheime auf dem Campingplatz Pineta di Sibari. Hier nächtigt man unter Pinien mitten in der Natur.

guten Zustand, im Inneren gibt es ein kleines Museum. Nur gut 10 km weiter im Westen erstreckt sich bei Cutro der bei Kitesurfern ausgesprochen beliebte Strand Spiaggia Steccato. Die besten Windverhältnisse und hohe Wellen herrschen in den Wintermonaten vor, doch auch im Sommer bieten Surfschulen Kurse an. Der dortige Strand ist sehr weitläufig – die Chancen, das Handtuch auf dem feinen Sand abzulegen, sind auch in der Hochsaison gegeben.

ROSSANO

Die nordöstliche Küste Kalabriens wird von vielen Reisen zu Unrecht eher ausgelassen – Rossano liegt abseits des direkten Weges nach Sizilien, die Steinstrände versprechen nicht das gleiche Badevergnügen wie die weiter südlich gelegenen, sandigen Uferabschnitte. Dennoch lohnt der Besuch nicht zuletzt wegen der charmanten Altstadt, die auf einem Berg 275 Höhenmeter über der Uferlinie aufragt. Zahlreiche historische Gebäude vermitteln das Gefühl, in ein anderes Zeitalter einzutauchen, und Freunde der Kirchenkunst finden sich an einem ganz besonderen Ort wieder: Der Legende nach wurden die Fresken in der byzantinischen Kathedrale Maria Santissima Achiropita von Engeln gemalt, die Madonna soll die Bewohner der Stadt bereits vor Heuschrecken und Cholera gerettet haben. In der Sakristei wurde 1879 der Purpurkodex von Rossano gefunden, der auch das vollständige Matthäus-Evangelium enthält. Das zum UNESCO-Welterbe erklärte Manuskript wird im Diözesanmuseum ausgestellt. Weitaus weltlicher geht es im örtlichen Museum des Lakritzherstellers Amarelli zu. Und zum Austoben bietet sich der große Wasserpark Odissea 2000 nahe des Strandes an. Am Leuchtturm finden sich auf einem Stellplatz Übernachtungsplätze.

APULIEN

Schlumpfhausen?

Trulli

Klein, fein, mein: Der Bau der kleinen, fast fensterlosen Bruchsteinhäuser war ursprünglich ein Trick, um Steuerzahlungen zu umgehen. Die an das Dorf der Schlümpfe erinnernden Häuser mit ihren kegelförmigen Dächern finden sich vor allem bei Alberobello, das dafür als UNESCO-Weltkulturerbe anerkannt ist. Heute beherbergen die Häuser als Touristenattraktion Läden und Lokale. Sehenswert – auch ohne blaue Mützen.

10

Tausende von Urlaubern fahren jedes Jahr durch Apulien, den Blick starr auf die Fähranleger der Hafenstädte Bari und Brindisi gerichtet. Ein Jammer, wenn nicht auch nach rechts und links geschaut wird – bietet die südöstlichste Region Italiens doch eine landschaftliche und kulturelle Vielfalt, die ihresgleichen sucht. Zwischen Sporn und Absatz des italienischen Stiefels gelegen, vereinigt Apulien die Einflüsse früher griechischer Besiedlung und eigenständige Kultur. Die 800 km lange Küste bietet Nationalparks und tief in die Kalkfelsen reichende Grotten, Sandstrände und Schnorchelparadiese. Vom Nationalpark Gargano, der nahezu den gesamten Sporn einnimmt, bis zu den warmen östlichen Gestaden ist Apulien eine einzigartige Reiseregion, die mit immer neuen Eindrücken aufwarten kann. Mit einer ganzen Palette kulinarischer Spezialitäten und den schweren Rotweinen ist auch die Gastronomie der Region eine Entdeckungsreise wert.

Camper profitieren vom gut ausgebauten Wegenetz – auch wenn die im Inland befindlichen Straßen mitunter recht schmal und kurvenreich sind. Campingplätze aller Leistungsniveaus finden sich eher in den Küstenbereichen als im vom Gebirge dominierten Binnenland. In vielen Küstenorten stehen zudem Reisemobilstellplätze mit ziemlich guter Ausstattung zur Verfügung. Im Landesinneren erscheint das Angebot grobmaschiger, ist aber ausreichend zur Planung angenehmer Reiseetappen.

◂ Die leuchtend weißen Trulli mit den kegelförmigen Dächern sind die Touristenattraktion von Alberobello. Sie werden noch heute als Wohnhäuser genutzt.

SEHENSWERTES

VIESTE

Unsterblich in die schöne Cristalda verliebt widerstand der Fischer Pizzomunno dem Werben der Sirenen. Eifersüchtig zogen die Meerjungfrauen das Mädchen ins Meer, worauf er aus Gram versteinerte. Heute ist der 25 m hohe Monolith aus weißem Kalkstein das Wahrzeichen des Städtchens, das am östlichen Ende der Halbinsel Gargano liegt. Die Gefahr rachsüchtiger Nixen besteht nicht mehr, die zahlreichen Strände sind bei Badegästen ebenso beliebt wie bei Windsurfern. Die teils bizarr geformten Kalksteinformationen an der Küste sind Ziel zahlreicher Bootsausflüge, bei denen auch die Besichtigung der umliegenden Meereshöhlen auf dem Programm steht. Von besonderer Schönheit sind die Schmugglergrotte (Grotta dei Contrabbandieri) und die Heiße Grotte (Grotta calda) – beide lassen sich auch auf eigene Faust mit dem Kanu erkunden.

Die historische Altstadt von Vieste erhebt sich auf der weit ins Meer hinausragenden Landzunge Punta San Franceso. Die weißen Häuser strahlen im Sonnenlicht, und in den schmalen Gassen bewirten urige Restaurants ihre Gäste. Das mächtige Kastell von Kaiser Friedrich II. sollte die Stadt einst schützen, doch der im Zentrum zu sehende Felsblock Chianca Amara erinnert daran, dass osmanische Piraten dort einst ein blutiges Massaker verübten.

BARI

Es wäre zu schade, hätte man in Bari nur den Hafen im Blick, von dem aus die Fähren nach Griechenland ablegen. Die größte Stadt Apuliens wartet mit sehenswerten historischen Vierteln auf. Schmale, verwinkelte Gassen laden in der autofreien Altstadt zum Verlaufen ein, etwas übersichtlicher ist die Neustadt – aber die ist ja auch erst 200 Jahre alt. Natürlich wird mit dem im 12. Jh. erbauten Castello Normanno-Svevo eine richtige Burg geboten. Pilger verehren die in der Krypta der Basilika San Nicola aufbewahrten Gebeine des heiligen Nikolaus von Myra, und Kunstliebhaber besuchen die Aufführungen im Teatro Piccinni – 1854 gegründet ist es das älteste erhaltene Theater Italiens. Wer vom Fischmarkt am alten Hafen kommt, sollte sich der legendären Pastastraße Strada delle Orecchiette zuwenden: Auf offener Straße werden dort die abends in den Trattorien servierten »Öhrchennudeln« in Handarbeit hergestellt.

POLIGNANO A MARE

Kopfüber stürzen sich wagemutige Männer und Frauen aus einer Höhe von 28 m in die Tiefe – seit 2009 veranstaltet Red Bull jedes Jahr auch in Polignano a Mare den internationalen Wettbewerb im Klippentauchen. Was für die bis zu 70 000 Zuschauer eine Attraktion darstellt, hat in dem Fischerdorf eine lange Tradition – die Kalksteinklippen der Bucht Cala Porto verlockten schon immer zu Sprüngen ins türkisgrüne Meer. In anderen Buchten suchen Taucher nach unter dem Fels gelegenen Höhlen, auch der von imposanten Felsen umgebene Strand von Lama Monachile wird gern besucht. Mit ihren Flachdächern erinnern die hübschen weißen Häuser an das griechische Erbe des Landstrichs, in der Altstadt wird traditionelles Handwerk gepflegt.

OTRANTO

Der östlichsten Stadt Italiens eilt der Ruf voraus, der schönste Ort im Salento zu sein. An der schmalsten Stelle des Adriatischen Meeres gelegen erhebt sich die Festung Castello Aragonese über der Altstadt, die zur Hälfte von der alten Stadtmauer umgeben wird. Am Eingang an der Porta Terra mit dem Festungsturm Torre Alfonsina stehen keine Wachen mehr. Kopfsteinpflastergassen führen zur Kirche Chiesa di San Pietro, deren Wände und Decke mit Malereien verziert sind. Im historischen Viertel überrascht die Kathedrale Santa Annunziata mit ihrem kunstvollen Mosaikboden. Am Rand der Altstadt beginnt die Flaniermeile, die bis zur Via Punta führt – von der Empore der dortigen Kapelle hat man einen schönen Blick auf die Altstadt und den Hafen. Im Norden erstrecken sich entlang der Felsküste kleine Sandstrände, die jedoch nicht immer kostenfrei nutzbar sind.

GALLIPOLI

Ursprünglicher Charme und die schönen Strände haben die Küsten des Golfs von Tarent zur beliebten Urlauberregion avancieren lassen. Einzigartig ist die »schöne Stadt«, wie die Griechen Gallipoli tauften: Nur eine einzige Brücke führt zu einer kleinen Insel mit der Altstadt. Komplett von Wehrmauern umgeben erlaubt der Rundweg Riviera immer wieder neue Perspektiven auf den Ort, der von der im 17. Jh. erbauten Basilica Concattedrale di Sant'Agata überragt wird. Dorthin lockt es auch die Besucherströme, ebenso zum alten Kastell. Zwischen Kirchen, Befestigungsanlagen und Palästen durchziehen enge Gassen den Ort – an Souvenirläden und Lokalen mangelt es nicht. Ruhiger geht es in der einstigen Ölmühle im Zentrum zu, die zur besseren Konservierung der produzierten Öle unterirdisch angelegt wurde.

Auf dem Festland vereint der zwischen den Campingplätzen im Norden der Stadt gelegene Freizeitpark Attraktionen mit Wasserspaß. Das ausgeprägte Nachtleben von Gallipoli wird an den südlich liegenden Stränden noch übertroffen: Zwischen Bikini Beach und Waikiki verläuft die Partyzone der Region.

SANTA MARIA DE LEUCA

Am südlichsten Punkt Apuliens treffen Adria und Ionisches Meer zusammen – die ausgedehnte Landspitze besticht durch ihre Felsküste im Osten, im Westen findet man unzählige kleine Sandstrände. Beiderseits des Kaps laden Grotten zu geführten Kajaktouren ein, erfahrene Taucher zeigen die schönsten Destinationen des Meeresgrundes – auch unter Wasser sind Sichtweiten von bis zu 100 m möglich. Auf dem 55 m hohen Kap Punta Meliso weist seit 1864 der weiße Leuchtturm Schiffen den Weg zwischen dem Golf von Tarent und der Straße von Otranto. Zwar kann er nicht bestiegen werden, doch bietet sich von der nahen Aussichtsplattform ein

Die großzügig angelegte Ferienanlage Villaggio Turistico Le Dune wird von einem schönen weißen Sandstrand gesäumt.

CAMPINGPLÄTZE

28 Centro Turistico San Nicola ★★★★½

Felsen flankieren den 500 m langen Sandstrand, an den die ersten Standplätze grenzen. Weitere Parzellen befinden sich unter Bäumen in terrassierter Hanglage. Beachvolleyball ist nur ein Teil des umfangreichen Sport- und Animationsprogramms, mit Booten kann die atemberaubende Umgebung vom Wasser aus erkundet werden. Regelmäßig werden Exkursionen und Bootsausflüge organisiert. Die 500 Standplätze zwischen 50 und 80 m² Größe sind mit CEE-Steckdosen (6–16 A) ausgestattet. Es steht eine Ver- und Entsorgungsstation zur Verfügung, WLAN ist im Bereich der Rezeption nutzbar.

▶ Loc. San Nicola, 71010 Peschici, Tel. +39 (0) 08 84 96 40 24, Ende Mai–Anfang Sept., GPS: 41.94271667, 16.0303

■ pincamp.de/PU1730

29 Centro Vacanze La Masseria ★★★½

Der Absatz des italienischen Stiefels wird zwar durch seine Felsküste geprägt, doch verfügt das Ferienzentrum La Masseria auch über einen Sandstrand. Die kinderfreundliche Anlage befindet sich in einer kleinen Bucht, die zum Kiten und Windsurfen geeignet ist. Zudem gibt es einen aufwendig mit Inseln, Brücken und Whirlpools gestalteten Aquapark. Auf ebenem Wiesengelände und von Pinien beschattet stehen ganzjährig 250 parzellierte Standflächen à 80 m² zur Verfügung. Die Stromanschlüsse sind mit 3 bis 6 Ampere abgesichert, eine Ver- und Entsorgungsstation befindet sich auf dem Gelände. Auf dem gesamten Areal gibt es WLAN-Empfang, Gäste mit Hunden sind willkommen.

▶ SS101, km 34,5, 73014 Gallipoli, Tel. +39 (0) 08 33 20 22 95, ganzjährig, GPS: 40.07416667, 18.00891667

■ pincamp.de/PU5690

30 Villaggio Turistico Le Dune ★★★★½

Etwa auf halber Strecke zwischen den Hafenstädten Bari und Brindisi und unmittelbar am Adriatischen Meer gelegen bietet die gepflegte Ferienanlage ein reichhaltiges Angebot für den Sommerurlaub. Am 400 m langen und bis zu 30 m breiten Sandstrand stehen Liegen und Sonnenschirme bereit, mit einem Kanu oder Tretboot kann man sich trockenen Fußes aufs Meer begeben. Einige der 116 Parzellen sind auch für groß dimensionierte Wohnmobile geeignet. Die Standplätze sind mit Strom- (CEE, 6–10 A) sowie Frisch- und Abwasseranschlüssen versehen. Parzellen mit eigener Sanitäreinheit sind ebenfalls verfügbar. WLAN-Empfang gibt es auf dem gesamten Terrain. Die Geräuschbelästigung durch die nahe Autobahn hält sich in Grenzen.

▶ Via Appia, 56, 72010 Torre Canne, Tel. +39 (0) 08 04 82 98 21, Mitte Mai–Anfang Okt., GPS: 40.82486667, 17.48381667

■ pincamp.de/PU4300

nicht minder beeindruckendes Panorama. Wo der heilige Petrus auf seiner Reise nach Rom einst Station gemacht haben soll, lädt die Basilika Santa Maria de Finibus Terrae zur Einkehr ein. Der Weg zurück zur Stadt führt über das Aquedotto Pugliese, das eines der größten Aquädukte Europas ist. Entlang eines nachts beleuchteten Wasserfalls lässt sich über eine monumentale Treppe der Hafen erreichen.

SARDINIEN

Nimm Fotos mit, nicht Kiesel

Strandräuber

Mehr als 100 kg Sand, Steine und Muscheln fischt der italienische Zoll jährlich aus dem Gepäck der Urlauber, dabei steht die Mitnahme der natürlichen Souvenirs unter Strafe. Auf Sardinien drohen Bußen zwischen 500 und 3000 €, wenn man sich an den Stränden bedient, für besonders schwere Fälle wird Haft angedroht. Die an den Stränden aufgestellten Warnschilder sollte man also ernst nehmen.

11

Die zweitgrößte Insel im Mittelmeer wird nicht ohne Grund als »Karibik Europas« bezeichnet: Auf einer Küstenlänge von gut 2000 km wechseln grottendurchsetzte Felsküsten mit Sandstränden, deren weißer Sand oft ausgesprochen feinkörnig ist. Viele Strände erweisen sich wegen des flachen Übergangs ins Meer als sehr kinderfreundlich. Von den Marinas sticht man mit Booten in See, Paddler, Surfer und Taucher finden beste Voraussetzungen vor. Die zentrale Lage im Mittelmeer bescherte der Insel im Lauf der Jahrhunderte immer wieder neue Eroberer und Herrscher. Die in verschiedenen Epochen errichteten Türme und Kastelle sind mittlerweile gern besuchte Sehenswürdigkeiten. Mediterranes Flair weisen auch die größeren Hafenstädte auf – allen voran die ganz im Süden gelegene Hauptstadt Cagliari mit ihren Baudenkmälern und Museen.

Fährverbindungen bestehen von den großen Häfen Italiens aus – und natürlich von der nur 12 km entfernten Insel Korsika. Selbst für Reisende nach Sizilien lohnt die Überlegung, die Strecke mit einem Besuch von Sardinien abzukürzen und von dort aus Palermo anzusteuern. Doch auch während eines längeren Aufenthalts wird die 270 km lange und 145 km breite Insel nicht zu klein: Camper erwartet entlang der Küste ein gut ausgebautes Netz an Campingplätzen. Für Touren durch das reizvolle Inland empfehlen sich die verstreut liegenden Stellplätze.

◂ Fast zu schön, um wahr zu sein: Der Strand von Capriccioli ist mit seinem makellosen blauen Wasser ein wahres Paradies an der Costa Smeralda im Norden der Insel.

SEHENSWERTES

COSTA SMERALDA

Der Prinz segelte über das Mittelmeer, sah die raue Nordküste Sardiniens und hatte eine Vision: Anfang der 1960er-Jahre kaufte Karim Aga Khan IV. den ansässigen Hirten für einen Spottpreis einen breiten Landstreifen ab. Wo bis dahin nur Schafe weideten, entstand binnen weniger Jahre eine Ferienregion, die sich gut in die Landschaft einfügte, aber alle Ansprüche des Jetsets erfüllte. Beim Anblick von so viel Müßiggang beschlossen viele Einheimische eine spontane Umverteilung der Besitzverhältnisse – über mehrere Jahre gehörte das Ausrauben der Reichen zum guten Ton auf Sardinien. Diese Zeiten sind längst vorbei, doch die 20 km lange Smaragdküste zwischen Palau und Olbia steht mit ihrem Zentrum Porto Cervo immer noch für Urlaub auf hohem Niveau. Sehenswert ist unter anderem die Kirche Santa María di Stella Maris am Hafen von Porto Cervo. Aus Naturmaterialien erbaut flossen architektonische Einflüsse aus aller Welt ein: Während das Kreuz aus Deutschland stammt, wurde das Madonnenbild aus Spanien gebracht – als Weihwasserbecken dient eine Riesenmuschel aus Hawaii.

ALGHERO

Die rund 400-jährige Zugehörigkeit zu Spanien hat in der Hafenstadt Alghero deutliche Spuren hinterlassen: Über dem Rathaus weht neben den Flaggen Italiens, Sardiniens und Europas auch das Banner Kataloniens, und noch immer wird der katalanische Dialekt Algherese gesprochen. Typisch für die aragonesische Zeit ist auch das Stadtbild. Die auf einem Felsvorsprung gelegene Altstadt wird von dicken Mauern umzogen, und die pittoresken Gässchen sind durch Steintreppen miteinander verbunden. Es wundert nicht, dass Alghero von den Einheimischen als Klein-Barcelona tituliert wird. Entlang der Promenade gibt sich der Ort heute international: Mit Blick auf die Bucht bieten Restaurants die vor der Küste gefangenen Langusten an. Zahlreiche Ateliers verarbeiten die bunten Korallen zu hochwertigen Schmuckstücken – ein Korallenmuseum findet sich ebenfalls vor Ort. Als Orientierungspunkt dient die mit bunten glasierten Dachziegeln gedeckte Kirche Chiesa di San Michele, nicht ausgelassen werden sollte auch die Kathedrale Santa Maria am Hafen. Nördlich des Ortes schließen sich die Strände an, auf Bootstouren lassen sich Delfine in freier Wildbahn sichten. Ein besonderes Erlebnis ist die Tour zum Capo Caccia, das über 200 m ins Meer abfällt. Die dort befindliche, 4 km lange Tropfsteinhöhle der Neptungrotte ist auf dem Seeweg zu erreichen – oder über 654 in den Fels geschlagene Stufen.

STRADA PROVINCIALE SP 83

Die Stecke entlang der sardischen Westküste geizt wahrlich nicht mit landschaftlicher Schönheit. Besondere Sehenswürdigkeiten entdeckt man, wenn man hinter Monte Cidro von der Strada Statale SS 126 auf die Strada Provinciale SP 83 abbiegt. Die kurvige Straße führt erst zu den malerischen Sandstränden bei Portixeddu. Hinter dem Fischerdorf Buggerru lohnt die Abzweigung zum Arco dei Baci: Die über das Riff wogenden Wellen speisen dort einen Naturpool, der in ein natürliches Felstor mündet. Das glasklare Wasser teilt man sich mit zahlreichen Fischen. Folgt man dann wieder der SP 83, lockt der hellgelbe Strand der Bucht Molo di Masua. Unterhalb des Kalkfelsens Pan di Zucchero bietet es sich an, die Schnorchelsachen auszupacken.

6 km weiter und mit einer kleinen Wanderung verbunden wird Porto Flavia erreicht, wo ein Stollenausgang der alten Minen weit über dem Wasserspiegel liegt. Die bei Masua gelegenen Minen sind UNESCO-Weltkulturerbe, ein bildhafter Eindruck des verfallenen Bergarbeiterdorfes, des alten Hafens und der Erzwaschanlagen lässt sich entlang der Strände von Nebida gewinnen. Bei Gonnesa geht es dann zurück auf die Hauptstrecke. Die insgesamt knapp 40 km lange Route ist bei Rad- und Motorradfahrern äußerst beliebt – auch wegen der bis zu 13 Prozent Gefälle aufweisenden Abschnitte sollte besonders vorsichtig gefahren werden.

CAMPINGPLÄTZE

31 Camping Village Capo d'Orso ★★★★☆

Wassersportler werden sich auf diesem Platz im Norden Sardiniens auf Anhieb wohlfühlen: Die Ferienanlage verfügt über eigene Liegeplätze und eine Slipanlage; Kanus und SUP-Boards werden ausgeliehen, und man kann dort Segeln, Surfen oder auch Tauchen erlernen. Zudem werden Schnorchelausflüge, Wakeboarding und Wasserski organisiert, die Dolphin Windsurf School befindet sich auf dem Gelände. Entspannung bieten gleich mehrere mit Sand durchsetzte Felsstrände. Einkaufsmöglichkeiten und ein Restaurant auf dem Platz lassen die Wege kurz ausfallen. Die terrassierte Anlage besitzt 254 parzellierte Standplätze in Größen zwischen 80 und 100 m², und ein lichter Baumbestand spendet Schatten. Die Stromversorgung (CEE) ist auf 3 bis 6 Ampere ausgelegt; WLAN ist auf dem kompletten Areal verfügbar. Eine Ver- und Entsorgungsstation für Wohnmobile ist vorhanden.

▶ Loc. Golfo delle Saline, 07020 Palau, Tel. +39 (0) 07 89 70 20 07, Ende April–Anfang Okt., GPS: 41.16023333, 9.40133333

■ pincamp.de/IS1670

32 Camping Village Ultima Spiaggia ★★★★☆

An der Ostküste Sardiniens punktet dieses an der Mündung des Rio Bau Samu gelegene Campingdorf mit seiner schönen Lage und vielerlei Möglichkeiten, seinen Aktivurlaub zu gestalten. Die Ogliastra-Küste fasziniert beim Schnorcheln oder Tauchen mit ihrer großartigen Unterwasserwelt, Wind- und Kitesurfer sind hier in ihrem Element. Der weitläufige Sandstrand bringt es auf eine Breite von bis zu 80 m. Auf dem Platz gibt es darüber hinaus eine kleine Badelandschaft mit vier Pools und einen Mountainbike-Parcours. Gecampt wird auf einem der 200 Standplätze in Größen von 70 bis 100 m². WLAN und Strom (CEE, 6 A) gibt es auf allen Standflächen. Am Rand des Terrains steht eine Ver- und Entsorgungsstation zur Verfügung. Mit Spielplatz, Markt und Restaurant ausgestattet ist das Feriendorf auch eine Empfehlung für den Familienurlaub mit Kindern.

▶ Loc. Planargia, 08042 Bari Sardo, Tel. +39 (0) 078 22 93 63, Mitte Mai–Mitte Okt., GPS: 39.81901667, 9.67051667

■ pincamp.de/IS2920

33 Village Camping Spinnaker ★★★☆☆

Ein dichter, hochstämmiger Pinienwald, der in den Sommermonaten einen willkommenen Schatten spendet, kennzeichnet den an einer weiten Bucht im Westen der Insel beheimateten Campingplatz. An der Uferlinie befindet sich neben dem etwa 100 m langen Sandstrand auch ein kleiner Hafen mit der Möglichkeit zum Aussetzen von Booten. Surf- und Segelkurse können organisiert werden, Schlauchboote werden vor Ort verliehen. Auf dem leicht gewellten, sandigen Untergrund stehen 110 Standplätze in Größen zwischen 40 und 90 m² bereit, Entsorgungsmöglichkeiten sind vorhanden. Die CEE-Steckdosen sind mit 10 Ampere abgesichert, und WLAN ist auf dem gesamten Platzgelände verfügbar. Auch Hunde sind herzlich willkommen.

▶ Strada Provinciale Oristano–Torre Grande, 09170 Marina di Torre Grande, Tel. +39 (0) 078 32 20 74, Mitte April–Anfang Okt., GPS: 39.90273333, 8.52976667

■ pincamp.de/IS4510

SANT'ANTIOCO

Um Missverständnissen vorzubeugen: Sardinien besteht nicht nur aus einer einzigen Insel – vor der sardischen Küste befinden sich unzählige kleine Eilande, von denen einige auch erschlossen sind. Allen voran die Isola di Sant'Antioco, die immerhin viertgrößte Insel Italiens. Durch einen Damm mit dem »Festland« verbunden, lässt sich auf der Insel Spaß am und im Wasser mit Historie in einer malerischen Umgebung verknüpfen. Unter den zahlreichen Stränden sticht der östlich gelegene Coaquaddus hervor, der helle, körnige Sandstrand geht dort seicht in das türkisblaue Meer über. Hinter den Felsen finden sich die von Schnorchlern und Tauchern geschätzten Riffs. Rund um den sympathischen Hauptort Sant'Antioco entdeckt man Zeugnisse frühester Besiedlung. Die Katakomben unter der Pfarrkirche Basilica di Sant'Antioco und die Grotten neben dem ethnografischen Museum sind ebenso zugänglich wie das Forte Sabaudo im Archäologiepark *(www.parcostoricoarcheologicosantantioco.it)*.

Im Camping Village Capo d'Orso an der Nordküste Sardiniens wird Wassersport ganz groß geschrieben.

Auf der vorgelagerten Halbinsel im Camping Village Capo d'Orso wechseln sich felsige und sandige Strandbereiche ab.

ARBATAX

Es gibt Fährpassagen, die dauerhaft in Erinnerung bleiben – die Einfahrt in den Hafen von Arbatax gehört mit Sicherheit dazu: Schon von Weitem ist das Farbenspiel der roten Porphyrfelsen in der Sonne zu bewundern, am Abend wirken die dann beleuchteten Felsen nicht weniger beeindruckend. Entlang der Küste reihen sich Felsbuchten und Sandstrände aneinander, und die Auswahl an Campingplätzen ist groß. Wie auch an anderen Orten können Motorboote bis zu 40 PS führerscheinfrei bewegt werden. Beim Anmieten sollte man darauf achten, dass ein Faltdach als Sonnenschutz vorhanden ist. Die Buchten am Capo Bellavista stellen gute Ausgangspunkte zum Tauchen dar, die Aussichtsplattform Torre di San Gemiliano bietet ein schönes Panorama über die Küstenlinie. Wer die faszinierende Bergwelt des Binnenlands erkunden möchte, ohne selber fahren zu müssen, steigt in Arbatax in den Zug um: Mit einer Durchschnittsgeschwindigkeit von 20 km/h zuckelt der Trenino Verde bis nach Gairo. Zwischendurch werden Höhenunterschiede von bis zu 854 m bewältigt. Hin- und Rückfahrt sind an einem Tag zu realisieren. Die Strecke gehört zu den sechs historischen Schmalspurbahnen, die zwischen Juni und September in verschiedenen Regionen Sardiniens betrieben werden *(www.treninoverde.com)*.

REISEINFORMATIONEN ITALIEN

Notruf: 112
Int. Vorwahl: +39
Sprache: Italienisch
Währung: Euro
Zeitverschiebung: keine
Einreise: Personalausweis

Bella Italia ist mehr als Pasta, Pizza und leckere Eiscreme. Das Land, in dem die Zitronen blühen, war und ist ein Traumziel deutscher Reisender. Auf beiden Seiten des Stiefels gilt es, ganz unterschiedliche Regionen zu entdecken. Von der Mittelmeerküste Venetiens bis zur kalabrischen Stiefelspitze finden sich Spuren der römischen Geschichte – im Süden haben sich auch die frühen Einflüsse Arabiens niedergeschlagen. Das Meer ist nie weit entfernt, und dort warten einige der schönsten Strände Europas.

Camperglück in der Toskana im satten Abendlicht. Wildes Campen ist in Italien jedoch generell verboten.

STRASSENVERKEHR

Maut: Streckenabhängig auf Autobahnen sowie in einigen Tunneln; City-Maut in Mailand, Bologna und Palermo

Promillegrenze: 0,5 Promille

Tagfahrlicht: Auf Autobahnen und außerorts

Warnwesten: Tragepflicht für jede Person, die bei einer Panne oder bei einem Unfall das Fahrzeug verlässt

Umweltzonen: In den Regionen Emilia-Romagna, Lombardei, Piemont und Veneto

Tempolimits

	Pkw	Caravan-Gespann	Wohnmobil bis 3,5 t	Wohnmobil 3,5 t bis 7,49 t
innerorts	50	50	50	50
außerorts	90	70	90	80
Schnellstraße *1	110	70	110	100
Autobahn *2	130	80	130	110

***1:** Pkw, Motorrad, Wohnmobil bis 3,5 t: Bei Regen oder Schnee 90 km/h, Fahranfänger (Führerschein unter 3 Jahre alt) 90 km/h; ***2:** Pkw, Motorrad, Wohnmobil bis 3,5 t: Bei Regen oder Schnee 110 km/h, Fahranfänger (Führerschein unter 3 Jahre alt) 100 km/h

CAMPEN

Campingplätze: In Mittel- und Süditalien haben auch im Winter einige Campingplätze geöffnet, in der Regel gibt es Möglichkeiten zur Ver- und Entsorgung.

Stellplätze: Landesweit gute Infrastruktur, vor allem an den Küsten. Möglichkeiten zur Ver- und Entsorgung sind nicht überall vorhanden.

Gasversorgung: Deutsche Flaschen können im Gashandel getauscht und befüllt werden; teilweise sind Adapter erforderlich. Die Abgabe von Flüssiggas an Campingfahrzeuge mit fest eingebautem Tank ist gesetzlich verboten.

Strom: 230 V; auf vielen Campingplätzen sind CEE-Stecker üblich, teilweise gibt es zweipolige Steckdosen mit geringer Absicherung; für Schukostecker wird mitunter ein Reiseadapter benötigt.

Freies Campen

Übernachten außerhalb von Campingplätzen	für eine Nacht	für mehrere Nächte
auf Straßen und Parkplätzen	eingeschränkt erlaubt *1,2	eingeschränkt erlaubt *1,2
auf Privatgrund *3	eingeschränkt erlaubt *2	eingeschränkt erlaubt *2

***1:** nur mit Genehmigung der örtlichen Behörden; ***2:** mit regionalen Einschränkungen (z. B. in Norditalien; nicht erlaubt in Nationalparks und staatlichen Wäldern); ***3:** nur mit Erlaubnis des Grundstücksbesitzers

Besonderheiten im Straßenverkehr

- Jede über das Fahrzeug herausragende Ladung muss mit typgenehmigten Warntafeln gekennzeichnet sein. Dies gilt auch für Fahrradträger. Die Verwendung von in Spanien vorgeschriebenen Tafeln ist nicht zulässig.
- Das Gesamtgewicht des Fahrzeugs darf um nicht mehr als 5 % überschritten werden.
- Privates Abschleppen auf Autobahnen ist verboten.

Besonderheiten für Caravangespanne

- Maximale Länge: 18,75 m

Kroatien und Montenegro

Ein Stellplatz direkt am Meer mit Blick auf die glitzernde Adria – das ist in Kroatien nicht selten zu finden.

Mit den Zielen …

Istrien ▸ S. 136 – Kvarner Bucht ▸ S. 140 – Norddalmatien ▸ S. 144 – Süddalmatien ▸ S. 148 – Montenegro ▸ S. 154

ISTRIEN

Nackt am Strand

Bloß oben ohne

FKK wird an der kroatischen Adria seit fast 100 Jahren betrieben, doch die Anzahl der offiziellen Strände für Naturalisten sinkt. Istrien bietet die meisten Angebote für Anhänger der Freikörperkultur. An anderen Stränden gilt, dass oben ohne meist geduldet wird. Am Wasser einfach blank zu ziehen sollte mit Rücksicht auf die anderen Badegäste unterlassen werden.

1

Die Nähe zu Italien kommt nicht nur in der zweisprachigen Beschilderung zum Ausdruck. Über Jahrhunderte stand die Halbinsel Istrien unter venezianischem Einfluss, Österreich-Ungarn setzte seine Landmarken, erst nach dem Zweiten Weltkrieg wurde Istrien kroatisch. Die Geschichte hat sowohl malerische Altstädte hinterlassen als auch die Liebe zu gutem Kaffee, Eiskreationen und dem Meer. Beim Gedanken an einsame Badebuchten und Taucherlebnisse liegt die istrische Küste nah. Kroatiens nördlichste Region am Mittelmeer wartet mit entspannter Atmosphäre und angenehmen Temperaturen auf – vom Frühjahr bis in den Herbst hinein.

Auf die Wünsche und Bedürfnisse von Urlaubern ist man hier seit Jahrzehnten eingestellt – schon seit den 60er-Jahren des letzten Jahrhunderts wurde erfolgreich in den Fremdenverkehr investiert. Seit der Eigenständigkeit Kroatiens wurde verstärkt auf Qualität gesetzt. Die Herzlichkeit gegenüber Besuchern kennt kaum Grenzen – erst recht, wenn Kinder mit an Bord sind. Die oft großflächig angelegten Campingplätze setzen Maßstäbe bei der Familienfreundlichkeit und lassen kaum Wünsche offen. Wem Animation und Abendprogramm nicht so wichtig sind, findet eine große Auswahl an einfacher gehaltenen Autocamps. Wildes Campen an einsamen Buchten allerdings wird streng mit Bußgeldern geahndet.

◂ Verführerisch buntes Spiel der Farben und Formen: Das zum Schutzgebiet erklärte Kap Kamenjak an der Südspitze Istriens ist Heimat einer einzigartigen Flora und Fauna.

SEHENSWERTES

UMAG

Sportfreunden ist der Urlauberort ganz im Norden Istriens seit Jahrzehnten ein Begriff: Auf den Tennisplätzen finden Turniere von Weltrang statt; bereits seit 1961 starten mehrere bedeutende Radrennen in der Stadt. Nur 40 km von Triest entfernt ist der über Jahrhunderte währende italienische Einfluss vor allem in den engen Gassen der Altstadt erkennbar. An der Küste bieten sich kleine Buchten mit Sand- oder Kieselstrand zum Badespaß an. Vom Hafen aus legen Glasbodenboote ab, mit denen man trockenen Fußes Fische und den Meeresgrund beobachten kann. Ein Tipp für erfahrene Taucher sind die Ausfahrten zum Wrack des britischen Minensuchers »Coriolanus«, der in 29 m Tiefe vor der Küste liegt. Lohnenswert ist auch ein Ausflug zur Nordspitze Istriens: Das archäologische Zentrum Sipar zeigt prächtige Bodenmosaike einer frühantiken Villa. Und bei Savudrija am westlichsten Punkt der Halbinsel kann der 36 m hohe Leuchtturm angesteuert werden. Seit mehr als 200 Jahren weisen seine Leuchtfeuer Schiffen den rechten Weg.

POREČ

Bereits in den 1960er-Jahren gehörte Poreč zu den Traumzielen für den Sommerurlaub an der Adria. Die auf einer Halbinsel gelegene Stadt besticht durch ihre historischen Bauwerke, das Bischofsgebäude mit der Euphrasius-Basilika wurde von der UNESCO als Weltkulturerbe anerkannt. Die engen Gassen erkundet man am besten zu Fuß. Wer über die malerische Hauptstraße Decumanus bummelt, flaniert nicht nur an Cafés und Restaurants entlang, sondern passiert auch etliche Sehenswürdigkeiten wie das Gotische Haus oder den Fünfeckigen Turm. Nur 10 km landeinwärts befindet sich die Baredine-Grotte, die einzige zugängliche Tropfsteinhöhle Istriens. Beim Besuch der aus fünf Sälen bestehenden Höhlenanlage gelangt man bis zu 60 m in die Tiefe. Auf Anfrage können Kletterkurse absolviert werden. Geradezu ländlich geht es neben den Höhlen zu: Auf dem Gelände befindet sich eine Ausstellung mit historischen Traktoren und Landmaschinen.

VRSAR

Als der venezianische Abenteurer Casanova im Jahr 1743 erstmals nach Vrsar kam, beschrieb er den Ort als verlassenes Nest. Dennoch reiste er nach nur einem Jahr erneut dorthin. Zweieinhalb Jahrhunderte später hat sich die kleine Hafenstadt zu einem beliebten Ferienziel entwickelt. An der Uferpromenade entlang der Marina liegen die Ausflugsboote, mit denen sich die Inselwelt der Kornaten entdecken lässt, während Restaurants und Eiscafés mit ausgefallenen Kreationen locken. Treppen führen hinauf zur Altstadt, wo noch Teile der alten Befestigungsanlagen zu erkennen sind. Von Weitem sichtbar ist der 40 m hohe Glockenturm, in dem zwar nicht geläutet wird, der aber eine Glockenausstellung birgt. Der Turm kann übrigens bestiegen werden und ermöglicht von der obersten Plattform aus einen großartigen Blick über die gesamte Bucht.

Seit der Zeit der Römer war der im Umland der Stadt abgebaute, ausgesprochen harte, weiße Kalkstein berühmt – als Baumaterial wurde er bis Venedig und Ravenna verschifft. Der alte Steinbruch Montraker wurde vor einigen Jahren zu einem öffentlichen Park umgestaltet, doch werden hier immer noch Bildhauer ausgebildet. Die hier geschaffenen Skulpturen sind überall im Ort präsent.

ROVINJ

Die mehr als 60 km lange Riviera von Rovinj wird durch ihre malerischen Buchten und Strände geprägt; 22 vorgelagerte Inseln dienen als Ausgangspunkte für Tauchgänge. Doch auch an Land hat Rovinj viel zu bieten: Die verwinkelte Altstadt hat sich zu einem der am häufigsten fotografierten Orte Istriens gemausert, hinter jeder Ecke ergeben sich neue Perspektiven und Motive. Bei Tag ein schöner Ort, der mit der ganzen Familie erkundet werden kann, nach Einbruch der Dunkelheit lässt sich das ausgeprägte Nachtleben genießen. In jedem Juni ist Ro-

CAMPINGPLÄTZE

1 Aminess Maravea Camping Resort ★★★★★

Nördlich von Novigrad gelegen, hat das Aminess Maravea Camping Resort einen rund 1 km langen, teils zerklüfteten Felsstrand zu bieten, die bis zu 15 m breiten Liegeflächen sind zum Teil betoniert oder gekiest. Bootssportler können auf die Slipanlage und einen Steg zugreifen, zudem werden Boote vermietet. Die leicht geneigte Anlage verfügt über 705 parzellierte Standflächen, zur Wahl stehen Größen zwischen 90 und 120 m². WLAN ist überall abrufbar, die Plätze sind durchgängig mit CEE-Steckdosen (16 A) ausgestattet. Mehrere Restaurants, ein großer Shop und viele Angebote für kleinere Kinder machen den Platz zusätzlich attraktiv.

▶ Ulica Laguna 2, 52466 HR-Novigrad, Tel: +385 (0) 52 85 86 80, Mitte April–Sept., GPS: 45.343122, 13.548368

■ pincamp.de/HR300

2 Camping Zelena Laguna ★★★★★

Rund um eine Bucht erstreckt sich der weitläufige Campingplatz, der kaum Wünsche offen lässt. Der Felsstrand umfasst sowohl einen separaten Abschnitt für Kinder als auch einen Hundestrand. Wer sein Boot mitbringt, findet eine Slipanlage und einen Steg vor. Von den 654 Standplätzen sind 541 parzelliert, das hügelige Wiesengelände wird zum Teil von Pinien und Laubbäumen beschattet. WLAN-Empfang gibt es auf dem gesamten Gelände, die CEE-Steckdosen sind mit 10 Ampere abgesichert. Neben Beachvolleyball gibt es noch weitere Sportmöglichkeiten. Gleich in der Nähe liegt der quirlige Urlauberort Poreč, den man mit dem Auto in ca. 10 Minuten erreicht.

▶ Zelena Laguna 24, 52440 Poreč, Tel. + 385 (0) 52 70 07 00, Mitte April–Anfang Okt., GPS: 45.197455, 13.583766

■ pincamp.de/HR600

3 Camping Mon Perin ★★★★½

Langeweile sollte auf dem nahe Bale gelegenen Platz nicht aufkommen. Direkt am Wasser bieten sich Felsplateaus als Liegeflächen an – mehrere Kiesbuchten laden zum Baden ein. Bootssportler finden alle erforderlichen Anlagen, auch Neulinge können Tauch- oder Segelkurse belegen. Für die Versorgung gibt es nicht nur Einkaufsmöglichkeiten, sondern auch Gemüse, das frisch vom Feld geerntet werden darf. Die 700 meist parzellierten Standflächen variieren in der Größe zwischen 80 und 150 m², die CEE-Steckdosen sind bis 16 Ampere belastbar. Zu den Besonderheiten gehören unter anderem ein Open-Air-Kino und die Badelandschaft mit einem archäologischen Lehrpfad.

▶ Mon Perin d.d. Trg La Musa 2, 52211 Bale, Tel. +385 (0) 52 894 00 21, Mitte April–Anfang Okt., GPS: 45.01996,13.723195

■ pincamp.de/HR1220

vinj erfüllt von lateinamerikanischer Musik, beim Salsafestival wird auch auf den Straßen getanzt.

Nur wenige Kilometer nördlich der Stadt verläuft der 12 km lange Limski-Kanal, der sowohl im Rahmen einer Bootstour als auch mit dem Auto erkundet werden kann. Wander- und Radwege führen durch das Naturschutzgebiet, und es gibt mehrere Lokale, die Austern und Meeresfrüchte anbieten.

Gladiatorenkämpfe und Tierhetzen: Das römische Amphitheater von Pula bot einst bis zu 26 000 Zuschauern Platz.

PULA

Ihrem Naturhafen verdankt die alte Römerstadt Pula den Aufstieg vom kleinen Fischerort zur größten Stadt Istriens. Ab Mitte des 19. Jh. zum Hauptkriegshafen Österreichs ausgebaut, siedelten sich Handel und Industrie an. Auch als die Österreicher 1918 die Region abtraten, blieb Pula ein wichtiger Knotenpunkt. An die weiter zurückliegende Geschichte erinnert die Arena, die einst das zweitgrößte Amphitheater des Römischen Reiches war. Heute finden dort Konzerte und Veranstaltungen statt. Zu den jüngeren Zeugen der Historie gehört die venezianische Festung aus dem 17. Jh., die das Geschichts- und Schifffahrtsmuseum Istriens beherbergt. Unterhalb des Kastells kann man zudem in die Unterwelt eintauchen: Das 2 km lange, sternförmig angelegte Tunnelsystem wurde als Schutzanlage im Ersten Weltkrieg gebaut und enthält heute ein Museum. Einkaufen in lokaler Atmosphäre lässt sich unweit des römischen Sergierbogens, wo in der Markthalle der Stadtmarkt abgehalten wird. Ob frische Feigen, Fisch oder Fleisch – hier wird man fündig.

KAP KAMENJAK

Zu den Kleinodien Istriens zählt die ganz im Süden befindliche Landzunge mit dem Kap Kamenjak. Zahlreiche Naturbuchten bieten sich zum Baden und Schnorcheln an, die Bucht Velika Kolombarica ist für ihre Klippenspringer berühmt. Wanderwege führen durch die unter Naturschutz stehende Region, und die Höhlen entlang der Küste laden zum Entdecken ein. Urzeitspaß für Kinder bietet die Bucht Grakalovac Pinizule, wo nach dem Fund von Dinosaurierspuren ein 600 m langer Saurierpfad angelegt wurde.

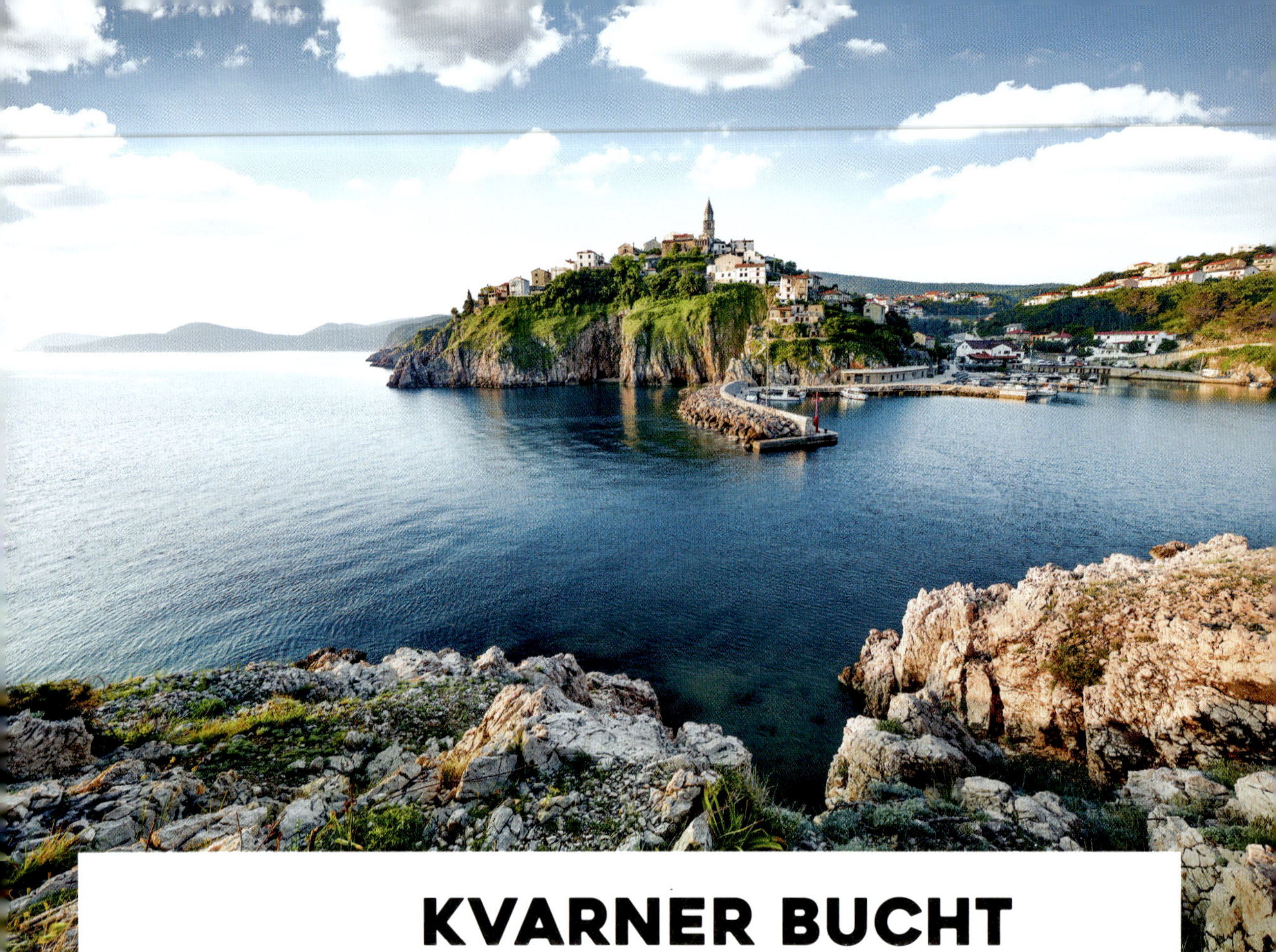

KVARNER BUCHT

Der Euro ist da

Wechselgeld

Mit dem EU-Beitritt im Juli 2013 entfielen bereits die Kontrollen an den Grenzen, seit dem 1. Januar 2023 ist der Euro auch in Kroatien offizielles Zahlungsmittel. Wer von früheren Urlauben noch die Altwährung Kuna in der ewigen Reisekasse hat, sollte sich beeilen: Geldscheine und Münzen können bis Ende 2023 bei Banken und in Postfilialen kostenlos in Euro umgetauscht werden.

2

Blauer Himmel, Strand, und über einer der zahllosen Inseln geht am Abend die Sonne unter. Für viele Urlauber ist die Kvarner Bucht die erste Station an der Kroatischen Adria – Rijeka ist verkehrstechnisch gut angebunden, nach Süden hin besteht die Wahl zwischen der Küstenstraße Jadranska Magistrala oder weiteren Autobahnabschnitten gen Dalmatien. Die Inseln der Kvarner Bucht haben eine besondere Anziehungskraft – jede weist einen anderen Charakter auf, alle bieten Camping- und Freizeitanlagen direkt am Meer. Überdies hat man dort seit Jahrzehnten Erfahrung mit den Vorstellungen von Campern gesammelt und kann so die Grundlage für einen gelungenen Urlaub legen. Wer aber viel vom Land sehen möchte und in Richtung Dalmatien strebt, der findet an der Küste des Festlands ebenfalls pittoreske Dörfer und malerische Buchten, die zum Bleiben animieren. Der ein oder andere Abstecher ins Inland erweist sich schnell als Entdeckung – wenn auch die touristische Infrastruktur des Hinterlandes nur partiell entwickelt ist.

Auf der Suche nach qualitativ hochwertigen Übernachtungsgelegenheiten wird man schnell fündig, hat Campingurlaub in dieser Region doch eine lange Tradition. Sind längere Aufenthalte auf Top-Plätzen geplant, sollte zumindest in den Ferienzeiten vorab die Verfügbarkeit abgefragt werden.

◂ Erbaut auf einem rund 50 Meter hohen Felsen über dem Meer: Der Ort Vrbnik an der Ostküste der Insel Krk blieb vom Massentourismus bislang verschont.

SEHENSWERTES

RIJEKA UND OPATIJA

Die beiden größten Orte im Norden der Kvarner Bucht könnten ungleicher nicht sein – und doch sollten sie in einem Atemzug genannt werden. Als drittgrößte Stadt Kroatiens ist Rijeka das geschäftige Handelszentrum der Region. Mit seinen vielen Museen ist der Ort aber auch ein Anziehungspunkt für Kunstliebhaber, diverse Sammeltickets berechtigen zum Besuch mehrerer Museen. Das Top-Panorama auf Rijeka hat man von dem im 13. Jh. auf einem Hügel errichteten Kastell von Trsat, wo im Sommer auch Konzerte stattfinden.

In die Zeit der Habsburger Donaumonarchie entführt die westlich gelegene Schwesterstadt Opatija. Einst ein beliebter Winterkurort der besseren Gesellschaft beeindrucken die Parkanlagen und die 12 km lange Franz-Joseph-Promenade am Ufer auch heute noch. Wer ein Faible für edle Boote hat, kann sich an den Marinas Jachten aller Preiskategorien anschauen. Opatija wurde an den Hang gebaut und mit vielen engen Stichstraßen versehen. So empfiehlt es sich, den Camper auf einem der zentralen Parkplätze abzustellen und die Stadt zu Fuß zu erkunden.

CRES UND LOSINJ

Cres und die Nachbarinsel Krk konkurrieren um den Titel der größten Insel Kroatiens, doch hat Cres ganz knapp die Nase vorn – 66 km weit erstreckt sie sich gen Süden und bietet ausgedehnte Eichenwälder im Norden und dichte Macchia im Süden. Ein Paradies für Wanderer, auch Sportradlern bieten sich viele Gelegenheiten, ihre Waden zu trainieren. Wassersport in allen Facetten wird an der endlos erscheinenden Küste betrieben. Taucher erkunden die Blaue Grotte in der Žanje-Bucht bei Lubenice, und Bootssportler sind in ihrem Element. Mit seiner mediterranen Atmosphäre kann der Hauptort Cres gefallen, etwas lauschiger geht es in Valun und Osor zu.

Ursprünglich war Cres fest mit der Nachbarinsel Lošinj verbunden – bis die Römer vor 2000 Jahren an der engsten Stelle einen 100 m langen Kanal aushoben. Vom benachbarten Campingplatz aus lässt sich die Drehbrücke beobachten, die bei Schiffsverkehr zur Seite gefahren wird. Lošinj ist nicht nur die Insel der Blumen und der Pinien, an einem der sonnigsten Orte Europas können Urlauber annähernd durchgängig schönes Wetter erwarten. Schöne Plätze für Camper finden sich entlang der Küste nahe der auf Fremdenverkehr eingestellten Ortschaften.

KRK

Es bedarf keiner Fährpassage, um eine der schönsten Ferieninseln Kroatiens zu erreichen: Eine eineinhalb Kilometer lange Brücke überspannt das Wasser, seit dem Jahr 2020 ist die Nutzung sogar mautfrei. Zu Recht erfreut sich Krk bei Urlaubern großer Beliebtheit – Vielfalt ist die Stärke des Eilands. Zahllose Strände laden zum Baden ein, Bootsausflüge und Delfinsafaris versprechen eine gute Zeit auf dem Wasser. Der auf einem 49 m hohen Felsen über dem Meer erbaute Weinort Vrbnik an der Ostküste besticht mit seiner einzigartigen Altstadt, Häuser und Gassen wurden den natürlichen Gegebenheiten angepasst. Von hier aus lässt sich zudem die Unterwasserwelt mit einem Halb-U-Boot erkunden. Das nördlich gelegene Njivice verbirgt nicht seinen Ursprung als Fischerdorf. Einige der schönsten Strände hat das Dörfchen Silo in der Bucht Soline zu bieten. Ganz in der Nähe befindet sich die Tropfsteinhöhle Biserujka špilja, die der Legende nach eine alte Schatzhöhle ist. Im Süden punktet Baska mit seinen langen Feinkiesstränden, historisch Interessierte finden in der Kirche der heiligen Luzia eine Tafel mit der antiken Schrift der Glagoliza.

CRIKVENICA

Eilige Reisende, die auf der gut ausgebauten Küstenschnellstraße unterwegs nach Süden sind, werden den Ort wohl kaum wahrnehmen. Doch gehört Crikvenica zu den schönen Städtchen am Wegesrand, die durchaus angesteuert werden sollten. Direkt gegenüber der Insel Krk gelegen bietet der Badeort alle Gegebenheiten für einen gepflegten Strandurlaub

– an Möglichkeiten zum Angeln, Paddeln oder Tauchen mangelt es nicht. Einfach mal vom Gas gehen, anhalten und die schöne Atmosphäre genießen. Und vielleicht sogar länger verweilen …

RAB

Während die meisten Inseln vor der kroatischen Küste auf den ersten Blick felsig und karg wirken, besticht Rab durch seine geradezu üppige Vegetation. Fast die Hälfte der Insel ist von Wald bedeckt, an den einladenden Buchten werden Sonnenschirme ebenso wie Wassersportaktivitäten geboten. Seinem Namen gerecht wird Rajska Plaža, der Paradiesstrand, der nahe der Stadt Lopar im Norden als schönster Badeplatz der Insel gilt. Flach geht der lange Sandstrand ins Wasser über – ein sicheres Refugium für Familien mit kleineren Kindern. Fast urbane Atmosphäre versprüht der Hauptort Rab mit seiner ausladenden Marina und vielen Einkaufsmöglichkeiten. Unverkennbar ist die Silhouette der Stadt dank der vier Glockentürme. Die auf einer Landzunge gelegene Altstadt erkundet man am besten zu Fuß. Ausgesprochen praktisch sind die ab dem Hafen verkehrenden Taxiboote, die auch die am Wasser liegenden Campingplätze der Region ansteuern.

INSELSPRINGEN

So viele Inseln, so viele Schiffe: Die Reederei Jadrolinija verbindet das Festland und die Inseln miteinander, doch werden nicht auf allen Linien Autofähren eingesetzt. Als Alternative zur von Industrie und Kraftwerken geprägten Küstenstraße von Rijeka nach Norddalmatien bieten sich die Inselfähren nach Cres, Krk und Rab an: Von Brestova aus legen die Schiffe nach Porozina auf Cres ab, der dortige Hafen Merag bietet Verbindungen nach Valbiska auf

Sahara Beach an der Nordspitze von Rab: Der berühmte naturbelassene FKK-Strand bietet keinerlei Serviceeinrichtungen.

CAMPINGPLÄTZE

4 Camping Kovačine, Cres ★★★★½

Am Rand der Inselhauptstadt Cres hat sich Camping Kovačine seit vielen Jahren einen guten Ruf erworben: Der 1,5 km lange Fels- bzw. Kiesstrand weist mehrere betonierte Liegeflächen auf, es stehen sowohl Abschnitte für Textilbadende als auch Naturisten zur Verfügung. Für mobilitätseingeschränkte Gäste stehen Lift und Rampe bereit. Die Tauchschule bietet auch Kurse für Gehörlose; Bootsausflüge werden organisiert. Der weitläufig angelegte Platz offeriert 1000 parzellierte Standflächen, die mit CEE-Steckdosen (10-16 A) ausgestattet sind. Restaurant und Supermarkt laden ebenso Gäste ein wie ein Café; an Marktständen wird täglich frisches Gemüse angeboten.

▸ Melin I/20, 51557 Cres, Tel. +385 (0) 51 57 31 50, April–Okt., GPS: 44.96293333, 14.39698333

■ pincamp.de/HR2000

5 Ježevac Premium Camping Resort, Krk ★★★★½

Die Insel Krk ist nicht nur als faszinierendes Tauchrevier bekannt, sondern lockt auch Kiter und Windsurfer an. Nur 200 m vom gleichnamigen Ort entfernt bietet das Resort einen 700 m langen Fels- und Kiesstrand mit gepflasterten Liegeflächen. Badestege und eine rollstuhlgerechte Rampe ins Wasser sind vorhanden. Besonderes Augenmerk wird auf die Bedürfnisse von Urlaubern mit Hunden gelegt. Von den 421 Standplätze sind 311 parzelliert, die Größe variiert zwischen 60 bis 100 m².
Der Platz ist sowohl für sein Qualitäts- als auch für das Umweltmanagement zertifiziert. WLAN ist auf dem gesamten Platzgelände verfügbar, die CEE-Steckdosen sind mit 10 bis 16 Ampere belastbar.

▸ Plavnička 37, 51500 Krk, Tel. +385 (0) 52 46 50 00, ganzjährig, GPS: 45.0188, 14.5668

■ pincamp.de/HR3200

6 Kamp Oštro ★★★½☆

Die Inseln der Kvarner Bucht mögen eine besondere Anziehungskraft haben, doch auch das Festland hat seine Reize. Das Kamp Oštro befindet sich gut 20 km südlich von Rijeka; der naturbelassene Platz am Meer besticht durch seine 40 gut beschatteten Standplätze für Urlaubsgäste. Zum Baden bietet sich der 300 m lange und aus Sand und Kies bestehende Strand an, das flache Wasser ist ideal für erste Schwimmübungen kleinerer Kinder. Regelmäßig werden Bootsausflüge organisiert. Auf einem Teil der Anlage gibt es WLAN-Empfang, und mit 10 Ampere abgesicherte Schukosteckdosen sichern die Energieversorgung. Haustiere sind auf dem Campingplatz nicht erlaubt.

▸ Oštro ul. 16, 51262 Kraljevica, Tel. +385 (0) 51 28 12 18, Mitte April–Anfang Okt., GPS: 45.270166, 14.563909

■ pincamp.de/Pin_231339

der Nachbarinsel Krk an. Von dort aus verkehrt auch die Fähre nach Lopar auf der Insel Rab. Über Mišnjak im Süden von Lopar erreicht man mit der Fähre nach Stinica wieder das dalmatinische Festland.

Eine interessante Variante, mit der sich auch Kilometer sparen lassen, ist die mehrmals pro Woche eingerichtete Fährverbindung von Mali Lošinj nach Zadar. Auf dem Weg werden mehrere kleinere Inseln angesteuert, und es bestehen gute Chancen, Delfine zu sehen. Die meisten Fähren lassen sich nicht im Voraus buchen – frühes Erscheinen sichert die Mitnahme *(www.jadrolinija.hr)*.

NORDDALMATIEN

Vegetarische Vielfalt

Balkanküche

Die Küche des Balkan ist traditionell fleisch- und fischlastig – der Holzkohlegrill gehört zu den festen Bestandteilen jedes Lokals. Vegetarier und Veganer kommen dennoch nicht zu kurz: Die Gemüseplatten sind ausgesprochen lecker, und die Köche gehen gerne auf die Wünsche nach fleischlosen Gerichten ein. In mehreren Städten haben sich zudem vegetarische Restaurants etabliert.

3

Berge, Meer und Inseln: Die Fahrt über den norddalmatinischen Teil der adriatischen Küstenstraße ist ein Traum für Menschen, die das Zusammenspiel von blauem Wasser und weißen Felsformationen lieben. Die Küste wird von unendlich vielen Riffen und Inseln geprägt. Letztere sind mitunter so nah, dass sie vom Festland aus über Brücken erreicht werden können. Selbst auf den kleineren Inseln ist man auf Camper eingestellt. Entlang der Festlandküste gibt es sowohl große Campingplätze mit jedem Komfort als auch kleine Privatplätze, die zwar meist nur über eine einfache Ausstattung verfügen, doch dafür familiär geführt werden.

Dalmatien ist zu schön, um schnell durchfahren zu werden. Die großen Naturparks im Inland bieten außergewöhnliche Landschaften, deren Vorzüge nicht nur von Wanderern und Mountainbikern geschätzt werden. Auch so manche Filmcrew hat die dortige faszinierende Natur bereits als Drehort genutzt – Karl May lässt grüßen. Noch immer gilt allerdings, dass die ausgeschilderten Wege nicht verlassen werden dürfen: Warnschilder und Absperrungen weisen auf die im letzten Krieg verminten Gebiete hin. Auf der Seeseite locken die als Naturpark geschützten Inseln der Kornaten, die in der Saison von Ausflugsbooten angesteuert werden.

◂ Im Gassengewirr der Altstadt von Trogir kann man sich wunderbar treiben lassen. Sie liegt auf einer kleinen Insel, die über drei Brücken erreicht werden kann.

SEHENSWERTES

PAG

Über knapp 60 km erstreckt sich die Insel Pag vor der Küste Norddalmatiens. Aus der Ferne mag sie wegen ihrer lang gestreckten Bergrücken karg und unnahbar wirken, doch täuscht der erste Eindruck: Pag ist mit seiner landschaftlichen Vielfalt ein beliebtes Wandergebiet, auf der Insel gedeihen Steineichen, Pinien, Aleppo-Kiefern und Olivenbäume. Zudem ist sie die Heimat des schmackhaften Schafskäses Paški sir. Rund um die gleichnamige Inselhauptstadt, die auch bekannt für die dort gestickte Pager Spitze ist, wird in ausgedehnten Salinen Salz gewonnen, und auf der Suche nach frisch gepresstem Olivenöl wird man bei Lun im Norden der Insel fündig. Erlebnishungrige Urlauber erfreuen sich im Ferienort Novalja des großen Freizeitangebots, Techno-Fans machen in der Partyzone bei Zrće die Nacht zum Tag. Endlose Badestrände für die ganze Familie, Buchten und Wassersportmöglichkeiten sind die Vorzüge von Šimuni. Von Norden kommend erreicht man Pag mit der Fähre von Prizna nach Žigljen, in Richtung Zadar führt eine 280 m lange Brücke zurück aufs Festland.

ZADAR

Die Luft ist erfüllt vom Klang der Meeresorgel, deren Töne vom Wellengang bestimmt werden. Auch wenn keine Melodie der anderen gleicht – wer dort auf den Stufen sitzt, entspannt und hat gleichzeitig einen schönen Blick auf die Altstadt von Zadar. Am Abend sorgt die begehbare Lichtorgel nebenan für zusätzliche optische Reize. Bei Dunkelheit leuchten die tagsüber von der Sonne aufgeladenen Dioden in zufälliger Abfolge. Ein inspirierendes Erlebnis für die Sinne, dem man sich kaum entziehen mag.

Für die Erkundung der historischen Altstadt sollte genügend Zeit eingeplant werden – der alte Hafen mit seinen Windjammern und Jachten ist ebenso sehenswert wie die zahllosen Kirchen, von denen der Rundbau von St. Donatus und der Dom der heiligen Anastasia zu den prächtigsten Bauten gehören. Und auch die moderne Kunst kommt nicht zu kurz: Nahe der Brücke zum Festland zeigt das Glasmuseum Herstellung und Entwicklung des Glases *(www.mas-zadar.hr)*. Leckere Erzeugnisse aus der Region findet man auf dem ältesten Markt der Stadt, der Pijaca. Übrigens: Zadar ist die Stadt der Liköre, Sliwowitz wird hier ebenso destilliert wie der Birnenlikör Kruškovac und der originale Maraschino.

KORNATI-INSELN UND DUGI

Einen unvergesslichen Tag auf dem Meer verspricht ein Ausflug zum Nationalpark der Kornati-Inseln. Der aus 89 Eilanden bestehende Archipel ist schon vom Boot aus ein Erlebnis – Riffe ragen aus den Wellen, die bewohnten Inselchen bieten Wanderwege und kleine Marinen. Taucher und Schnorchler sind hier in ihrem Element. Wer nicht über ein eigenes Boot verfügt, kann vom Festland oder einer der benachbarten größeren Inseln aus eine Tour buchen.

Nicht minder spannend ist der Besuch der nahen Insel Dugi, die von Zadar aus mit einer Autofähre erreichbar ist und über eine touristische Infrastruktur sowie mehrere Campingplätze verfügt. Im Südosten der Insel liegen drei ehemalige U-Boot-Bunker, die inzwischen ein beliebtes Ziel für Segler darstellen.

ŠIBENIK UND MURTER

Alle Wege führen nach Šibenik – zumindest, wenn man den Hinweisschildern an den Straßen Glauben schenkt. Und keine Frage: Das an einer geschützten Bucht gelegene Šibenik ist einfach schön, die verwinkelten Gassen der Altstadt sind oft als Treppen angelegt. Die Kathedrale Sveti Jakov ist UNESCO-Weltkulturerbe, ebenso wie die von einem Kanal umflossene venezianische Festung Sveti Nikola. Die fast 31 m hohe Brücke über die Bucht ist mit einer Plattform für Bungee-Springer ausgestattet – das Treiben kann von einem Aussichtspunkt am nördlichen Brückenkopf beobachtet werden.

Für Entdecker und Genießer empfiehlt sich die nahe Insel Murter, die vom Festland aus über eine Klappbrücke erreicht wird. Während im Inland der

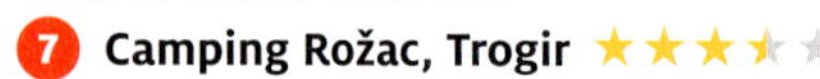

CAMPINGPLÄTZE

7 Camping Rožac, Trogir ★★★½

Direkt vor der historischen Stadt Trogir führt eine Brücke zur vorgelagerten Insel Čiovo, nur 2,5 km weiter liegt der Campingplatz auf einer kleinen Landzunge. Das 500 m lange Ufer ist teils felsig, dazwischen laden Kiesbuchten zum Baden ein. Bootsslip und ein Steg mit Liegeplätzen machen den Platz für Freizeitkapitäne attraktiv, und im kristallklaren Meer werden Tauchkurse angeboten. Die meisten der 120 Standplätze (60–120 m²) sind von Bäumen beschattet, für den Stromanschluss (16 A) ist ein Schuko- oder CEE-Stecker erforderlich. Das platzeigene Lokal serviert lokale Spezialitäten – einen Einkaufsladen gibt es in Laufnähe. Kostenfreies WLAN gibt es auf dem gesamten Platz.

▸ Šetalište Stjepana Radića 56, 21223 Okrug Gornji, Tel. +385 (0) 21 80 61 05, Ende März–Anfang Nov., GPS: 43.5054, 16.2583

■ pincamp.de/HR6550

8 Camping Village Šimuni, Pag ★★★★★

Am 2 km langen Sand- und Kiesstrand sind auf der Insel Pag Wasseraktivitäten Programm: Geboten werden Schwimm- und Tauchkurse, die Badeplattformen erfreuen sich ebenso wie die aufblasbare Spiellandschaft großer Beliebtheit. Die Marina ist mit einer Slipanlage ausgestattet, und man kann sich im Segeln erproben. Auch eine Windsurf- und Kiteschule findet sich vor Ort. An Land gibt es einen Wellnessbereich und eine Kletterwand. Entspannen lässt sich auf den 510 Standplätzen, die größtenteils auf Terrassen angelegt wurden. Jeder Platz ist mit einer CEE-Steckdose (16 Ampere) versehen, WLAN-Hotspots sorgen auf dem ganzen Gelände für WLAN-Empfang. Über die Anlage verteilen sich mehrere Waschhäuser. Teile des Strandes sind für Hunde freigegeben. Der Platz bietet ein breit gefächertes Unterhaltungsprogramm und ist als umweltfreundlich zertifiziert.

▸ Šimuni, 23251 Kolan, Tel. +385 (0) 23 69 74 41, Mitte März–Mitte Nov., GPS: 44.46581667, 14.96705

■ pincamp.de/HR3950

9 Falkensteiner Premium Camping Zadar ★★★★★

Nach seiner Renovierung strahlt Zadars einziger Campingplatz in neuem Glanz. Die 269 parzellierten Standplätze messen zwischen 80 und 100 m², alle verfügen über einen Stromanschluss (CEE, 16 Ampere). Die sanitären Anlagen sind großzügig ausgestattet und entsprechen modernen Standards. Spa und Wellness-Einrichtungen des zum Gelände gehörigen Hotels können genutzt werden und unterstreichen die gehobene Ausstattung. WLAN ist auf dem gesamten Areal verfügbar. Am Wasser gibt es eine Slipanlage und einen Bootsverleih. Austoben lässt es sich im Wasserpark oder auf dem Beachvolleyballfeld. Die historische Altstadt Zadars kann mit dem Fahrrad entlang des Ufers erreicht werden.

▸ Majstora Radovana 7, 23000 Zadar, Tel. +385 (0) 23 77 76 30, ganzjährig, GPS: 44.13492, 15.21582

■ pincamp.de/HR5400

Anbau von Wein und Oliven dominiert, laden an der Küste zahllose Buchten zum Baden und Bootfahren ein. Im Südwesten findet man auch einige Sandstrände. Tipp: Ein Schotterweg führt auf den Berg Raduč hinauf, wo eine alte Bunkeranlage erkundet werden kann. Oben hat man eine schöne Sicht auf die Kornaten. Für die dunklen Bergstollen sollte eine Taschenlampe im Gepäck sein.

Für die Gäste des Camping Village Šimuni samt Wasserpark auf der Insel Pag ist der Weg zum Meer nicht weit.

PRIMOŠTEN

Übers Meer kamen plündernde Piraten, vom Festland feindliche Eroberer – wer seine Stadt in Sicherheit wissen wollte, legte sie auf einer Insel an und umgab sie mit starken Befestigungsanlagen. In Primošten war diese Überlegung erfolgreich: Das auf einer felsigen Insel erbaute Fischerdorf hat die Jahrhunderte gut überdauert. Inzwischen führt eine Brücke zum steinernen Tor der Stadtmauer. Die Gassen, die zur 1485 erbauten Kirche Sveti Juraj auf der Bergspitze führen, sind schmal und verworren. Die Ateliers der hiesigen Kunsthandwerker sind für ihren Schmuck und ihre Produkte aus Olivenholz berühmt, die Lokale schenken den rubinroten Rotwein Babić aus, der in den nahe gelegenen Weingärten auf traditionelle Weise angebaut wird. Parkplätze gibt es in ausreichender Anzahl entlang der Uferpromenade der Neustadt vor der Insel.

TROGIR

In das Gewirr der Gassen von Trogir sollte man eintauchen und sich einfach treiben lassen. Natürlich kann man sich verlaufen, doch sorgt die Insellage dafür, dass niemand verloren geht. Die gesamte Altstadt steht seit 1997 unter dem Schutz der UNESCO und wirkt überaus lebendig. In alten Gemäuern werden dalmatinische Spezialitäten serviert, neben der Festung Kamerlengo finden auf einem Sportplatz Turniere statt. Den Hauptplatz mit seinen Cafés und Lokalen säumt die Kathedrale des hl. Laurentius – in Sichtweite liegen die Superjachten des Geldadels vor Anker. Kirchen und Denkmäler vermitteln Geschichte, kleine Läden bieten Andenken und die Sommermode der Saison. Vom kleinen Hafen aus legen Ausflugsboote ab. Campingplätze, Strände und viele Wassersportangebote werden auf der Insel Čiovo geboten, die mit Trogir über eine Drehbrücke verbunden ist.

SÜDDALMATIEN

Für Schwindelfreie

Nationalpark Biokovo

Eine mit steilen und engen Kehren gespickte Panoramastraße schraubt sich zum 1762 m hohen Berggipfel Sveti Jure im Nationalpark Biokovo empor. Etwa auf halber Strecke befindet sich der Skywalk Biokovo – ein halbrunder Glasbodenweg, der in 1228 m Höhe über eine Klippe ragt. Schwindelfreie Besucher werden dabei mit dem grandiosen Panorama der Makarska-Riviera belohnt.

▶ www.pp-biokovo.hr/en

4

Schon in der griechischen Mythologie wurde die Schönheit der süddalmatinischen Inseln hervorgehoben, und die historische Altstadt von Dubrovnik rangiert auf der Liste der Orte, die man gesehen haben sollte, ganz vorne. Die landschaftlichen Reize machen das Bereisen der Region zwischen Split und Montenegro zum Vergnügen, das durch die malerischen Städte auf dem Weg noch gesteigert wird. Bis in den Herbst hinein locken Strände und das warme Meer, und die dalmatinische Küche besteht beileibe nicht nur aus Grilltellern und Ćevapčići. Der Reichtum an kulinarischen Varianten wird durch sonnenverwöhnte Weine abgerundet. Um passende Übernachtungsgelegenheiten müssen sich Camper nicht sorgen: Entlang der Küste und auf den Inseln herrscht an Campingplätzen kein Mangel.

Über viele Jahre bedeutete der 10 km lange Landstreifen, der Bosnien und Herzegowina einen Zugang zur Adria sichert, teils langwierige Grenzkontrollen auf dem Weg nach Dubrovnik. Seit Mitte 2022 überspannt die Pelješac-Brücke die Bucht von Mali Ston. Wegen der nun leichteren Anfahrt ist damit zu rechnen, dass auch die Fremdenverkehrsangebote auf Pelješac und der Nachbarinsel Korčula künftig stärker ausgebaut werden. Der sogenannte Neum-Korridor mit seinen Möglichkeiten zum preisgünstigen Tanken und Einkaufen kann dennoch weiterhin genutzt werden.

◂ Die letzten Sonnenstrahlen blinzeln über eine Bergkuppe der üppig grünen Adriainsel Hvar. Hier kann man sich wunderbar für einige Tage einrichten.

SEHENSWERTES

SPLIT

Als heißer Tipp für Urlauber gilt Kroatiens zweitgrößte Stadt: Im Juli und August klettert das Thermometer regelmäßig auf 32 Grad. Doch birgt die zwischen hohen Gebirgszügen und Meer gelegene Hafenstadt so viele Reize, dass man einen Besuch trotz möglicher Hitze nicht bereuen wird. Die heimliche Hauptstadt Dalmatiens erfreut das Auge sowohl mit ihren vielen Grünanlagen als auch durch eine sehenswerte Altstadt. Die Ursprünge des als UNESCO-Welterbe gelisteten Diokletianpalasts, der eine Fläche von 215 mal 180 m einnimmt, reichen bis in die Römerzeit zurück. In dem historischen Bauwerk befinden sich kleine Läden und Cafés, die sich nicht nur bei Splits Studierenden großer Beliebtheit erfreuen. An der Wasserlinie empfiehlt sich die Flaniermeile Riva mit Blick auf Teile des Hafens, die Ursprünglichkeit der Altstadt erlebt man beim Gang durch das Viertel Veli Varoš, in dem 300 Stufen hinauf zum Hausberg auf der Halbinsel Marjan führen. Glasklares Wasser und der mit der Blauen Flagge ausgezeichnete Stadtstrand Bacvice ziehen Badegäste an. Split ist zudem ein Knotenpunkt des kroatischen Schiffsverkehrs. Neben Autofähren nach Italien legen hier auch die Fähren zu mehreren Inseln ab.

HVAR

Angeblich ist das Wasser der Adria nirgends so klar und sauber wie rund um die Insel Hvar. Da wundert es nicht, dass das Eiland zu den zehn schönsten Inseln gezählt wird. Der gleichnamige Hafenort im Nordwesten wird sogar als St-Tropez Kroatiens gehandelt. Im Sommer ist die dortige Marina tatsächlich ein beliebter Liegeplatz für exklusive Jachten. Von der Festung Spanjol aus lässt sich das Treiben in der darunter befindlichen Altstadt gut beobachten, venezianische Paläste zeugen vom Reichtum früherer Zeiten, und auf der Suche nach gehobener Gastronomie und exklusiven Boutiquen wird man am Hauptplatz nahe der Kathedrale des heiligen Stephan fündig.

Bodenständiger geht es in Stari Grad im Norden der Insel zu. Unterhalb der auf der UNESCO-Welterbeliste verzeichneten Hochebene ist die Küstenlinie von Buchten geprägt. Die dortigen Strände sind teils gekiest, teils gibt es betonierte Liegeflächen. Erreichbar ist Hvar mit der Direktfähre ab Split, die in Stari Grad anlegt. Der schönere Weg jedoch führt durch die ausgedehnten Lavendelfelder im Osten der Insel, wo von Sućuraj aus nach Drvenik auf dem Festland übergesetzt werden kann.

PELJEŠAC

Bis zum Bau der Pelješac-Brücke wurde die Halbinsel eher als Geheimtipp gehandelt. Von Sonne und Natur verwöhnt lockte sie Kenner guter Weine, die auch die an der Südküste gewonnenen Austern und Miesmuscheln nicht verschmähten. Bei Bootssportlern genießt Pelješac wegen der dort vorherrschenden Windverhältnisse einen guten Ruf, Surfer nutzen die Kraft des Mistral, um sich über die Wellen treiben zulassen. Der erste Stopp sollte bei Ston eingeplant werden – die 5 km lange Befestigungsmauer wurde bereits im 14. Jh. errichtet und ist noch immer begehbar. Gebaut wurde der Wall übrigens zum Schutz der Saline, die seit der Antike ununterbrochen in Betrieb ist. In einem kleinen Museum wird die Herstellung erklärt, und natürlich können auch kleine Salzsäckchen erworben werden.

Fast am anderen Ende der Halbinsel liegt die Kleinstadt Orebic im Schutz des Berges Sveti Ilija. Die einstige Seefahrerstadt bietet neben Campingmöglichkeiten unter anderem ein Museum der Seefahrt sowie die Höhle Nakovana, die in vorchristlicher Zeit eine illyrische Kultstätte war. Mehrere Buchten sowie der 1,5 km lange Sandstrand stellen eine gute Basis für Freizeitaktivitäten und Wassersport dar.

KORČULA

Der Legende nach stritten bereits die altgriechischen Götter darüber, ob Mljet, Lastovo oder Korčula die schönste Insel sei. Eine Entscheidung konnte selbst Zeus nicht herbeiführen. Lohnenswert ist der Besuch jeder dieser Inseln, doch ist Korčula dank der

CAMPINGPLÄTZE

10 Solitudo Sunny Camping, Dubrovnik ★★★½☆

Der einzige Campingplatz im Umkreis der historischen Stadt Dubrovnik ist zwar eher auf Besucher des Weltkulturerbes eingestellt, bietet aber dennoch Badegelegenheiten am nahen Strand. Genutzt werden können auch die vielfältigen Kurgelegenheiten der Anlage. 238 der 393 Standflächen sind in Größen von 75 bis 100 m² parzelliert, je nach Areal sind die CEE-Steckdosen mit 10 oder 16 Ampere abgesichert. Lichter Laubwald sorgt auf dem teils abgestuften Gelände für ausreichend Schatten. Der für sein Qualitäts-und Umweltmanagement zertifizierte Platz verfügt über einen kleinen Lebensmittelladen und ein Restaurant. Hunde sind jederzeit willkommen.

▶ Vatroslava Lisinskog 60, 20000 Dubrovnik, Tel. +385 (0) 52 46 50 00, Mitte Mai–Anfang Okt., GPS: 42.66198333, 18.07065

■ pincamp.de/HR8300

11 Port9 Campsite by Aminess, Korčula ★★★☆☆

Nahe des Fährhafens gelegener Platz mit teils naturbelassenem, teils terrassiertem Gelände im Busch- und Pinienwald. Ein Teilbereich des Badebereichs wird als Bootsanleger genutzt, Boote können ausgeliehen werden. Angeboten werden Tauchkurse, und vor der Küste befindet sich eine aufblasbare Spielelandschaft. 80 der 124 Standplätze sind parzelliert, für den Stromanschluss (16 A) werden CEE- oder Schukostecker benötigt. Auf Teilen der Anlage gibt es WLAN-Empfang.

▶ Dubrovačka cesta 19, 20260 Korčula, Tel. +385 (0) 52 85 86 90, Ende Mai–Sept., GPS: 42.95063333, 17.14505

■ pincamp.de/HR8000

12 Camp Makarska

Der kleine Campingplatz am Ortseingang von Makarska bietet 33 Standplätze inmitten eines Kiefernwalds. An der rund 100 m weit entfernten Wasserlinie reihen sich Kies-Sand-Buchten aneinander, und dem Verlangen nach sportlichen Aktivitäten sind kaum Grenzen gesetzt: Jet-Ski und Tretboote können ausgeliehen werden, eine Segel- und eine Tauchschule bieten Kurse an. In unmittelbarer Nähe gibt es zudem ein Sportzentrum mit neun Tennisplätzen. Moderne Sanitäranlagen befinden sich auf dem Platz, die Stromkästen sind mit CEE-Steckdosen bestückt. Frischwasser kann gebunkert werden, und Entsorgungsanlagen sind ebenfalls vorhanden. Einkaufsmöglichkeiten finden sich in der Nachbarschaft, bis zum Ortszentrum von Makarska sind es nur 1500 m.

▶ Ul. Ivana Gorana Kovačića 11b, 21300 Makarska, Tel. +385 (0) 977 02 65 90, ganzjährig, GPS: 43.307179, 17.00385

■ pincamp.de/Pin_231371

Fähre ab Pelješac mit dem Camper am einfachsten zu erreichen. Schon von der Fähre aus ist der auf einem Hügel erbaute Geburtsort des großen Reisenden Marco Polo sichtbar. Beim Besuch der Altstadt fällt auf, dass die Anordnung der Straßen ein Fischgrätmuster aufweist. Die schräge Anordnung der Gassen sorgt im Sommer, wenn der milde Mistral weht, für ein erfrischendes Lüftchen – die Kühle des Fallwindes Bora dagegen wird abgehalten. Der Gang durch die Stadt sollte auch an der Kathedrale Svetog

Marka vorbeiführen – der 30 m hohe Turm kann gegen Gebühr bestiegen werden und bietet einen schönen Blick auf Stadt und Küste.

In 40 km Entfernung befindet sich die Hafenstadt Vela Luka am westlichen Ausläufer der Insel. Zwischen dem größten Ort Korčulas und der Nordküste lassen sich auf Wanderungen mehrere Festungsruinen entdecken. Zu den besonderen Attraktionen gehört die oberhalb der Stadt inmitten von Olivenhainen befindliche Höhle Vela Sila, die schon vor 20 000 Jahren bewohnt war.

DUBROVNIK

Wer denkt, er habe nach dem Besuch mehrerer historischer Altstädte Kroatiens bereits alles gesehen, muss sich in Dubrovnik eines Besseren belehren lassen. Die auf einer Halbinsel befindliche »Perle der Adria« beeindruckt schon auf den ersten Blick durch ihre unüberwindlichen Wehrmauern, auf denen der Ort fast komplett umrundet werden kann. Ein Stadtplan ist nützlich, um sich in dem Gewirr der autofreien Gassen zurechtzufinden. Die Vielzahl von Kirchen, Palästen und Museen lässt es ratsam erscheinen, für Dubrovnik mehrere Tage einzuplanen. Wegen der diffizilen Parkplatzsituation lässt man das Wohnmobil am besten auf dem stadtnahen Campingplatz und nutzt die öffentlichen Verkehrsmittel. Da der als UNESCO-Welterbe anerkannte Ort massiv von Reisebussen und Kreuzfahrtschiffen angesteuert wird, muss tagsüber mit zahlreichen Besuchern gerechnet werden. Die Fahrt mit der Seilbahn auf den Hausberg Srđ ermöglicht ein grandioses Panorama. Die jüngere Geschichte der Stadt wird im Museum des Heimatkriegs vorgestellt, das im von Napoleon erbauten Fort Imperial neben der Bergstation untergebracht ist.

Die Perle der südlichen Adria: Dubrovniks gesamte Altstadt steht seit 1979 auf der Liste des Weltkulturerbes der UNESCO.

REISEINFORMATIONEN KROATIEN

Notruf: 112
Int. Vorwahl: +385
Sprache: Kroatisch
Währung: Euro
Zeitverschiebung: keine
Einreise: Personalausweis

Über 1777 km zieht sich die Küstenlinie Kroatiens entlang der Adria. Schaut man hinaus aufs Meer, trifft das Auge fast immer auf eine der vorgelagerten Inseln, von denen sich nicht wenige als Urlaubsorte einen Namen gemacht haben. An den Stränden geht es ungezwungen zu, häufig findet man auch gesonderte Abschnitte für Naturisten. Die kroatische Küste ist sowohl bekannt für ihre vielfältigen Wassersportmöglichkeiten als auch für den oft hohen Standard der Campingplätze. Durch die neue Küstenautobahn lassen sich auch die südlichen Landesteile leicht erreichen.

Inselhopping leicht gemacht: Eine Brücke verbindet Krk mit dem dalmatinischen Festland.

STRASSENVERKEHR

Maut: Autobahnen und Schnellstraßen sind meist gebührenpflichtig. Die Abrechnung erfolgt streckenabhängig.
Promillegrenze: 0,5 Promille; für Fahrer unter 25 Jahren und Fahrer von Fahrzeugen über 3,5 t gelten 0,0 Promille.
Lichtpflicht: Vom letzten Sonntag im Oktober bis zum letzten Sonntag im März ist Abblendlicht vorgeschrieben.
Warnwestenpflicht: Es gilt eine Warnwestenpflicht für Fahrer und alle Insassen eines Fahrzeugs, wenn sie sich bei einem Unfall auf der Fahrbahn aufhalten. Diese Regelung gilt sowohl innerorts als auch außerorts.
Umweltzonen: Nein

Tempolimits

	Pkw	Caravan-Gespann	Wohnmobil bis 3,5 t	Wohnmobil über 3,5 t
innerorts	50	50	50	50
außerorts *1	90	80	90	80
Schnellstraße	110 *2	80	110 *2	80
Autobahn	130 *3	90	130 *3	90

***1:** Für Fahrer unter 25 Jahren gelten generell 80 km/h; ***2:** Für Fahrer unter 25 Jahren gelten generell 100 km/h; ***3:** Für Fahrer unter 25 Jahren gelten generell 120 km/h

CAMPEN

Campingplätze: Zwischen Oktober und März haben die meisten großen Plätze geschlossen. Privat betriebene Autocamps nehmen häufig Gäste auf, z. T. werden Ver- und Entsorgung angeboten.
Stellplätze: Es gibt nur wenige Stellplätze in größeren Städten, meist sind sie kostenpflichtig.
Gasversorgung: Das Befüllen deutscher Flaschen im Flüssiggashandel (INA) ist möglich; meist ist ein Adapter erforderlich. Die Gasflaschen dürfen nicht älter als fünf Jahre sein.
Strom: 230 V; CEE-Stecker auf Campingplätzen sind üblich; ansonsten findet man auch zweipolige Steckdosen mit teilweise niedriger Absicherung, kein Reiseadapter erforderlich.

Freies Campen

Übernachten außerhalb von Campingplätzen	für eine Nacht	für mehrere Nächte
auf Straßen und Parkplätzen	nicht erlaubt	nicht erlaubt
auf Privatgrund	nicht erlaubt	nicht erlaubt

Anmerkung: Es ist strikt verboten, außerhalb von gekennzeichneten Plätzen zu campen. Nächtliche Kontrollen, auch an einsam gelegenen Orten, sind üblich; Strafen bis zu 400 €.

Besonderheiten im Straßenverkehr

- Ein Ersatzlampenset muss mitgeführt werden.
- Haltende Schulbusse dürfen nicht überholt werden.
- Jeder Unfall muss der Polizei gemeldet werden. Fahrzeuge dürfen nach einem Unfall mit Karosserieschaden Kroatien nur mit einer polizeilichen Schadensfeststellung wieder verlassen.

Besonderheiten für Caravangespanne

- Maximale Länge: 18,75 m
- Ein zweites Warndreieck für den Anhänger ist mitzuführen.

MONTENEGRO

Auf die D-Mark folgte der Euro

Zahlen wie zu Hause

Bei der Gründung Montenegros fragte man in Deutschland an, ob die stabile D-Mark als offizielle Währung eingeführt werden dürfe. Großzügig stimmte die Bundesregierung zu. Seit der Einführung des Euro wird dieser auch in Montenegro verwendet, obwohl das Land nicht dem Euro-Verbund angehört. Für Urlauber ist das vorteilhaft: Die Umrechnung entfällt, ebenso Wechselgebühren.

5 Montenegro – das Land der schwarzen Berge. Die von dichtem Wald bewachsenen und zum Teil schwer zugänglichen Gebirgsformationen im Inland verhalfen der Region zu ihrem Namen, die Tara-Schlucht – mit bis zu 1300 m der tiefste Canyon Europas – befindet sich dort. Doch gibt es auch die buchtenreiche Küste, die vor dem Auseinanderbrechen Jugoslawiens ein beliebtes Ferienziel deutscher Urlauber war. Besteht doch fast ein Viertel der 295 km langen montenegrinischen Adriaküste aus Stränden. Nach der Trennung Montenegros von Serbien im Jahr 2006 verschwand das Land weitgehend von der Liste der anvisierten Ziele für den Campingurlaub. Dass in den Nullerjahren viele Campingplätze zugunsten neuer Hotels geschlossen wurden, machte Montenegro nicht attraktiver.

Mittlerweile haben sich die Voraussetzungen, Montenegro mit dem Reisemobil zu erfahren, deutlich verbessert – nachhaltiger Naturtourismus wird gefördert, allein entlang der Küstenlinie empfehlen sich zehn Plätze. Im Inland gibt es ein grobes Netz an Übernachtungsmöglichkeiten. Beim Bereisen erweist sich das Land als interessantes Ziel für Entdecker. In den letzten Jahren wurde zudem in den Straßenbau investiert, auf Nebenstrecken sollte dennoch mit unebenen Streckenabschnitten gerechnet werden. Wildes Campen ist untersagt. Statt der üblichen Stellplätze gibt es private Autocamps, auf denen übernachtet werden darf.

◄ Wer die engen Serpentinen hinauf zum Lovćen-Gebirge hinter sich gelassen hat, wird mit einem atemberaubenden Blick über die Bucht von Kotor belohnt.

SEHENSWERTES

KOTOR

Der besondere Charme der Stadt in Verbindung mit der malerischen Bucht von Kotor sorgt dafür, dass der 50 km von der kroatischen Grenze entfernte Ort seit Jahrzehnten Urlauber aus ganz Europa anzieht. Venezianische Paläste prägen das Bild der Altstadt, die von einer mächtigen, 4,5 km langen Stadtmauer umgeben ist. Die Sankt-Tryphon-Kathedrale gilt als schönste Kirche Montenegros, und wegen ihrer zahlreichen kunsthistorischen Bauwerke wurde Kotor in die Liste der UNESCO-Weltkulturerbe aufgenommen. Katzenfreunde werden sich hier besonders wohlfühlen – die Vierbeiner werden besonders geschätzt, und im ehemaligen orthodoxen Kloster am Kinoplatz befindet sich sogar ein Katzenmuseum. An Angeboten zur Betätigung am Wasser mangelt es nicht: Kanutouren sind ebenso möglich wie Bootsausflüge zu Höhlen oder Segeltörns. In der nahen Skurda-Schlucht werden Canyoning-Touren angeboten. Selbst aus der Luft lässt sich die Bucht erleben – bei einem Paragliding-Flug.

BUDVA

Sonnen, schwimmen, Boot fahren: Wo bizarr wirkende Felsformationen aus dem Wasser ragen, bieten die mit Sandstränden durchsetzten Steinbuchten eine gute Basis für den Urlaub am Meer. Mehrere Tore führen in die nach einem Erdbeben wieder aufgebaute Altstadt, von der Zitadelle aus ergibt sich ein schöner Blick aufs Meer. Nach Einbruch der Dunkelheit sind die Nachtschwärmer unterwegs, der Ort ist bekannt für seine abendliche Unterhaltungsszene. Für einen Ausflug ins Inland bietet sich die alte Hauptstadt Cetinje an, die noch heute Amtssitz des Präsidenten ist. Ein Hauch von Historie liegt über den gut erhaltenen einstigen Prachtbauten, zwei frühere Paläste beheimaten gegenwärtig Museen. Führt der weitere Weg nach Kotor, sollte man die 39 km lange Bergstraße entlang des Nationalparks Lovćen wählen. Mit Blick auf das Bergmassiv und die Bucht von Kotor ist der etwa 8 km lange Abschnitt »Kotor Serpentine« zwar fahrerisch anspruchsvoll, bietet aber ein fantastisches Panorama – eine der schönsten Bergstrecken Europas, auch wenn in den 16 Kehren bei Gegenverkehr schon mal zurückgesetzt werden muss.

SKUTARISEE

Naturliebhaber und Vogelkundler sollten den Weg zum nur 20 km von der Küste entfernten See nicht scheuen. Mit einer Länge von 48 km ist der Skutarisee der größte Binnensee der Balkanhalbinsel, der Naturpark ist einer der wichtigsten Nistplätze für Zugvögel. Wo sonst sieht man schon Pelikane in freier Wildbahn? Von mehreren Orten aus legen Ausflugsboote ab. Vor der imposanten Kulisse der Bergwelt ist die Küste mit ihren Buchten und alten Klöstern ein Erlebnis. Auf dem Landweg gibt es die Möglichkeit, den See einmal komplett zu umrunden. Über Virpazar gelangt man bei Božaj zur albanischen Grenze, die Strecke führt über die Stadt Shkodra zurück nach Montenegro. Zur Einreise reicht der Personalausweis, die Grüne Versicherungskarte des Fahrzeugs muss aber für Albanien freigestempelt sein.

BAR

An kaum einem anderen Ort sind die Gewalten der Natur so präsent: 1979 zerstörte ein Erdbeben die auf einem Hügel erbaute Altstadt von Bar so nachhaltig, dass sie aufgegeben werden musste. Das neue Bar wurde an der Küste wieder aufgebaut, das historische Viertel blieb wie die Zitadelle sich selbst überlassen. Inzwischen ist das alte Dorf Ziel für Wanderer und Ausflügler, die den morbiden Charme der Anlage, aber auch das Panorama über die Küstenlinie genießen. Einige Häuser wurden wieder instand gesetzt und fungieren als Lokale und Souvenirshops. Für die Besichtigung des historischen Bar empfiehlt sich festes Schuhwerk. Als größter Tiefseehafen Montenegros bietet Bar zudem mehrere Möglichkeiten der Überquerung des adriatischen Meeres. Wer die Adria umrunden möchte, kann von hier aus eine der regelmäßig verkehrenden Autofähren nach Ancona oder Bari in Italien buchen.

ULCINJ

Hunger wird man in der südlichsten montenegrinischen Stadt wohl nicht leiden – doch muss der Weg zu einem der vielen Restaurants treppauf, treppab erlaufen werden. Die Altstadt von Ulcinj wartet mit dicken Stadtmauern und Zinnen auf, Fremdenverkehr hat hier eine lange Tradition. Südlich des Ortes erstreckt sich über eine Länge von 13 km bis zur albanischen Grenze der wohl schönste Strand der Adria. Velika Plaža zeichnet sich durch seinen dunklen Sand aus, dem sogar heilende Wirkung bei Muskel- und Knochenerkrankungen nachgesagt werden. Für Kinder ist der flache Einstieg ins Wasser ideal, einige Abschnitte sind für Kitesurfer reserviert. Die gesamte Küste ist abschnittweise in Privatbesitz – es muss also mit geringen Nutzungsgebühren gerechnet werden. Am Ende des Strandes liegt in der Mündung des Flusses Bojana die Insel Ada, die ihre Entstehung der Versandung eines gesunkenen Schoners verdankt. Die Insel stellt ein beliebtes FKK-Resort dar, am Flussufer des Festlands lohnt ein Besuch der dortigen Restaurants – den Fischgerichten eilt ein ausgezeichneter Ruf voraus.

MCM Camping & Resort: großzügige Stellplätze zwischen Bäumen mit Blick auf das Mittelmeer.

CAMPINGPLÄTZE

 **Autocamp Naluka** ★★☆☆☆

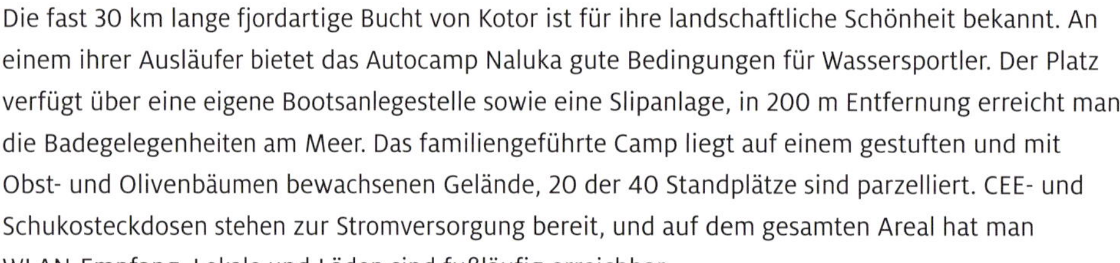

Die fast 30 km lange fjordartige Bucht von Kotor ist für ihre landschaftliche Schönheit bekannt. An einem ihrer Ausläufer bietet das Autocamp Naluka gute Bedingungen für Wassersportler. Der Platz verfügt über eine eigene Bootsanlegestelle sowie eine Slipanlage, in 200 m Entfernung erreicht man die Badegelegenheiten am Meer. Das familiengeführte Camp liegt auf einem gestuften und mit Obst- und Olivenbäumen bewachsenen Gelände, 20 der 40 Standplätze sind parzelliert. CEE- und Schukosteckdosen stehen zur Stromversorgung bereit, und auf dem gesamten Areal hat man WLAN-Empfang. Lokale und Läden sind fußläufig erreichbar.

▶ 85338 Morinj, Tel. +382 (0) 32 37 31 01, Mai–Anfang Okt., GPS: 42.48673, 18.65197

■ pincamp.de/MN1180

14 MCM Camping & Resort ★★★★☆

Nur wenige Kilometer vor der albanischen Grenze erstreckt sich der großzügig angelegte Campingplatz auf 5 ha Fläche. In einer weiten Bucht gelegen ist der bis zu 60 m breite Feinsandstrand besonders für Familien attraktiv. Campern stehen 50 teils parzellierte Standflächen in Größen zwischen 50 und 100 m² zur Verfügung. Jeder Platz ist mit Wasser- und Stromanschluss (Schuko 16 A) versehen, WLAN ist vorhanden. Am Strand gibt es ein Beachvolleyballfeld, in der Anlage lädt zudem ein Pool zum Baden ein. Ein Restaurant, eine Bar und ein Kinderspielplatz komplettieren die Ausstattung.

▶ Donji Stoj, 85360 Ulcinj, Tel. +382 (0) 67 67 76 77, April–Okt., GPS: 41.901594, 19.276922

■ pincamp.de/MN1950

REISEINFORMATIONEN MONTENEGRO

Zwischen den schwarzen Bergen im Inland und den Traumstränden an der Adria gelegen bietet sich Montenegro als lohnenswertes Ziel für Entdecker an. Die mitunter raue Bergwelt zieht Wanderer und Kletterer in ihren Bann, Dörfer und Städte haben nur wenig von ihrer Ursprünglichkeit verloren. Der Küstenstreifen im Süden Dalmatiens ist seit Jahrzehnten für seine herrlichen Strände und die Annehmlichkeiten der Ferienorte berühmt. Das Umherreisen im Land ist problemlos – doch muss in höheren Lagen noch im späten Frühling mit Schnee gerechnet werden.

STRASSENVERKEHR

Maut: Der Sozina-Tunnel auf der E 80 (Podgorica–Bar) ist gebührenpflichtig.
Promillegrenze: 0,3 Promille
Lichtpflicht: Abblendlicht ist tageszeitunabhängig ganzjährig vorgeschrieben.
Warnwestenpflicht: Es gilt eine Warnwestenpflicht.
Umweltzonen: Nein
Überholen: Beim Überholen muss während des gesamten Vorgangs geblinkt werden. Das Überholen von Kolonnen ist verboten.

Tempolimits

	Pkw	Caravan-Gespann	Wohnmobil bis 3,5 t	Wohnmobil über 3,5 t
innerorts	50	50	50	50
außerorts [*1]	80	80	80	80
Schnellstraße	100	80	100	100

CAMPEN

Gasversorgung: Das Befüllen deutscher Flaschen ist im Flüssiggashandel möglich; ein Adapter ist erforderlich.
Strom: 230 V; Schukostecker.
Freies Campen: Auf Straßen, Parkplätzen und Privatgrund nicht gestattet.

Notruf: 112
Int. Vorwahl: +382
Sprache: Montenegrinisch
Währung: Euro
Zeitverschiebung: keine
Einreise: Personalausweis (30 Tage), Reisepass (90 Tage)

Besonderheiten im Straßenverkehr

- Ein Ersatzlampenset sollte mitgeführt werden.
- Beim Abschleppen muss an der Frontseite des Schleppfahrzeugs und am Heck des geschleppten Kfz ein Warndreieck angebracht sein.
- Haltende Schulbusse dürfen nicht überholt werden.
- Jeder Unfall muss der Polizei gemeldet werden. Fahrzeuge dürfen nach einem Unfall mit Karosserieschaden das Land nur mit einer polizeilichen Schadensfeststellung wieder verlassen.

Besonderheiten für Caravangespanne

- Maximale Länge: 18,75 m
- Ein zweites Warndreieck für den Anhänger ist mitzuführen.

Griechenland

Den Campingstuhl ausgepackt und in aller Ruhe die majestätische Landschaft genießen: Die Halbinsel Mani im Süden des Peloponnes wird von mächtigen Bergzügen geprägt.

Mit den Zielen …

Westgriechenland ▸ S. 160 – Peloponnes, Südwesten ▸ S. 164 – Peloponnes, Südosten und Athen ▸ S. 168 – Chalkidiki und Thessaloniki ▸ S. 172

WESTGRIECHENLAND

Damit die Küche nicht kalt bleibt

Gasnachschub

Deutsche Gasflaschen werden in Griechenland in der Regel nicht aufgefüllt, zum Anschluss der landesüblichen Behälter wird die Mitnahme eines Adapters empfohlen. Wer die blauen Butan-Flaschen nutzt, sollte vor dem Urlaub seine Bestände prüfen, Campingaz wird in Griechenland nicht angeboten. Also spätestens in Italien noch Nachschub besorgen.

1 Am Tag locken die Buchten der zerklüfteten Küsten, allabendlich kann man die glutrote Sonne im Meer versinken sehen: Die Westküste Griechenlands bietet einen guten Einstieg in das Land der Hellenen. Auf dem Weg nach Süden laden Strände zum Verweilen ein, zum Entdecken der Zeugnisse der Geschichte muss gelegentlich das Hinterland angesteuert werden. Die vorgelagerten Ionischen Inseln sind mehr als nur einen Abstecher wert, hat sich die dortige Bevölkerung doch ebenfalls auf Feriengäste und Camper gut eingestellt. Küstennahe Camping- und Stellplätze finden sich gehäuft im Norden und Westen – die Infrastruktur für Übernachtungen von Reisemobilisten im Süden stellt sich derweil noch als unbefriedigend heraus.

Bleibt die Frage: Fahren oder Fähre? Seit an der östlichen Adria Landesgrenzen keine unüberwindlichen Hindernisse mehr darstellen, ist der Westen Griechenlands auch auf vier Rädern problemlos erreichbar. Immerhin liegen zwischen dem kroatischen Dubrovnik und der albanischen Grenze bei Igoumenitsa nur 500 km. Einfacher ist die Strecke mit der Fähre von Italien aus zu bewältigen: Gerade mal 17 Stunden benötigt das Schiff ab Ancona – rechnet man die Passage gegen die Kosten für Sprit und Übernachtungen auf, ist der Unterschied gering. Wesentlicher ist die eingesparte Zeit, die dann für die Tour durch Griechenland zur Verfügung steht.

◂ Sonne, Strand, Meer – alle Strände auf Korfu sind grundsätzlich öffentlich, und an der oft noch unverbauten Westküste kann man traumhafte Sonnenuntergänge erleben.

SEHENSWERTES

KORFU

Seine strategisch günstige Lage hat Korfu zu venezianischen, aber auch britischen und französischen Einflüssen verholfen. Die historischen Stätten und die landschaftliche Schönheit ließen die zweitgrößte Ionische Insel zum beliebten Ferienziel werden. Der gleichnamige Hauptort wird auch von Italien aus per Autofähre angesteuert, im Süden ist das Festland vom Hafen Lefkimmi aus erreichbar.

Nicht ohne Grund steht Korfus malerische Altstadt Campiello unter dem Welterbeschutz der UNESCO. Im Norden locken die langen Strände von Roda und Acharavi. Von dort aus ist es nicht weit zum verlassenen Bergdorf Palea Peritheia, dem ältesten Ort der Insel. Der Fischerort Sidari hat sich als Zentrum des Wassersports etabliert, wer dort durch den von rötlichen Felsen flankierten Canal d'Amour schwimmt, soll der Legende nach an seinem Ende die wahre Liebe finden. Smaragdgrünes Wasser und idyllische Buchten mit goldgelben Stränden bietet der Ferienort Paleokastritsa auf der Westseite der Insel. Über Serpentinen lässt sich das byzantinische Angelokastro aus dem 13. Jh. erreichen, das auf der Spitze eines steilen Felsens angelegt ist.

IGOUMENITSA

Für Griechenland ist Igoumenitsa das Tor zum Westen, für Urlauber, die mit der Fähre von Italien aus anreisen, stellt die Stadt den Einstieg in das Land der Hellenen dar. Am Hafen herrscht ein stetes Ankommen und Auslaufen der Fähren von und nach Italien, aber auch zu den nahen Ionischen Inseln. Die Stadt wuchs erst in den letzten 70 Jahren zur heutigen Größe heran, ein Spaziergang entlang der Uferpromenade vermittelt einen Eindruck von der Betriebsamkeit einer lebendigen Hafenstadt. Vom Panoramahügel aus ergibt sich ein schöner Blick auf die Küste und den Ort. Historie findet man in der nur 8 km nördlich der Stadt gelegenen archäologische Stätte von Gitana, das einst zu den wichtigsten hellenistischen Städten der Region Thesprotia gehörte. Das ans Tageslicht gebrachte Theater bot in der Antike Platz für 5500 Zuschauer. Entspannte Stunden am Strand verspricht der Aufenthalt in der Bucht von Plataria, die nur durch eine Landzunge von Igoumenitsa getrennt ist. In entspannter Atmosphäre nutzt man die Angebote an einem der Sandstrände, geht angeln oder nimmt von der Marina aus an einer organisierten Bootstour teil.

PARGA

Die Riviera von Epirus gefällt durch ihre stetig wechselnde Uferlinie: Schroffe Felsbuchten werden von langen Sandstränden abgelöst, die seicht ins klare Wasser übergehen. Als besonders schöner Ort an dieser Küste hat sich Parga einen Namen gemacht. Zweistöckige Häuser säumen die gepflasterten Gassen, von der 1570 auf einer erhöhten Landzunge errichteten venezianischen Festung bietet sich ein grandioser Blick auf die zerklüftete Küste. Die sich anschließende Bucht ist für ihre schönen Strände berühmt. An einem der beliebtesten Badeorte der Region fehlt es nicht an Angeboten für Urlauber.

Nur 5 km weiter südlich besteht die Möglichkeit, der griechischen Liebesgöttin einen Besuch abzustatten: In der Bucht von Lichnos werden Tretboote vermietet, mit denen leicht die Höhle der Aphrodite erreicht werden kann. Allerdings sollte die Exkursion an einem windstillen Tag unternommen werden – bei hohem Wellengang kann die Einfahrt in die Grotte zur Herausforderung werden.

LEFKADA

Lefkada ist eine Insel – doch sind die wenigen Meter, die sie vom Festland trennen, mittels einer Brücke schnell überwunden. Statt Massentourismus dominieren ursprüngliche Dörfer, die im Süden befindliche Bucht von Vasiliki hat sich einen Ruf als einer der besten Surfplätze Europas erworben. Die ganz im Süden der Insel gelegenen weißen Klippen des Kap Doukato galten einst als heiliger Ort. In Vorzeiten gab es einen – heute immer noch ausgeschilderten – Tempel zu Ehren des Gottes Apollo. Spuren

CAMPINGPLÄTZE

1 Elena's Beach Camping

Nur knapp 10 km vom Fährhafen von Igoumenitsa entfernt bietet sich Elena's Beach Camping sowohl als lohnendes Zwischenziel wie auch als Urlaubsort an. Zwischen Oliven- und Eukalyptusbäumen verteilen sich auf dem weitgehend naturbelassenen Gelände 50 Standflächen für Camper; ein schmaler, aber langer Kiesstrand lädt zum Baden ein. Ein Bootsslip ist ebenso vorhanden wie ein Parkplatz, auf dem Bootsanhänger abgestellt werden können. Zum Stromzapfen können die Schukosteckdosen (6 A) genutzt werden, auf einem Teil des terrassenartigen Geländes gibt es auch WLAN-Empfang. Ein eigenes Restaurant sowie ein Mini-Markt runden das Angebot ab.

▸ 46100 Plataria, Tel. +30 (0) 26 65 07 14 14, April–Okt., GPS: 39.46005, 20.26151667

■ pincamp.de/GM4940

2 Camping Enjoy Lichnos ★★★½

Bewaldete Hänge umgeben die Bucht von Lichnos, von bis zu 500 Jahre alten Olivenbäumen bewachsene Terrassen führen hinunter zum grobkörnigen Sandstrand. Dort gibt es nicht nur Sonnenschirme und Liegestühle, sondern auch ein Beachvolleyballfeld und einen Verleih für Tauchausrüstungen. Windsurfen und Wasserski sind möglich. Die kleine Mole ist mit einer Slipanlage ausgestattet, Boote können ausgeliehen werden. Während der Saison legen täglich Schiffe zu den Inseln Paxoi und Antipaxoi ab. 115 der 160 bis zu 60 m² großen Standplätze des Camps sind parzelliert, die Sicherungskästen (Schuko, CEE) sind mit je 16 Ampere abgesichert. Auf dem als umweltfreundlich klassifizierten Campingplatz gibt es überall WLAN-Empfang.

▸ 48060 Párga, Tel. +30 (0) 26 84 03 11 71, Mai–Mitte Okt., GPS: 39.28158333, 20.4342

■ pincamp.de/GM4800

3 Camping Póros Beach ★★★½

Im Süden der durch eine Brücke mit dem Festland verbundenen Insel Lefkada wartet Camping Póros Beach mit einer kleinen, aber feinen Ferienanlage am Meer auf. Der Kieselstrand ist knapp 100 m vom Camp entfernt, zusätzlich steht ein Swimmingpool zur Verfügung. Es herrschen gute Bedingungen zum Surfen. Gecampt wird unter Oliven- und Orangenbäumen, die 54 Parzellen sind bis zu 60 m² groß. Die CEE- und Schukosteckdosen sind mit 12 Ampere abgesichert, in den Gemeinschaftbereichen kann WLAN empfangen werden. Der Versorgung dienen ein Restaurant und ein Supermarkt. Darüber hinaus gibt es einen Auto- und Motorradverleih.

▸ Mikros Gialos, 31100 Póros, Tel. +30 (0) 26 45 09 54 52, GPS: 38.64037, 20.69639

■ pincamp.de/GI540

davon findet man allerdings nicht mehr, an seiner Stelle wurde 1890 ein Leuchtturm errichtet. In Nydri an der Ostküste legen nicht nur Fähren nach Kefalonia und den anderen umliegenden Inseln ab – in den frühen Sommermonaten lohnt sich auch der Ausflug zu den nahen Wasserfällen im Inland.

NIKOPOLIS UND PREVEZA

Die Seeschlacht von Actium besiegelte 31 v. Chr. Kleopatras Niederlage gegen die Römer. Der spätere Kaiser Augustus gründete an der Meerenge zum Ambrakischen Golf daraufhin die Stadt Nikolpolis – die Stadt des Sieges. Spuren der Vergangenheit haben die Zeit überdauert: Bei Nikopolis wurden bei Ausgrabungen Teile der antiken Stadt freigelegt, ein Museum informiert über die geschichtlichen Zusammenhänge. Das heutige Wahrzeichen von Preveza ist die Ruine der osmanischen Küstenfestung Pantocrator. Lebendiger geht es in der Altstadt zu, wo eine kleine Ouzo-Brennerei zur Verkostung des Anisschnapses einlädt. Seit der Freigabe des Tauchsports vor den Küsten Griechenlands hat sich Preveza zu einem Zentrum für Freunde der Unterwasserwelten entwickelt. Tauchtouren werden für Anfänger und Fortgeschrittene angeboten.

MESOLONGI UND ETOLIKO

Die größte Lagune Griechenlands bietet landschaftliche Facetten, wie sie in keiner anderen Region des Landes zu finden sind. Wegen seiner Bedeutung im Kampf um die griechische Unabhängigkeit darf sich Mesolongi mit dem Titel »Heilige Stadt« schmücken, im Heldengarten sind Denkmäler für die Größen des Freiheitskampfes zu sehen. Die angrenzende Lagune zieht sich 27 km weit ins Landesinnere. Die traditionellen Pilades – hölzerne Pfahlhäuser – werden von Ausflugsbooten angesteuert, im Naturschutzgebiet sind unzählige Vogelarten beheimatet. Angler machen einen sicheren Fang, erweist sich die Lagune doch als außerordentlich fischreich.

Folgt man den Salinen auf dem Weg nach Norden, schließt sich hinter dem Städtchen Etoliko eine weitere Lagune an. Zwei schmale Brücken verbinden den Ort im Osten und Westen mit dem Festland. Die in der Kirche der Taxiarchen sprudelnde Quelle soll die Bevölkerung während der türkischen Belagerung mit Frischwasser versorgt haben. Die besten Plätze für einen genussreichen Sonnenuntergang bieten die Lokale an der westlichen Promenade: Neben Räucheraal wird dort auch Avgotaracho serviert – in Wachs gehüllter Fischrogen.

Die Stellplätze auf dem Campingplatz Elena's Beach bei Platariá gewähren einen unverstellten Blick aufs Meer.

PELOPONNES, SÜDWESTEN

Das schwarze Gold

Oliven zu jeder Tageszeit

Beim Frühstück gehören sie zum Schafskäse, mittags verzieren sie Salate, und am Abend runden sie die Mahlzeit ab: Oliven sind fester Bestandteil der griechischen Küche, über 60 Sorten bieten verschiedene Geschmackserlebnisse. Als beste Sorte wird die dickfleischige, violette Kalamon-Olive gehandelt, die nur auf dem Peloponnes angebaut wird. Ein regelmäßiger Verzehr ist zudem gesund.

2

Ob Olympiade oder Demokratie, ob Alphabet oder Gyros – wer hat's erfunden? Die Griechen. Willkommen im Herzland der klassischen Antike, wo die Zeugnisse einstiger Größe Jahrtausende überdauert haben und Lebensfreude die Sorgen vertreibt. Der Peloponnes ist eines der bevorzugten Reiseziele für den Griechenlandurlaub. Ist die Feriendauer begrenzt, empfiehlt sich die Einschiffung in einem der italienischen Häfen zwischen Venedig und Brindisi, um schnell und entspannt das Ziel zu erreichen. Angelegt wird am Hafen von Patras, das als größte Stadt des Peloponnes sicherlich seine Reize hat. Wer über Land von Westgriechenland aus anreist, nimmt die 2883 m lange Charilaos-Trikoupis-Brücke, die als zweitlängste Schrägkabelbrücke der Welt über den Golf führt.

Landschaftlich lässt die Westküste der Halbinsel kaum Wünsche offen: Von den Sümpfen und Wäldern im Norden über reizvolle Badeufer bis zum südlichsten Punkt des Festlands am Kap Tenaro bieten sich viele Regionen zum Bleiben an. Spuren des Altertums frischen die Geschichtskenntnisse auf. Campingplätze mit gehobener Ausstattung finden sich in der Nähe der Urlauberzentren und der bekannten archäologischen Stätten. Darüber hinaus bieten viele einfach gehaltene Plätze preisgünstige Möglichkeiten zum Übernachten.

◂ Auf dem Peloponnes ist Camping die schönste Art des Urlaubs. Die Infrastruktur auf der Insel ist bestens auf die mobilen Reisenden eingestellt.

SEHENSWERTES

NATIONALPARK STROFYLIA

Dass manche das Bedürfnis verspüren, nach der langen Fährfahrt von Italien aus erst einmal die urbane Region von Patras hinter sich zu lassen, ist nur verständlich. Doch schon 40 km westlich der Hafenstadt sollte der Fuß vom Gas genommen werden. Die Küste entlang des Nationalparks Strofylia erweist sich als ausgesprochen abwechslungsreich, zwischen Kalógria und Kounoupélli wird der kilometerlange Sandstrand von Dünen gesäumt. Im Hinterland liegen der im Sommer ausgetrocknete Prókopossee sowie Salz- und Süßwassersümpfe – ein schöner Ort zur Vogelbeobachtung, der lichte Kiefernwald ist von Wanderwegen durchzogen. Von der mykenischen Festung Teichos Dymaion sind noch die beeindruckenden Wehrmauern erhalten, Eintritt wird dort nicht erhoben. Folgt man der Küste weiter nach Süden, lohnt der Stichweg zur Lagune von Kotychi, die trotz ihrer Tiefe von nur 40 cm die größte Lagune des Peloponnes darstellt.

GOLF VON KYPARISSIA UND OLYMPIA

Der Golf von Kyparissia gilt als einer der schönsten Küstenabschnitte des Ionischen Meeres. Der 16 km lange Strand von Kourouta ist für seinen rötlichen Sand berühmt, Skafidia ist bei Surfern beliebt, und der nur 200 m von Katakolo entfernte Strand von Plakes eignet sich auch gut zum Schnorcheln. In der Hafenstadt selbst gibt es nicht nur Museen für antike griechische Technologie und historische Musikinstrumente – von hier aus lässt sich das antike Olympia mit dem Zug erreichen. Erst 1766 wurde der Ort, an dem 1200 Jahre lang Sportwettkämpfe zu Ehren des Göttervaters Zeus ausgetragen wurden, wiederentdeckt. Die Anlage umfasst mehrere Museen sowie einen botanischen Garten, gleich nebenan befinden sich zwei Campingplätze. Wer die archäologische Stätte in Ruhe besichtigen möchte, sollte früh aufstehen – auch für Reiseveranstalter und die in Katakolo vor Anker gehenden Kreuzfahrtschiffe gehört Olympia zum festen Ausflugsprogramm.

PYLOS

Es ist nicht überliefert, ob der berühmte altgriechische Dichter Homer am Voidokilia Beach einen Badetag eingelegt hat, doch war er offensichtlich vom Strand und dem nahen Palast des Nestor so angetan, dass beide in seine Geschichtsschreibung Eingang fanden. Die wie ein Hufeisen geformte Bucht gehört zu den schönsten des Peloponnes, Dünen umgeben die Strände, und bedingt durch die geringe Wassertiefe lockt das Meer schon früh im Jahr mit angenehmen Temperaturen. Für die Erkundung der küstennahen Unterwasserwelt empfiehlt es sich, eine Schnorchelausrüstung im Gepäck zu haben. In der sich anschließenden Navarinobucht werden Kajaktouren auf dem Meer angeboten. Als Ziel für Wanderungen empfiehlt sich die auf einem Felsen erbaute venezianische Festung Paliokastro – fantas-

Direkt am Meer gelegen: Auf dem Campingplatz Navaríno Beach hat man die gleichnamige Bucht stets im Blick.

Abseits vom Urlaubstrubel verspricht Camping Finikes entspannte Urlaubstage mit Blick auf das Meer.

tischer Panoramablick inklusive. Wen es mehr ins Gebirge zieht, der wendet sich dem Inland zu und sucht die Wasserfälle der Region auf.

KALAMATA

Man kann natürlich allein der schmackhaften Kalamon-Oliven wegen nach Kalamata kommen, die in der umliegenden Region angebaut werden und dem Ort ihren Namen gaben. Doch auch darüber hinaus erweist sich der Aufenthalt in der zweitgrößten Stadt des Peloponnes als ausgesprochen angenehm: Unterhalb der Kreuzfahrerburg aus dem 13. Jh. erstreckt sich die Altstadt, dort befindet sich auch das für seine gewebten Seidenstoffe bekannte Nonnenkloster Kalogreon. Trotz des Hafens ist der 2,5 km lange Hauptstrand der Stadt mit der Blauen Flagge für gute Wasserqualität ausgezeichnet, zudem lassen sich die zum Teil skurril wirkenden Felsformationen entlang der Küste mit dem Kajak erpaddeln. Im Inland werden Wildwassertouren angeboten.

Der Zugverkehr nach Kalamata wurde zwar bereits 2010 eingestellt, doch als Meister der Improvisation machte man das Beste daraus: Im Bahnhof befindet sich nun ein Café, Lokomotiven und Waggons dienen im Stadtpark als kostenfrei zu besichtigendes Freiluft-Eisenbahnmuseum. Wem das zu modern ist – in der einstigen Markthalle befindet sich auch ein archäologisches Museum.

LIMENI

Auf dem Wasser ziehen Segelboote vorbei, und Taucher komplettieren ihre Ausrüstung, um im glasklaren Meer der Bucht von Limeni den Meeresboden zu erkunden. Paddler und Kanuten legen von den umliegenden Stränden ab – am Fuße der Halbinsel Mani kommt Urlaubsstimmung auf. Eine Bucht weiter befindet sich die Tropfsteinhöhle bei Pyrgos Dirou, die meistbesuchte Sehenswürdigkeit der Mani. Boote bringen die Besucher 2800 m weit in die Gewölbe, die letzten 300 m werden zu Fuß zurückgelegt. Warme Kleidung muss nicht mitgebracht werden – im Gegensatz zu anderen Grotten ist es in dem beleuchteten Höhlensystem nicht kalt.

KAP TENARO

Schenkt man der griechischen Mythologie Glauben, befindet man sich an der Südspitze der Halbinsel Mani unmittelbar am Eingang in die Unterwelt. Unweit des Parkplatzes am Ende der befahrbaren Straße verweist eine archäologische Stätte auf die Höhlen des Hades, vom nahen Tempel zu Ehren Poseidons sind jedoch nur noch Ruinen vorhanden. Auf dem gut halbstündigen Fußmarsch zum südlichsten Punkt des griechischen Festlands kommt leicht der Eindruck auf, man sei hier am Ende der Welt gelandet. Der steinige Pfad ist nichts für Sandalenträger, doch ist am Ende des Weges ein Licht zu er-

CAMPINGPLÄTZE

4 Camping Petalídi Beach ★★½

25 km westlich von Kalamata liegt das Örtchen Petalídion im Norden des Messinischen Golfes. Vom Campingplatz aus ist es nur ein kurzer Fußweg zum Strand, der durch groben Kies geprägt ist. Windsurfer packen ihre Bretter aus, im nahen Dorf gibt es eine Marina. Der von vielen Bäumen beschattete Platz bietet 85 meist parzellierte Standflächen in Größen zwischen 60 und 100 m², auf einigen Arealen gibt es WLAN-Empfang. Schukosteckdosen (10 A) sorgen für die Stromversorgung. Ein Mini-Markt auf dem Gelände bietet morgens frisch gebackenes Brot, und die Taverne serviert lokale Gerichte.

▸ 24005 Petalídion, Tel. +30 (0) 69 45 57 00 34, April–Okt., GPS: 36.98168333, 21.92888333

■ pincamp.de/GP4420

5 Camping Finikes ★★★½

Hinter den Dünen erstreckt sich ein breiter und 200 m langer Sandstrand, das kristallklare blaue Meer in der ausgedehnten Bucht hat Badequalität. Vom Platz aus werden verschiedene Bootsausflüge organisiert – im Hinterland bieten sich mehrere archäologische Stätten für einen Tagesbesuch an. Camping Finikes verfügt über 80 Standflächen unter Palmen, Pappeln und Maulbeerbäumen, die Parzellen sind durch niedrige Hecken voneinander getrennt. Auf den meisten Teilen des Platzes ist WLAN abrufbar, zur Stromversorgung benötigt man Schukostecker (10 A). Neben Café, Taverne und Mini-Markt befinden sich auch ein Spielplatz sowie eine Leihbibliothek auf dem Platz.

▸ National Road Methoni-Finikounda, 24006 Finikounda, Tel. +30 (0) 27 23 02 85 24, Ende April–Sept., GPS: 36.80283333, 21.78098333

■ pincamp.de/GP4530

6 Camping Navaríno Beach ★★★

Auf dem SUP-Board über das Wasser gleiten oder mit einem Motorboot die Küste erkunden: Wassersportler werden von diesem Teil der Küste begeistert sein, Kiter und Windsurfer erfreuen sich an dem stetigen Wind. Vom Platz aus führen Treppen zum 200 m langen Sandstrand. Mit einer Bootsrampe können bis zu 6 m lange Boote zu Wasser gelassen werden. Das durch die Küstenstraße geteilte Camp mit Hecken und Bäumen verfügt über 71 parzellierte und bis zu 80 m² große Standflächen. Die Stromkästen sind mit Schuko-Anschlüssen (16 A) ausgestattet, auf dem gesamten Platz gibt es WLAN-Empfang. Ein Mini-Markt und Restaurants sind fußläufig schnell erreichbar.

▸ Giálova, 24001 Pílos, Tel. +30 (0) 27 23 02 29 73, April–Okt., GPS: 36.94765, 21.70618333

■ pincamp.de/GP4550

kennen: Direkt an der Spitze des Kaps dient der 1883 erbaute Leuchtturm den vorbeifahrenden Schiffen als Orientierungspunkt. Vor der Landspitze befindet sich übrigens der tiefste Punkt des Mittelmeers – der Meeresboden des Calypsotiefs liegt 5121 m unter der Wasseroberfläche. Eine Besonderheit der Halbinsel sind die unzähligen steinernen Wohntürme, die überall auf dem Land zu sehen sind. Den wohl besten Blick darauf erhält man im auf dem Weg zum Kap gelegenen Örtchen Vathia, das der einzigartigen Architektur wegen unter Denkmalschutz steht. Wie schmale, hohe Trutzburgen ragen die Türme in den Himmel – wer dort eintritt, stellt fest, wie angenehm kühl es im Inneren der Häuser ist.

PELOPONNES, SÜDOSTEN UND ATHEN

Tanz auf dem Vulkan

Methana

Die schwefelhaltigen Quellen ihrer Vulkane machten die Halbinsel Methana einst zum Ziel von Kurgästen, an den 60 km langen Wanderwegen geht es über erkaltete Lava zu 30 Vulkandomen. Noch liegt Methana in einem Dornröschenschlaf, doch Pläne für Geotourismus könnten dem morbiden Charme bald ein Ende bereiten. Anschauen, solange es noch so ursprünglich ist!

3

Im Südosten der Halbinsel Peloponnes sowie in der historischen Region Attika wurden vor Jahrtausenden die Grundsteine der europäischen Kultur gelegt. Zeugnisse der Huldigung griechischer Götter und Spuren einstiger Besiedlung finden sich noch heute – selbst in entlegenen Landesteilen. Urlauber tauchen ein in die bewegte Historie und erleben gleichzeitig die Reize der wunderbaren Küste entlang des Argolischen und des Saronischen Golfs. Die zentral gelegenen Halbinseln Griechenlands sind ideal zum Bereisen. Mit einem Camper oder Reisemobil unterwegs bieten sich Abstecher zu besonderen Orten an. Die Vielzahl von Campingplätzen erleichtert die Wahl des nächsten Etappenziels.

Nahezu durchgängig verlaufen Straßen auch entlang der Küste, alle Verkehrszeichen an Haupt- und Nebenstrecken sind in Griechisch und Englisch beschriftet. Gleiches gilt für Hinweisschilder zu Sehenswürdigkeiten. Problemlos funktioniert in der Regel auch die Verständigung mit Einheimischen – zur Not behilft man sich mit Händen und Füßen. Der Euro als Zahlungsmittel lässt zudem keine Fragen zu Preisen offen. Für Verkäufer ist es übrigens verpflichtend, auch bei kleinen Beträgen Quittungen auszuhändigen, auf denen die Mehrwertsteuer angegeben ist. Diese sollten tatsächlich behalten werden, hat die Finanzpolizei doch ein scharfes Auge auf Steuerbetrüger.

◄ Weltbekanntes Postkartenmotiv: Seit rund 2500 Jahren thront die Akropolis mit ihren antiken Baudenkmälern auf einem Felsen über der griechischen Hauptstadt.

SEHENSWERTES

NAFPLIO

An kaum einem anderen Ort ist die Vorstellung eines Strandurlaubs mit einem geschichtsträchtigen Hintergrund so einfach zu verwirklichen wie in Nafplio. Fast an der tiefsten Stelle des Argonischen Golf gelegen wartet die kleine Hafenstadt mit schönen Stränden in ihrer Umgebung auf. Oberhalb der Altstadt erhebt sich die Festung Akronafplia, neben dem Ort führen knapp 850 Stufen zum Westeingang der venezianischen Burg Palamidi hinauf. Wer sich den Aufstieg sparen möchte, fährt auf der Straße bis zum Westeingang. Für kurze Zeit war Nafplio im 19. Jh. Griechenlands Hauptstadt, sie gilt heute als eine der schönsten Kleinstädte des Landes. Von den palmengesäumten Stränden ist die Festungsinsel Bourtzi zu sehen, zu der auch Ausflugsschiffe ablegen. Am Strand von Karathona lassen sich Surfbretter und Tretboote ausleihen, etwas weiter südlich empfiehlt sich die Küste vor Tolo zum Schnorcheln.

Von Nafplio aus hat man die Wahl, welches Highlight des Altertums zuerst angefahren werden soll: Der vor mehr als 3000 Jahren erbaute Palast von Mykene liegt nur gut 20 km entfernt auf einer Anhöhe – das berühmte Löwentor bildet den Eingang, hinter dem unter anderem begehbare Kuppelgräber und das Schatzhaus das Atreus warten. Bei Elliniko ist die Pyramide von Hellinikon zu sehen, für einen Kurztrip empfiehlt sich das nur 12 km von Nafplio entfernte Theater von Argos.

EPIDAUROS

Auf den ersten Blick wirkt die Bucht von Epidauros fast unspektakulär: Am Strand eine Taverne, in Sichtweite warten die Anbieter für Boots- und Kajaktouren auf Kundschaft. Begibt man sich aber auf oder in das Wasser, gilt es, die Spuren einer lang vergangenen Zeit zu entdecken. Nur wenige Meter vor der Küste ist die versunkene Stadt ein beliebtes Ziel für Schwimmer und Schnorchler, selbst vom SUP-Board oder dem Kanu aus lassen sich die Grundmauern der alten Hafensiedlung erkennen. Taucht man unter, folgt man in nur 2 m Tiefe den antiken Wegen, in den versunkenen Häusern tummeln sich bunte Fische zwischen Amphoren und großen Krügen. Beheimatet sind hier allerdings auch Seeigel, weshalb das Anlegen von Schwimmschuhen ratsam ist. Rund um die Bucht gibt es mehrere Strände, die aus Sand oder Kiesel bestehen.

Als bedeutendste Kultstätte für den Heilgott Asklepios war Epidauros bis weit in die Römerzeit Heiligtum, Pilgerort und Kuranlage zugleich. Auf seine einstige Beliebtheit lassen die beiden Amphitheater schließen, darunter das mit 14 000 Plätzen größte antike Theater Griechenlands.

KORINTH

Wo Tempel und Theater offenkundig für die Ewigkeit gebaut wurden, bedurfte es allem Anschein nach auch hier keiner schnellen Entscheidung: 2600 Jahre lang wurde immer wieder über eine Verbindung zwischen dem Golf von Korinth und dem Saronischen Golf nachgedacht, um die gefährliche Umrundung des Peloponnes überflüssig zu machen. Seit der Fertigstellung des Kanals von Korinth durch ungarische Ingenieure im Jahr 1891 ist die Halbinsel durch fünf Brücken mit dem Festland verbunden. Eine Bootsfahrt durch den 6343 m langen, aber nur knapp 25 m breiten Kanal ist faszinierend – die bis zu 79 m hohen Schluchten ragen senkrecht in die Höhe, der Fels ist zum Greifen nah. Die Erosion des Gesteins führt jedoch zu häufigen Ausbesserungsarbeiten, während derer der Kanal gesperrt ist.

Ein Infozentrum gibt es nicht, doch wenn man schon in der Region ist, empfiehlt sich ein Besuch der nur 6 km entfernten archäologischen Stätte Archäa Korinthos, wo neben den Resten des Apollontempels auch eine beeindruckende Brunnenanlage zu sehen ist. Amphoren und Mosaike sind im dortigen archäologischen Museum zu bestaunen. Auch mit einem Wagen lässt sich die auf einem 575 m hohen Berg befindliche Festungsanlage von Akrokorinth erreichen. Festes Schuhwerk ist sinnvoll, bei Sonnenuntergang wird die Anlage geschlossen.

ATHEN

Soll man auf der Campingtour durch Griechenland wirklich nach Athen fahren? Die Antwort ist einfach: Athen ja, Fahren nein. Mit dem Reisemobil werden der chaotische Verkehr und die Parkplatzsituation in der Metropole schnell zur Herausforderung, weshalb es sich eher anbietet, das Mobil auf dem stadtnahen Campingplatz stehen zu lassen und das gut ausgebaute Nahverkehrsnetz zu nutzen. Als typisch griechisch erweisen sich dabei die Busfahrpläne: Da die Fahrzeuge wegen des dichten Verkehrs sowieso nicht pünktlich wären, wird von vornherein auf die Angabe von Abfahrtszeiten verzichtet. Doch wohin in einer Stadt, die so viel zu bieten hat? Wer über genügend Zeit verfügt, sollte in der Altstadt Pláka beginnen und sich treiben lassen. Die Mitnahme eines Stadtplans, auf dem die Akropolis und andere Sehenswürdigkeiten in lateinischen Buchstaben eingezeichnet sind, schadet dabei nicht. Heißt das nächste Ziel Piräus, um eine Fähre zur anvisierten Urlaubsinsel zu bekommen, empfiehlt sich die Nutzung der quer durch Athen verlaufenden Ausfallstraßen. Vorher nicht vergessen, die Koordinaten des richtigen Kais ins Navi einzugeben.

KAP SOUNION

Lang ist es her, dass sich der griechische Mythenkönig Aigeus aus Gram von den Klippen des Kap Sounion gestürzt haben soll und so dem Ägäischen Meer seinen Namen gab. Wer sich auf den steil abfallenden Fels an der Landspitze Attikas begibt, sollte des Königs Ende als Warnung verstehen – die

Das Kap Sounion mit den Ruinen des antiken Poseidontempels markiert die südlichste Spitze der Halbinsel Attika.

CAMPINGPLÄTZE

7 Camping Isthmia Beach ★★½☆☆

Nahe des Isthmus von Korinth ist der Platz ein gut gelegener Ausgangpunkt für Exkursionen zu den historischen Stätten der Region. Frühaufsteher genießen den Sonnenaufgang am weißen Kieselstrand, Wassersportler schätzen die Möglichkeiten zum Schnorcheln, Windsurfen und Wasserskifahren. Die 100 Parzellen in Größen zwischen 40 und 90 m² verteilen sich auf einem leicht gestuften Gelände mit Mandarinen- und Zitronenbäumen. In einigen Sektionen des Platzes gibt es WLAN-Empfang, die Stromkästen sind mit Schukosteckdosen (10 A) bestückt.

▸ 20010 Isthmia, Peloponnes, Tel. +30 (0) 27 41 03 74 47, Mitte April–Okt., GPS: 37.88918333, 23.00531667

■ pincamp.de/GP800

8 Hydra's Wave Camping ★★★☆☆

Campen unter Palmen – für zusätzlichen Schatten sorgen die Mattendächer über den 85 Standplätzen. Der Strand aus feinem Kies ist nah, und im Wasser befindet sich eine schwimmende Badeinsel. Gegenüber der Anlage sind die Inseln Hydra und Dokos zu sehen, am Wasser werden Boote ausgeliehen. Auf dem Campingplatz tischt ein Restaurant griechische Küche auf, und am Strand wartet eine Bar, die bis Mitternacht auch Snacks anbietet. WLAN-Empfang gibt es in einigen Teilen der Anlage, zur Verbindung mit dem Stromnetz (10 A) werden Schukostecker benötigt.

▸ 21051 Thermisía, Peloponnes, Tel. +30 (0) 27 54 04 10 95, Mitte April–Mitte Sept., GPS: 37.40578333, 23.31566667

■ pincamp.de/GP1500

9 Camping Iria Beach ★★★½☆

Die Region um Iria gilt als einer der besten Surfspots des östlichen Peloponnes. Am Morgen bietet der noch leichte Südwind gute Voraussetzungen für Anfänger, am Nachmittag nutzen die Profis die aufkommende Brise. Zur Sicherheit gibt es ein Rettungsboot. Bestaunen lassen sich die sportlichen Aktivitäten vom flach ins Wasser übergehenden Strand aus weißen Feinkieseln – perfekt für Familien mit Kindern, reizvoll aber auch für Taucher, die vor der Küste auf die Jagd nach Schiffswracks gehen können. Camping Iria Beach bietet 60 Standplätze, die zwischen 40 und 100 m² groß sind. Inbegriffen sind WLAN, Strom- (Schuko, 16 A) und zum Teil TV-Anschlüsse.

▸ Paralia Irion, 21060 Íria, Tel. +30 (0) 27 52 09 42 53, GPS: 37.49713333, 22.99058333

■ pincamp.de/GP2000

Steine an der Kante können glitschig sein. Dem Meeresgott Poseidon war der hier erbaute Tempel gewidmet, von dem heute noch die Grundmauern zu sehen sind. Über viele Generationen erbaten dort die aus Piräus kommenden Seefahrer Schutz vor den Gefahren des Meeres. Zum Besuch des Tempels bietet sich die Zeit der Abenddämmerung an, wenn hinter den hohen dorischen Säulen die Sonne im Meer versinkt. Bei Dunkelheit wird dann die Anlage von Scheinwerfern hell angestrahlt. Um das Kap herum führen an vielen Stellen Treppen zu den felsigen Badebuchten – der Untergrund fällt dort an der Wasserlinie meist steil ab, Nichtschwimmer sind an anderen Stränden besser aufgehoben.

CHALKIDIKI UND THESSALONIKI

Ja und nein

Probleme bei der Verständigung

Wer beim Einkauf auf dem Markt oder bei der Frage, ob es etwas mehr sein darf, aus Unkenntnis der Sprache einfach den Kopf schüttelt, drückt gerade seine Zustimmung aus. Das leichte Anheben des Kopfes, verbunden mit dem Hochziehen einer Augenbraue und einem Schnalzlaut, gilt als übliches Zeichen der Ablehnung. Oder man fasst es in Worte: »Ochi«. Und »Ja«? Das heißt »Nä«!

4

Natürlich lässt sich auf Chalkidiki auch Kultur genießen. Doch sind es nicht die Relikte des Altertums, die den Reiz der Halbinsel ausmachen. Zum bevorzugten Ziel einheimischer und ausländischer Urlauber wird das ausnehmend schöne Fleckchen Erde am Ägäischen Meer durch seine landschaftliche Vielfalt – und die gut ausgebaute touristische Infrastruktur. Wegen ihrer außergewöhnlichen Form wird die Halbinsel auch als der Dreizack Poseidons bezeichnet: Die drei großen Landzungen Kassandra, Sithonia und Athos ragen wie Finger ins Meer. An der 520 km langen Küstenlinie bieten sowohl die ausgedehnten Strandabschnitte als auch die Buchten der Steilküsten gute Voraussetzungen für einen Urlaub am Meer. Beim Anblick der weißen Strände und des klaren türkisblauen Wassers kommen Gedanken an die Karibik auf. Das zum Teil bergige Inland kann problemlos mit Wanderschuhen oder dem Mountainbike erkundet werden.

Camper sind ausgesprochen willkommen. So mancher Wohnmobilist hat die Anfahrt vom 400 km entfernten Fährhafen Igoumenitsa schon mehrfach absolviert – oder ist über den größtenteils gut ausgebauten Autoput über den Balkan gekommen. In der von Mai bis September andauernden Saison bieten sich einige Campingplätze mit landesüblicher Ausstattung als Feriendomizile an. Tabu ist nur die im Süden von Athos liegende Mönchsrepublik.

◂ Sithonia, der mittlere »Finger« der Halbinsel Chalkidiki, wartet mit einer Vielzahl von Stränden auf, während der zentrale Gebirgszug zu ausgedehnten Wandertouren einlädt.

SEHENSWERTES

THESSALONIKI

Ständige Erneuerung kennzeichnet die Hafenstadt im Norden des Thermaischen Golfs, die Mischung aus immer neuen Ideen und Geschichtsbewusstsein findet auch im Stadtbild seinen Ausdruck. Im Lauf seiner Historie gehörte Thessaloniki zu Makedonien und zum Römischen Reich, war Teil von Byzanz und dem Osmanischen Reich. Spuren aller Epochen finden sich im Zentrum: ob die Reste des Forums oder das Odeon, ob die Relikte der Stadtmauer oder die vielen frühchristlichen und byzantinischen Kirchen, die der Stadt das Prädikat Weltkulturerbe eingebracht haben. Seeluft lässt sich entlang der 5 km langen Promenade genießen, an der sich auch das Museum im Weißen Turm, dem Wahrzeichen der Stadt, sowie 13 Themengärten befinden. Flüssige Spezialitäten gibt es in den traditionellen Ouzerien, die im Viertel Ladadika ihren Anisschnaps herstellen.

CHALKIDIKI

Zwar üben die drei »Finger« Chalkidikis einen besonderen Reiz aus, doch ist der Handballen der Halbinsel ebenfalls von Interesse. Nur 50 km südlich von Thessaloniki hat sich bei Nea Kallikratia ein Ferienziel entwickelt, das mit sauberem türkisblauen Wasser und geradezu samtweichem goldenen Sand gefällt. Wer es lebhaft mag, findet dort Strandbars und Ausleihstationen für Jet-Skis. Als Alternative bieten sich die 15 km im Inland gelegenen Tropfsteinhöhlen von Petralona an. Im Inneren des Berges wurden die Überreste eines Menschen gefunden, der vor rund 200 000 Jahre gelebt hat. Dem historischen Fund ist ein kleines Museum gewidmet.

Führt der Weg in östlicher Richtung zu den Ufern des Strymonischen Golfs an die Ostküste, empfiehlt sich ein Besuch von Olymbiáda, eines der Zentren der Zucht von Miesmuscheln. Unweit der Stadt befindet sich an der Küste das antike Stágira, wo der Philosoph Aristoteles das Licht der Welt erblickte. Für den Besuch der weitläufigen archäologischen Stätte sollten zwei bis drei Stunden veranschlagt werden.

KASSÁNDRA

Über den gut 1100 m langen Kanal von Potidea, einer kleineren Variante des Kanals von Korinth, erreicht man bei Nea Potidea die westliche Landzunge Kassándra, deren langen Sandstrände eine große Anziehungskraft auf Urlauber ausüben. Ruhige Plätzchen findet man eher an der Westküste. Sehenswert ist die große Marina von Sani, das auch für seine weißen Strände bekannt ist. Steht einem der Sinn danach, durch Buchten und Grotten zu schnorcheln und sogar Kraken in ihrem natürlichen Lebensraum zu begegnen, dann sollte man das auch für seine Strände geschätzte Fischerdorf Nea Skioni ansteuern.

Zwischen Kallithéa und Pefkochóri im Osten erstrecken sich die Ferienzentren, die zwischen Mai und September eine große Auswahl an Wassersportmöglichkeiten bieten. Zudem stößt man bei Kallithéa auf den Ammon-Zeus-Tempel, die berühmteste Ausgrabungsstätte auf Chalkidiki. 300 Jahre lang wurde dort in vorchristlicher Zeit Tempel auf Tempel errichtet, die Grundrisse sind noch gut nachzuvollziehen. Nur ein paar Kilometer südlich stehen in Polichrono Tretboote und Kanus zum Verleih, auch Fahrten mit dem Jet-Ski sind möglich. Der Strand ist ein Gemisch aus Sand, Kiesel und Steinen – wegen der Seeigel sind Badeschuhe erforderlich. Wendet man sich dem Inland zu, erreicht man schnell den Mavrobarasee. Seinen Namen erhielt er durch die dort lebenden Wasserschildkröten. Baden sollte man hier nicht: Im See gibt es auch Wasserschlangen.

Einer der schönsten Strände liegt ganz im Süden der Halbinsel: Der Strand von Paliouri mit einigen Strandbars ist wegen seines feinen, weichen Sandes und dem recht flachen Wasser eine klare Empfehlung für einen Familienurlaub.

SITHONIA

Kein Wunder, dass der mittlere Finger Chalkidikis bei Campern überaus beliebt ist: Die Küstenlinie lässt mit mehr als 90 Stränden kaum Wünsche offen – die im Westen gelegenen Sandstrände laden zum

CAMPINGPLÄTZE

10 Camping Ouzouni Beach ★★★☆☆

Prächtige Sonnenuntergänge über dem Meer sind hier inklusive: Im Süden der Halbinsel Chalkidiki erfreuen sich die Gäste eines etwa 100 m langen und 30 m breiten Sandstrandes. An der Wasserlinie sollte man auf angeschwemmte Kiesel achten. Camping Ouzouni Beach bietet 100 parzellierte Standflächen zwischen 40 und 100 m² Größe, die überwiegend durch Pappeln, teilweise auch mit Matten beschattet werden. Das Areal wird durch Hecken und Oleanderbüsche unterteilt. Ein Mini-Markt und ein Imbiss sind nur 100 m entfernt. Die Region hat sich einen Namen durch zahlreiche Kurangebote gemacht. Ein Teil des Platzes wird mit WLAN versorgt, der Stromverbrauch sollte den Gegebenheiten (CEE, 6 A und Schuko, 4 A) angepasst werden.

▶ 63200 Néa Moudaniá, Tel. +30 (0) 23 73 04 24 44, Mai–Mitte Okt., GPS: 40.21624, 23.31838

■ pincamp.de/GC350

11 Thalatta Kalamitsi Village Camp ★★★½☆

Bewaldete Felshänge schirmen die einsame Bucht ganz im Süden der Halbinsel Sithonia zum Land hin ab, hinter dem 400 m langen und bis zu 50 m breiten grobkörnigen Sandstrand lockt das kristallklare Wasser. Bademöglichkeiten gibt es zudem im Pool, ergänzt durch ein Planschbecken. Ein idealer Ort also, um zu entspannen – von einem Teil der Platzes aus sieht man den heiligen Berg Athos. Eigene Boote können zu Wasser gelassen werden, es gibt aber auch die Option, Boote auszuleihen. Die 500 Parzellen messen zwischen 60 und 100 m², Stromanschlüsse (CEE, 6–16 A) stehen zur Verfügung. Die angeschlossene Tauchschule führt Exkursionen zu den Höhlen der felsigen Meereswelt durch. Diverse gastronomische Angebote und ein Supermarkt runden das Angebot ab.

▶ 63072 Kalamítsion, Tel. +30 (0) 23 75 04 14 10, GPS: 39.98758333, 23.98703333

■ pincamp.de/GC1650

12 Camping Rea ★★★☆☆

Die geschützte Lage des Singitischen Golfs lädt am Beginn der Landzunge Sithonia zu zahlreichen Aktivitäten auf dem Wasser ein. Der mit Oleanderbüschen und Bäumen bewachsene Campingplatz Rea verfügt zwar auch über einen langen, schmalen Sandstrand vor der Lagune, doch der Bootssteg mit Slip und Liegeplätzen zieht eher die Wassersportler an. Neben Segeln, Windsurfen und Wasserski kann auch zum Fischen hinausgefahren werden – die vorgelagerte Insel Diaporos ist nicht weit. Die 50 parzellierten Standplätze in Größen zwischen 60 und 110 m² sind mit Schukosteckdosen (10–16 A) versehen, auf einem Teil des Platzes ist WLAN zu empfangen. Eine Taverne mit reichhaltiger Auswahl und ein Mini-Markt sorgen dafür, dass die Küche nicht kalt bleibt.

▶ Halkidiki, 63078 Vourvourou, Tel. +30 (0) 23 75 09 11 00, Mai–Sept., GPS: 40.20649, 23.76276

■ pincamp.de/GC1850

Sonnenbaden ein, an der Ostküste findet man zwischen Steilküste und Buchten schöne Kiesabschnitte, die sich auch für Schnorchler anbieten. Für Wandertouren empfiehlt sich der zentral gelegene und stark bewaldete Gebirgszug Itamos, der es auf eine Höhe von bis zu 817 m bringt. Die Atmosphäre eines lebendigen Ferienorts versprüht die Kleinstadt Neos Marmaras, die auf eine Siedlung türkischstämmiger

Die zwei Buchten von Kavourotrypes an der Ostküste von Sithonia sind ein kleines Paradies mit kristallklarem Wasser.

Griechen im letzten Jahrhundert zurückgeht. Von hier aus ist es zudem nicht weit bis zum historischen Bergdorf Parthenonas im Inland.

An der südöstlichen Küste erleben Frühaufsteher tolle Sonnenaufgänge über dem auf der Nachbarhalbinsel aufragenden Berg Athos. Die Südstrände von Kriaritsi sind Nudisten vorbehalten – wer auf Kleidung nicht verzichten mag, wählt die nördlich gelegenen Strände. Das Wasser in dieser Region wird übrigens schnell tief. In vergangene Zeiten kann man in Toroni eintauchen: Der antike Hafen ist lange schon versunken, lässt sich aber auf Tauchgängen erkunden. An Land lohnt der Weg bis zur Klippe am Ende des langen Strandes: Von den Ruinen des byzantinischen Kastells aus hat man einen schönen Blick über die Bucht.

ATHOS

Auf der Halbinsel Athos gehen die Uhren anders: Das Datum entspricht dem julianischen Kalender, der gegenüber dem international gebräuchlichen gregorianischen Kalender um 13 Tage nachläuft. Der neue Tag beginnt nicht um Mitternacht, sondern mit dem Sonnenuntergang. Das autonome Gebiet darf seit mehr als 1000 Jahren nicht von Frauen betreten werden, männliche Touristen finden ebenfalls keinen Einlass – es sei denn, sie kommen als Pilger. Ein Visum für den Besuch der Mönchsrepublik kann im Pilgerbüro in Ouranoupoli – der Himmelsstadt – im Süden der Halbinsel beantragt werden. Selbst wenn der Antrag abschlägig beschieden wird, war der Weg nicht umsonst, denn rund um den Badeort gibt es lang gestreckte Strände. Von dort aus legen Boote ab, die um die Halbinsel herumschippern. Sind Frauen an Bord, dürfen die Boote nicht weniger als 500 m an die Küste heranfahren – mit einem Teleobjektiv gelingen dennoch gute Bilder.

Wer ein richtiges Inselgefühl vorzieht, setzt von Ouranoupoli oder der Hafenstadt Tripiti aus nach Ammouliani über. Das kleine Eiland besticht durch seine schönen Sandstrände, auch Campingmöglichkeiten sind vorhanden.

REISEINFORMATIONEN GRIECHENLAND

Notruf: 112

Int. Vorwahl: +30

Sprache: Griechisch

Währung: Euro

Zeitverschiebung: +1 Stunde; D 12 Uhr = GR 13 Uhr

Einreise: Personalausweis

Das Land gilt als Wiege der abendländischen Kultur, und die griechische Gastfreundschaft geht weit über den Ouzo zur Begrüßung hinaus. Griechenland verfügt über die längste Küstenlinie Südeuropas, die Spuren der wechselvollen Geschichte sind überall zu finden. Wem Festland und Peloponnes nicht ausreichen, der findet in der vielfältigen Inselwelt zahlreiche reizvolle Reiseziele. Ob der Sonnenaufgang am Olymp oder der Sonnenuntergang am Strand einer Bucht – Griechenland ist prädestiniert dafür, seinen Gästen die schönsten Urlaubsmomente zu schenken.

Der Olymp galt in der Antike als Sitz der Götter. Heute markiert der 2918 Meter hohe Berg das Zentrum eines Nationalparks.

STRASSENVERKEHR

Maut: Streckenabhängig auf Autobahnen und in einigen Tunneln
Promillegrenze: 0,5 Promille
Lichtpflicht: Nein
Warnwestenpflicht: Empfehlung
Umweltzonen: Teile des Stadtzentrums von Athen innerhalb des Rings »Daktylios« sind Umweltzone, die Fahrverbote gelten nicht für im Ausland zugelassene Fahrzeuge.

Tempolimits

	Pkw	Caravan-Gespann	Wohnmobil bis 3,5 t	Wohnmobil über 3,5 t zGG
innerorts	50	50	50	40
außerorts	90/110 *1	80	90/110 *1	80
Autobahn	130 *2	80	130 *2	80

***1:** je nach Ausschilderung; ***2:** Je nach Ausschilderung ist eine geringere Höchstgeschwindigkeit möglich.

Besonderheiten im Straßenverkehr

- Das Mitführen und Benutzen von Radarwarngeräten ist verboten.
- Das Mitführen von Reservekraftstoff ist verboten.
- In Fahrzeugen mit griechischer Zulassung muss ein Feuerlöscher an Bord sein. Die Pflicht zur Mitführung gilt in der Regel nicht für im Ausland zugelassene Fahrzeuge. Zur Umgehung von möglicherweise auftretenden Missverständnissen wird jedoch dringend dazu geraten, einen Feuerlöscher mitzuführen.

CAMPEN

Campingplätze: Viele größere Campingplätze haben im Winter geschlossen, wenige der offenen Plätze bieten Ver- und Entsorgungsstationen.
Stellplätze: Offizielle Stellplätze sind selten, Verbotsschilder sollten beachtet werden; Ver- und Entsorgungsstationen sind die Ausnahme.
Gasversorgung: Tauschstationen für deutsche Flaschen gibt es nur in wenigen großen Städten (Athen, Thessaloniki, Patras, Monemvasia); einheimische Pfandflaschen verschiedener Hersteller sind in jedem Dorfladen erhältlich und können ohne Adapter angeschlossen werden. Die Mitnahme eines Adapter-Sets ist dennoch empfehlenswert. Die blauen Butangas-Flaschen von Campingaz sind nur in Thessaloniki erhältlich.
Strom: 230 V; CEE-Stecker sind auf Campingplätzen üblich, teils gibt es zweipolige Steckdosen mit geringer Absicherung; für Schukostecker ist kein Adapter erforderlich.

Besonderheiten für Caravangespanne

- Maximale Länge: 18 m

Freies Campen

Übernachten außerhalb von Campingplätzen	für eine Nacht	für mehrere Nächte
auf Straßen und Parkplätzen	nicht erlaubt	nicht erlaubt
auf Privatgrund	nicht erlaubt	nicht erlaubt

Anmerkung: Außerhalb der Saison wird eine Übernachtung im Wohnmobil weitgehend toleriert, sofern nicht gecampt wird. Dennoch bleibt es bei der Strafandrohung für Wildcampen von bis zu 150 €.

Türkei

Küstenstraße bei Antalya – je weiter man nach Süden bzw. Osten vordringt, desto ursprünglicher erweist sich die türkische Mittelmeerküste.

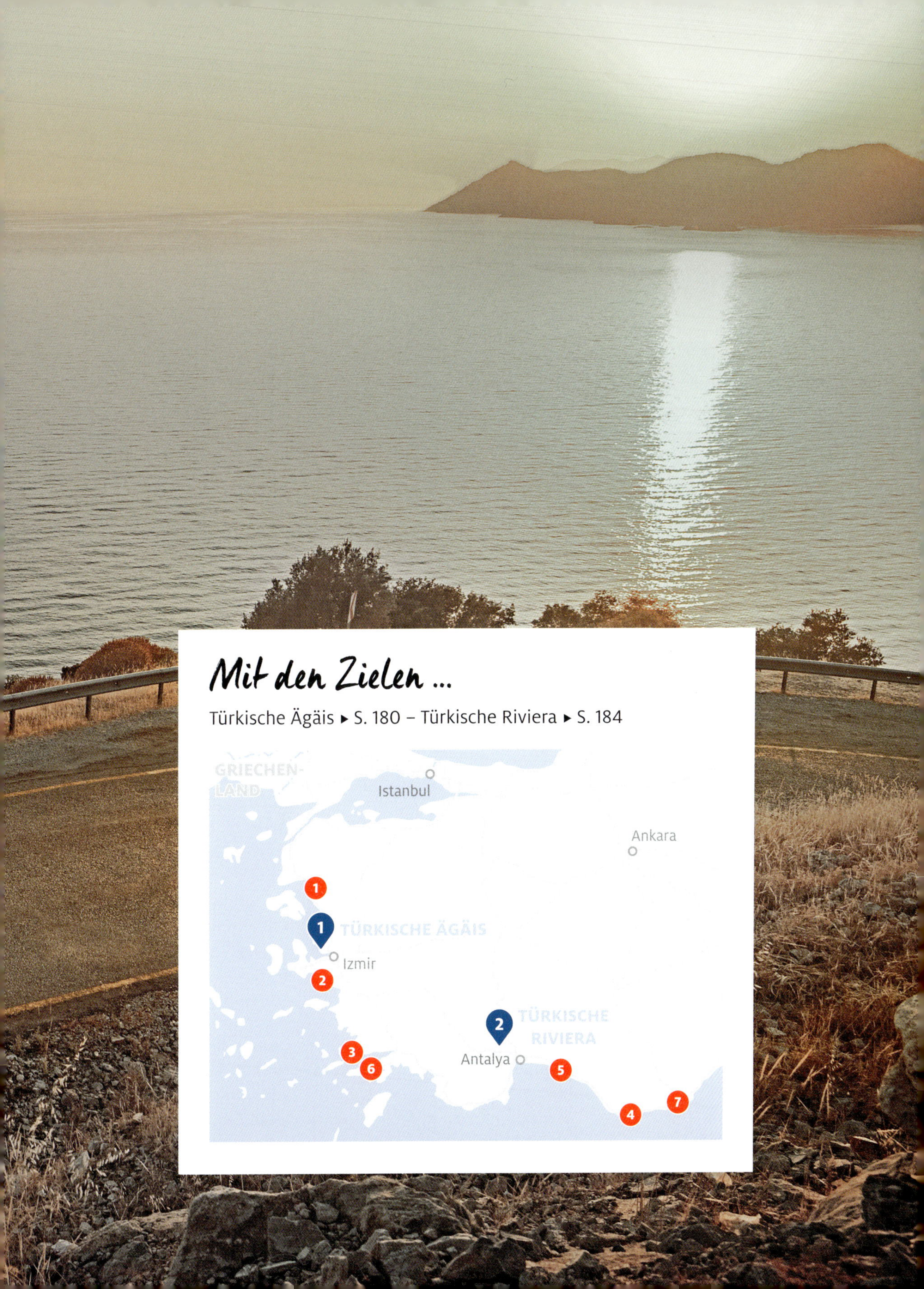
Mit den Zielen ...
Türkische Ägäis ▸ S. 180 – Türkische Riviera ▸ S. 184
GRIECHEN-
LAND
Istanbul
Ankara
TÜRKISCHE ÄGÄIS
Izmir
TÜRKISCHE
RIVIERA
Antalya

TÜRKISCHE ÄGÄIS

Übers Meer zurück nach Europa

Inselhüpfen

Nachdem der Betrieb zwei Jahre lang ruhte, verkehren wieder Autofähren zwischen einigen türkischen Häfen in der Ägäis und den griechischen Inseln. Von dort aus ist eine Weiterreise zu anderen Zielen in Griechenland möglich. Die Ein- und Ausreise beruht auf den aktuell gültigen Vorschriften. Manche türkisch-griechischen Strecken werden nur in der Sommersaison bedient.

1 Geografisch gehören 97 Prozent der Türkei zum asiatischen Kontinent. Doch haben europäische Einflüsse über Jahrtausende hinweg die Halbinsel zwischen Ägäis, östlichem Mittelmeer und Schwarzem Meer, die auch als Kleinasien bezeichnet wird, geprägt. Die bewegte Geschichte hat überall entlang der ägäischen Küste Spuren hinterlassen, immer wieder weisen Hinweisschilder den Weg zu teilweise bedeutenden archäologischen Stätten. Je weiter der Weg nach Süden führt, umso traditioneller wirken die Dörfer und Städte – Teehäuser und Basare gehören bald zum gewohnten Bild, mehrmals pro Tag erschallt von zahllosen Minaretten der Ruf des Muezzin. Westliche Standards – auch auf den Campingplätzen – dürfen in den bekannten Ferienorten erwartet werden. Camps in kleineren Orten sind mitunter eher auf die Wünsche der einheimischen Urlauber eingestellt: Camping ist dort häufig mit Zelten gleichzusetzen, die Familien kommen zusammen, und der würzige Duft von Grillwaren liegt in der Luft.

Das Reisen in der westlichen Türkei ist unproblematisch. Moderne Tankstellen halten alle Kraftstoffarten vor, und auch wenn der Verkehr mitunter regellos wirkt, sollte man sich an Tempolimits halten. Auf Märkten – nicht aber in den Einkaufszentren – ist das Handeln durchaus üblich. Die sprichwörtliche Hilfsbereitschaft und Gastfreundschaft begegnet einem allerorten.

◂ Kuşadası ist ein beliebtes Reiseziel für einheimische und ausländische Urlauber. Die Promenade säumen zahlreiche Restaurants und Cafés.

SEHENSWERTES

ÇANAKKALE

Natürlich führen auch Brücken über die im Altertum als Hellespont bezeichnete Meerenge zwischen der Halbinsel Gallipoli und Kleinasien. Wer aber den Übergang zum asiatischen Kontinent genießen möchte, nimmt eine der Autofähren über die nun Dardanellen genannten Gewässer. Von Eceabat und Kilitbahir aus wird Kurs auf Çanakkale genommen, an Deck wird Çay (Tee) in kleinen Gläsern serviert und gefragt: woher, wohin. Am Hafen erwartet den Ankömmling das Trojanische Pferd, das schon als Requisite für den Film »Troja« diente. Die von Sultan Mehmet II. im 15. Jh. erbaute Festung beherbergt ein sehenswertes Marinemuseum, das auch die Seeschlacht von Gallipoli Revue passieren lässt. In der Stadt lohnt ein Besuch des Aynali-Carsi-Basars, dessen Architektur der des Großen Basars von Istanbul ähnelt. Der Topstrand der Region ist der von Felsen begrenzte Kabatepe Kumsali – von Kiefern beschattet und mit Picknickbereichen ausgestattet ist der Aufenthalt angenehm. Gut 30 km hinter der Stadt weisen Hinweisschilder zu den Ausgrabungen des antiken Troja. Die mehr als 15 archäologischen Stätten gehören zum Welterbe der UNESCO.

AYVALIK

Je näher die alte Hafenstadt Ayvalik kommt, umso mehr beherrschen Olivenhaine die Landschaft. Zwei Millionen Olivenbäume machen die Region zum größten Anbaugebiet dieser Frucht in der Türkei. Nicht nur das gepresste Öl ist von hochwertiger Qualität, auch die hier hergestellte Olivenölseife ist sehr begehrt. Der Anbau der Früchte begann bereits im 18. Jh., als die Stadt noch in der Hauptsache von Griechen bewohnt war. Aus dieser Zeit stammen auch eine Vielzahl der Häuser, welche die verwinkelten Gassen säumen. Mehrere einst griechisch-orthodoxe Kirchen wurden zwar zu Museen umgewandelt, die Innenräume zeugen dennoch von der früheren Pracht. Den besten Blick auf die Stadt und die Badebuchten hat man von dem etwas außerhalb gelegenen Aussichtspunkt Şeytan Sofrası (Teufelstisch). Von hier aus kann man auch die durch eine Brücke verbundene Insel Alibey Adası erkennen, die ebenfalls schöne Strände aufweist.

ÇEŞME

Längst ist die Halbinsel Çeşme vom Geheimtipp zu einem angesagten Ferienort avanciert: Segler und Surfer schätzen die guten Wind- und Wasserbedingungen, am Ilica-Strand sorgen goldgelber Sand und das saphirblaue Meer für karibisches Flair. Schnorchler zieht es eher an den Strand Delikli Koyu, dessen Bucht von weißen Kalkfelsen umgeben ist. Der Aufstieg zur aus dem 16. Jh. stammenden Burg erlaubt einen herrlichen Panoramablick auf die Marina. Als Ziel für Romantiker empfiehlt sich die 15 km landeinwärts liegende Kleinstadt Alaçati: Über Kopfsteinpflaster schlendert man durch die schmalen Straßen, in traditionellen Bruchsteinhäusern reihen sich die Läden aneinander. Am Abend verwandeln sich die Gassen der unter Denkmalschutz stehenden Altstadt in ein großes Open-Air-Restaurant. Wer vom Basar aus dem Weg zum höchsten Punkt des Ortes folgt, findet oben die Wahrzeichen der Stadt: In den vier Mitte des 19. Jh. erbauten Windmühlen wurde früher Weizen gemahlen – heute sind sie beliebte Fotomotive.

KUŞADASI

Soll sich der Ferienort abends in eine Partyzone verwandeln oder steht der Sinn eher nach Beschaulichkeit in einsamen Buchten? Rund um Kuşadası ist beides möglich. Am Ladies Beach, der früher Frauen vorbehalten war, tummeln sich Sonnenanbeter und Souvenirverkäufer, Restaurants werben um Kundschaft. Die auf einer Insel gelegene Burg lässt sich über einen Damm erreichen – hier lässt sich Geschichte erleben. Zurück in der Stadt führt der Weg durch die lebendige Basarstraße, sehenswert ist die einstige Karawanserei. Südlich von Kuşadası beginnt ein 18 km langer Strand, der flach abfallend gut geeignet für erste Schwimmlektionen von Kin-

CAMPINGPLÄTZE

1 Ada Camping

Auf der durch eine Brücke mit dem Festland verbundenen Insel Cunda stellt Ada Camping mit seinen 50 Stellplätzen ein interessantes Ziel für Wassersportler dar. Am Bootssteg mit Liegeplätzen und Slipanlage können Boote ausgeliehen werden, auch Tauchausflüge sind im Programm. Der 100 m lange Strand aus feinem Kies wird seitlich von Felsen begrenzt, Naturisten steht ein gesonderter Abschnitt zur Verfügung. Am Abend genießt man den Sonnenuntergang über der nahen griechischen Insel, zu der von Ayvalik aus Schiffe fahren. Der Platz ist einfach ausgestattet, die Schukosteckdosen sind mit 10 Ampere abgesichert. Für das leibliche Wohl sorgt ein Restaurant. Von Mitte Juni bis Mitte September werden auf dem Campingplatz keine Hunde akzeptiert.

▸ Alibey Adasi, 10405 Ayvalik, Tel: +90 (0) 54 22 90 75 93, ganzjährig, GPS: 39.33308333, 26.62181667

■ pincamp.de/TR_31380

2 HipoCamp

Ein gut 500 m langer und bis zu 50 m breiter Sandstrand erwartet die Gäste des bei der Ortschaft Gümüldür gelegenen Campingplatzes an der Küstenstraße nach Kuşadası. Am Strand gibt es ein Beachvolleyballfeld sowie Grillstellen, die Wasserqualität wurde mit der Blauen Flagge ausgezeichnet. Der 6 ha große Platz bietet 250 Stellflächen auf aufgelockertem Wiesengelände, das durch Pinien reichlich beschattet wird. Die Einrichtungen der angrenzenden Hotelanlage können mitbenutzt werden, das Freibad ist öffentlich. WLAN ist auf einem Teil des Platzes verfügbar, und je nach Areal sind die Schukosteckdosen mit 4 bzw. 10 Ampere abgesichert.

▸ Meryemana Cad 19, Gümüldür, 35480 Izmir, Tel. +90 (0) 23 27 98 91 91, Ende Mai–Mitte Sept., GPS: 38.05468333, 27.04133333

■ pincamp.de/TR_31404

3 Camping Zetas

Bodrum ist eines der beliebtesten Touristenziele der türkischen Ägäis, entsprechend groß ist das Angebot an Freizeitaktivitäten – bei Tag und bei Nacht. Camping Zetas liegt ortsnah im Stadtteil Gümbet, am 250 m langen und 15 m breiten Sandstrand werden Sportangebote wie Jet-Ski oder Paragliding offeriert. Freunde der Nacht erfreuen sich an der großen Zahl von Bars und Diskotheken in Lauf- und Hörweite. Die 150 Stellplätze sind mit Strom- (Schuko, 16 A) sowie Abwasser- und Frischwasseranschlüsse und TV-Anbindungen ausgestattet.

▸ 48400 Gümbet, Tel. +90 (0) 25 23 19 22 31, GPS: 37.03146667,27.39878333

■ pincamp.de/TR_31434

dern ist. Im dahinter liegenden Dilek National Park bieten sich ruhige Buchten an, nicht missen sollte man die Höhle des Zeus nahe des Eingangs. Wo sich der Göttervater vor seinem Bruder Poseidon versteckt haben soll, kann man eine kleine Höhlentour machen und sogar schwimmen gehen. Zum Ausflug in die Antike bietet sich die Reise ins 20 km entfernte Selçuk an: Die Ruinen von Ephesos, in der Antike eine der größten und bedeutendsten Städte Kleinasiens, beherbergen auch den Tempel der Artemis – einst eines der sieben Weltwunder. Auch Ephesos steht auf der UNESCO-Liste des Weltkulturerbes.

BODRUM

Das Faible des im Jahr 1925 nach Bodrum verbannten Künstlers Cevat Şakir für die Landschaft ließ das Fischerdorf zum Ferienort aufsteigen. Die maximal zwei Etagen hohen weißen Häuser aus Kalkstein sorgten für den Beinamen »weiße Stadt«, an den Fassaden wächst lilafarbene Bougainvillea. Im Saint-Tropez der Türkei ankern Segler am Jachthafen, Taucher und Surfer sind in ihrem Element. Am Hafen erhebt sich auch die Kreuzritterburg aus dem 15. Jh., die mittlerweile ein Unterwassermuseum beherbergt. Sehenswert ist das dort ausgestellte Schiffswrack aus der Bronzezeit. Nur einige Schritte entfernt lockt der im Hafenviertel befindliche Basar mit seinen Schmuck- und Lederwaren.

An Stränden herrscht entlang der Halbinsel kein Mangel – je nach Lage sollte man sich auf Kiesel oder Steinuntergrund einstellen. Als Alternative für Reisende in Richtung Süden bietet sich die zweimal täglich verkehrende Fähre nach Datça auf der Dorischen Halbinsel an. An deren Westspitze befindet sich der bereits in der Bibel erwähnte Ort Knidos. Trotz der aufwendigen Anfahrt lohnt der Blick auf die Häfen und das antike Theater. Im Ort Datça beginnt die Hauptstraße D 400, die über 2000 km bis zur iranischen Grenze führt.

MARMARIS

Das Herzstück von Marmaris ist sein Hafen, in den verschiedenen Marinas liegen Jachten aller Größen. Piratenschiffe laden zur Kaperfahrt ein, und Ausflugsboote bieten Turns und Tauchtrips entlang der Küste an. Den besten Blick auf das lebhafte Geschehen hat man von der gut erhaltenen mittelalterlichen Festung Marmaris Kalesi, unter der sich die unter Denkmalschutz stehende Altstadt mit ihren Holzhäusern anschließt. Ausgesprochen reizvoll für Wanderer und Mountainbiker ist die Erkundung des die Stadt umgebenden Marmaris-Naturparks. Und wer das Glück auf Erden auf dem Rücken von Pferden sucht, findet dort auch entsprechende Angebote für Ausritte *(www.toursinmarmaris.com)*.

Die begrünten Stellplätze auf dem Campingplatz Zetas etwas außerhalb des Zentrums von Bodrum bieten viel Schatten.

TÜRKISCHE RIVIERA

Vorsicht bei Antiquitäten

Strafbare Souvenirs

Von manchen Reiseandenken sollte man die Finger lassen: Die Ausfuhr von Antiquitäten aus der Türkei ist strikt verboten – ganz gleich, ob sie gefunden oder beim Straßenhändler gekauft wurden. Wer alte Scherben oder Steine, Münzen oder Fossilien mitnimmt, riskiert hohe Strafen. Für historische Teppiche benötigt man ein glaubhaftes Zertifikat. Im Zweifelsfall: lieber Finger weg!

2 Landeinwärts erstreckt sich das schier endlos wirkende Taurus-Gebirge, auf der anderen Seite der Straße glitzert das Wasser. Akdeniz nennen die Türken das Mittelmeer, und die türkische Riviera ist der Favorit bei den Urlaubszielen. Zwischen Kemer und dem Kap Anamur liegt eine der schönsten Küsten des Landes. Pauschaltourismus wird groß geschrieben, beschränkt sich allerdings weitgehend auf die bekannten Urlauberdestinationen. Nur wenige Kilometer von den Ferienzentren entfernt erlebt man die Küstenorte ohne Menschenmassen. Mit dem Camper lässt sich ein Landstrich entdecken, der die Wünsche westlicher Urlauber mit landschaftlicher Schönheit und jahrtausendealter Kultur vereint.

In den letzten Jahren wurden die Hauptstrecken der Küstenstraße massiv ausgebaut, mit anspruchsvolleren Passagen muss bei Ausflügen ins Inland gerechnet werden. In den Urlauberhochburgen wird dem Bau von Hotels der Vorzug vor der Einrichtung von Campingplätzen gegeben, an der Küste befindliche Plätze erscheinen oft schlicht – mit Miethütten bestückt und eher auf Zelter als auf Reisemobile eingestellt, erfüllen sie jedoch ihren Zweck. Eine Besonderheit ist, dass kleine Plätze häufig Hotels oder Pensionen angegliedert sind. Den Aufenthalt dort macht das nicht weniger herzlich.

◂ Vom abgeschotteten Fischerdorf zum Urlauberzentrum – in Kaş hat sich die historische Bausubstanz der einstigen griechischen Bewohner weitgehend erhalten.

SEHENSWERTES

FETHIYE

Wo sich die östliche Ägäis mit dem östlichen Mittelmeer vereinigt, erstreckt sich das von Bergen umrahmte Fethiye. Schon seit Jahrzehnten zieht es Urlauber an die von schroffen Felsklippen geprägte Bucht. Vom Hafen aus werden Bootstouren zu den umliegenden Inseln und Buchten angeboten, der Badetag wird am 5 km langen Strand von Çaliş verbracht. Dort lassen sich bisweilen auch Meeresschildkröten beobachten. Etwas außerhalb der Stadt befindet sich die Bucht von Ölüdeniz mit ihrer türkisblauen Lagune. Interessante Spuren der Vergangenheit sind die Burgruine auf dem Akropolisplateau und die Ruine des hellenistischen Theaters. In Gebirgswände gemeißelte Felsengräber aus lykischer Zeit findet man oberhalb des Stadtzentrums.

Als interessantes Ausflugsziel im nur 15 km entfernten Katranci-Naturpark erweist sich das Nomadenmuseum. Dort wird einerseits gezeigt, wie vor nicht allzu langer Zeit die durch das Land ziehenden Hirten lebten, zum anderen wird ein ausgiebiges Frühstück serviert. Für den Weg in die verlassene Stadt Tlos sollte man der schlechten Wegstrecken wegen nicht das Wohnmobil nutzen, sondern sich einer Jeeptour anschließen. In dem Freilichtmuseum gibt es sowohl ein Amphitheater als auch die Überreste einer Festung zu sehen. Beeindruckend sind die in den Fels geschlagenen Räumlichkeiten.

KAŞ

Bis in die 1970er-Jahre lag das kleine Fischerdorf Kaş noch von der Außenwelt abgeschnitten an der Küste, lediglich erreichbar über Eselspfade oder das Meer. Obwohl seitdem auch hier die Moderne Einzug gehalten hat, blieb der ursprüngliche Charakter weitgehend erhalten. Die griechischen Häuser im Zentrum stehen unter Denkmalschutz. Am Ende der Einkaufsstraße steht eines der vielen lykischen Felsengräber – wegen der beiden Löwenköpfe als Löwengrab bekannt. Am Hafen gibt es eine kleine Marina, die beliebten Steinstrände findet man auf der schmalen Landzunge westlich des Ortes. Dort kann auch das aus dem frühen 1. Jh. v. Chr. stammende Theater von Antiphellos besichtigen.

Die Qualitäten der Felsküste vor Kaş haben sich bei Tauchern herumgesprochen – vor Ort gibt es mehrere Tauchschulen, Boote steuern die rund 30 Tauchspots in der Bucht an. Auf dem Meeresgrund befinden sich mehrere Schiffwracks und sogar ein Flugzeug. Wem der Sinn nach mehr Stranderlebnis steht, für den lohnt sich der Weg zum 20 km entfernten Kaputas Beach. Der grobsandige Bilderbuchstrand ist vor allem an Wochenenden ein beliebtes Ziel, das sich wegen der steil abfallenden Uferlinie eher für erfahrene Schwimmer empfiehlt.

Die Felsengräber oberhalb des Zentrums von Fethiye wurden von den Lykiern in den Fels gemeißelt.

CAMPINGPLÄTZE

4 Camping Dragon Motel

Eine antike Burganlage markiert am Kap Anamur den südlichsten Punkt der Türkei. Die kilometerlangen Sandstrände sind bei Naturliebhabern zudem für das seltene Schauspiel der hier schlüpfenden Meeresschildkröten bekannt. Das Camping Dragon Motel liegt nur 200 m von der Burg Marmure entfernt direkt am Wasser. Die 100 parzellierten Standflächen befinden sich auf ebenem Wiesengelände unter hohen Eukalyptusbäumen. Üblich ist eine Ausstattung mit CEE- oder Schukosteckdosen (16 A) sowie Abwasser- und Frischwasseranschlüssen. Auf einem Teil des Platzes gibt es WLAN-Empfang.

▶ Bozdoğan Köyü, 33630 Anamur, Tel: +90 (0) 513 626 55, ganzjährig, GPS: 36.08194, 32.89167

■ pincamp.de/TR_91473

5 Mavi Cennet Camping

Antalya, Side und Alanya sind die Touristenmetropolen der Südküste. Doch es gibt auch ruhigere Orte: In Kızılot betreibt die Mavi Cennet Pension einen kleinen Campingplatz mit Restaurant, der Platz für fünf Reisemobile bietet. Zum langen Sandstrand gibt es einen eigenen Zugang. Am frühen Morgen lassen sich zahlreiche Vögel beobachten, am Abend fasziniert das Meeresleuchten. Die Versorgung mit Strom und Trinkwasser ist kein Problem, neben sanitären Anlagen stehen Entsorgungsmöglichkeiten bereit. WLAN-Empfang gibt es auf dem ganzen Gelände.

▶ Misirlar Mah. Sahil Kume Evler 22, 07610 Kızılot, Tel. +90 (0) 242 748 34 55, ganzjährig, GPS: 36.70694, 31.57268

■ pincamp.de/Pin_234752

6 Aktur Datça Mocamp

Auf einer Landzunge südwestlich von Marmaris lädt Aktur Datça Mocamp zum Urlaub am Meer ein. Unter Pinien und Kiefern stehen 300 Standflächen zur Verfügung, das Wasser der Bucht wird seit Jahren mit der Blauen Flagge ausgezeichnet. Am Ufer befindet sich ein Bootssteg mit Liegeplätzen, auch eine Kite- und Windsurfschule hat ihre Pforten geöffnet. Wer sich nicht mit Beachvolleyball vergnügt, kann segeln, tauchen oder an einer Bootstour teilnehmen. Auf dem Gelände findet man zudem Tennis- und Basketballplätze sowie mehrere Läden und ein Restaurant. WLAN ist auf dem gesamten Areal verfügbar, die Stromkästen sind mit Schukosteckdosen (16 A) ausgestattet.

▶ 48900 Datça, Tel. +90 (0) 252 724 61 68, Mai–Okt., GPS: 36.75733333, 27.89245

■ pincamp.de/TR_31452

7 Akçakıl Camping

Wer die Küste entlang in Richtung Mersin fährt, findet nur wenige Kilometer vor der Hafenstadt Taşuçu eine lang gezogene Bucht, die zum Bleiben einlädt. Der Campingplatz verfügt über einen Kiesstrand mit vorgelagertem Badeponton. Boote können an den Liegeplätzen am Steg vertäut werden. Üppiger Baumbestand sichert eine ausreichende Beschattung. Die 80 Standplätze sind mit Schukosteckdosen versehen, auf dem Gelände befindet sich eine vollständige Ver- und Entsorgungsanlage für Wohnmobile. Für gute türkische Küche sorgt das auf dem Platz befindliche Restaurant.

▶ 33900 Taşucu, Tel. +90 (0) 324 741 44 51, ganzjährig, GPS: 36.29735, 33.84755

■ pincamp.de/TR_31524

Das gut erhaltene antike Theater von Aspendos dient heute regelmäßig als Bühne für Opern- und Ballettfestivals.

MYRA

Von den archäologischen Stätten, die entlang der türkischen Südküste am Wegesrand liegen, ist die antike Felsenstadt Myra bei Demre eine der großartigsten. Die bereits freigelegten Teile sind begehbar, neben dem Amphitheater verdient die Sankt-Nikolaus-Basilika besondere Beachtung. Höhepunkt aber sind die in den Berg geschlagenen Felsengräber. Der Ort, den Bischof Nikolaus einst zu seinem Amtssitz machte, ist heute eine Wallfahrtsstätte für orthodoxe Christen. Für einen Besuch sollte man genügend Zeit einplanen und festes Schuhwerk anziehen. Ganz in der Nähe befindet sich ein einfacher Campingplatz.

Vom Wasser aus lassen sich an der nahen Küste die teilweise versunkenen Ruinen der antiken Stadt Dolichiste entdecken. Von dem der Insel Kekova gegenüberliegenden Hafenort Üçağiz starten Bootstouren zu dem unter Naturschutz stehenden Gebiet – mit dem Kanu gleitet man über die alten Gemäuer hinweg. Schwimmen, Schnorcheln und Tauchen ist dort allerdings nicht gestattet.

KEMER

Majestätisch erhebt sich das 3000 m hohe Taurus-Gebirge hinter der Küste – noch bis Mitte des letzten Jahrhunderts waren die in den Buchten gelegenen Fischerdörfer nur per Boot erreichbar. So auch Kemer, das ab den 1960ern planmäßig zum Ferienort ausgebaut wurde – ohne die Bausünden anderer Mittelmeerländer zu wiederholen. Den Wünschen der Urlauber entspricht auch das große Repertoire an Angeboten auf dem Wasser: Bootstouren führen zu den Grotten der Felsküste, der Steinstrand lädt zum Sonnenbaden ein. Reizvoll ist es auch, den Blick auf die nahen Berge zu werfen: Der Göynük Canyon ist leicht mit dem Auto zu erreichen, der Lykische Weg eignet sich gut für Wanderungen, und auf dem Fluss finden Rafting- und Canyoningtouren statt. Der im Altertum als Berg Olympos bekannte Tahtalı Dağı ist mit einer Seilbahn erreichbar. In 2365 m Höhe lässt sich der Blick über die Bucht von Antalya genießen. Wer noch höher hinaus will, kann sich dort beim Tandem-Paragliding in die Lüfte schwingen.

ASPENDOS

Die Vorstellung, die Römer hätten ihre Bauten für die Ewigkeit geschaffen, bewahrheitet sich nicht überall. So mancher euphorisch angepriesener Prunkbau erweist sich als vom Zahn der Zeit mitgenommen, was das Interesse an den Relikten des Altertums schmelzen lässt. Zumindest in der Küstenregion zeigt sich das 2000 Jahre alte Theater von Aspendos jedoch als am besten erhaltene Anlage. Von der Arena bis zur obersten Reihe ist der Zustand so gut, dass dort Aufführungen stattfinden. Faszinierend ist die ausgeklügelte Akustik des Bauwerks – ganz oben ist selbst ein Flüstern noch gut vernehmbar. An das Theater, das sogar römische Münzen zierte, schließt sich ein größeres Areal mit weiteren Ausgrabungen an. Interessanter erscheint jedoch die an der Zufahrt von Serik aus gelegene Eurymedonbrücke, die im Zickzack über den Fluss führt. Die erst 800 Jahre alte Steinbrücke ruht ebenfalls auf römischen Fundamenten.

SIDE

Morgens der archäologischen Stätte aus der Römerzeit einen Besuch abstatten, nachmittags die zahllosen Angebote an den langen Sandstränden wahrnehmen und abends durch die historischen Gassen des Ortes schlendern – in Side, wo sich auf den Grundmauern der antiken Stadt einer der beliebtesten Fremdenverkehrsorte entwickelt hat, geht das ganz wunderbar. Zwischen Läden und Lokalen flaniert ein internationales Publikum, die flach abfallenden Strände bieten sich zum Schnorcheln ebenso an wie zum Parasailing oder dem Ritt auf dem Bananenboot. Nach dem letzten Ruf des Muezzins taucht der Sonnenuntergang die Säulen des Apollontempels in warme Farben, danach strömen die Nachtschwärmer in die Clubs und Diskotheken.

Ruhiger ist die Atmosphäre am nur 20 km entfernten Manavgat-See: An den Ufern laden Ausflugslokale zu einer Einkehr ein, Boote fahren auf das grüne Wasser hinaus. Sehenswert ist auch der etwas weiter flussaufwärts liegende Staudamm, dessen Krone eine Höhe von 185 m aufweist. Auf der Suche nach einem Übernachtungsplatz an der Küste werden Camper erst 9 km östlich von Side fündig – der dortige Campingplatz erstreckt sich zwischen dem Meer und der Mündung des Flusses Manavgat.

Der Manavgat-Stausee in den Ausläufern des Taurusgebirges bezaubert durch seine landschaftliche Schönheit.

ALANYA

Die Heilkraft der 1948 am Hafen von Alanya entdeckten Tropfsteinhöhle Damlataş begründete einst den Fremdenverkehr, mittlerweile ist die Stadt eines der bevorzugten Ferienziele an der türkischen Südküste geworden. Von der Höhle aus blickt man auf den Burgberg, die dort im 13. Jh. errichtete Festung beherbergt heute ein Freilichtmuseum. Wer sich den Aufstieg sparen möchte, steigt in die Seilbahn und überwindet schwebend die 900 m lange Strecke zwischen Strand und Burg. Von oben ergibt sich ein prächtiger Blick auf die Altstadt und den Strand der Kleopatra, an dem die ägyptische Königin gebadet haben soll. Von dort aus ist es nicht weit zur Marina, die Liegeplätze für 500 Boote bereithält. In der Nähe befindet sich auch eine historische Schiffswerft.

Nahe des rund 800 Jahre alten Roten Turms werden am Bootshaus Tauch- und Ausflugsfahrten angeboten. Ein besonderes Ziel ist die Aşıklar-Höhle an der Südspitze der Halbinsel von Alanya. An deren Ausgang wagen Mutige den Klippensprung aus 15 m Höhe ins Meer. Reisemobilisten müssen sich darauf einstellen, dass Campingplätze nur im weiteren Umkreis von Alanya zur Verfügung stehen. Vom Besuch der Stadt sollte das nicht abhalten.

GAZIPAŞA

Die lebhaften Ferienorte entlang der Südküste locken mit Attraktionen und Nachtleben. Wer aber auf der Suche nach Ursprünglichkeit ist, wird in den kleinen Küstenorten fündig. Das Umland der 45 km südöstlich von Alanya gelegenen Stadt Gazipaşa wird von zahllosen Bananenstauden geprägt. Die süße Frucht wird auf 10 000 Äckern und in noch mehr Gewächshäusern gezüchtet. Im Hauptanbaugebiet für Bananen in der Türkei wachsen übrigens auch Sorten, die nur regional angeboten werden. Probieren kann nur empfohlen werden! Entlang der Küste verfügt Gazipaşa über schöne und nicht überlaufene Sandstrände. Eine Piratenhöhle ist ein schönes Ziel, wenn man mit abenteuerlustigen Kindern unterwegs ist. Die römische Vergangenheit des Ortes zeigt sich in den Ruinen der antiken Stadt Selinus, dem Sterbeort des römischen Kaisers Trajan. Das Kontrastprogramm mit kleinen Buchten an einer gewaltigen

Der Strandabschnitt von Aktur Datça Mocamp. Hier logiert auch eine Kite- und Windsurfschule.

Steilküste gibt es 6 km östlich: Von der Hauptstraße aus führen 200 Stufen hinunter zum Koru-Strand. Dort bietet ein kleiner Campingplatz Übernachtungsgelegenheiten für Reisemobile an.

ANAMUR

Die 13 km langen Sand- und Kieselstrände von Anamur erfreuen sich nicht nur bei Badegästen anhaltender Beliebtheit. Seit Menschengedenken kommen hier Meeresschildkröten an Land, um ihre Eier abzulegen, an geschützten Stellen liegen Mönchsrobben in der Sonne. Das Kap Anamur ist der südlichste Punkt der Türkei – an der Spitze der Landzunge befinden sich die fast 3000 Jahre alten Ruinen der Stadt Anemurium nebst einer großen Nekropole. Wer sein historisches Interesse auf noch vollständig erhaltene Bauwerke konzentrieren will, sollte sich eher dem nur wenige Kilometer entfernten Mamure Kalesi zuwenden. Von Kreuzrittern auf den Fundamenten einer römischen Festung errichtet, gilt die Anlage als die am besten erhaltene mittelalterliche Burg an der türkischen Südküste. Gleich nebenan befindet sich einer der Campingplätze der Stadt.

9 km oberhalb des Ortes wurde vor wenigen Jahren die Tropfsteinhöhle Köşekbükü Mağarasi renoviert und Besuchern zugänglich gemacht. Die riesigen Stalaktiten sind sehenswert, das Klima in der Höhle wirkt lindernd bei Asthma. Auch wenn draußen sommerliche Hitze herrscht, sollte eine Jacke mitgenommen werden – die Temperatur steigt im Inneren des Berges nicht über 18 Grad an.

REISEINFORMATIONEN TÜRKEI

Notruf: 112

Int. Vorwahl: +90

Sprache: Türkisch

Währung: Türkische Lira

Zeitverschiebung:
+2 Stunden;
D 12 Uhr = TR 14 Uhr

Einreise:
Personalausweis,
Reisepass, bis 90 Tage

Der Bosporus ist das Tor zum Orient, der größte Teil der Türkei gehört geografisch schon zum asiatischen Kontinent. Die Türkische Ägäis und die Mittelmeerküste bestechen mit ihrer landschaftlichen Schönheit und bedeutenden historischen Stätten. In den Städten lockt das Angebot der Basare, auf dem Land fasziniert die oft unberührt erscheinende Natur. Wer den türkischen Imbiss an der Ecke schätzt, hat im Land die Möglichkeit, auf eine kulinarische Entdeckungsreise zu gehen. In Meeresnähe darf man zudem mit einfachen Campingplätzen in ausreichender Anzahl rechnen.

Die Türkei bietet viel Freiraum für Naturliebhaber, die auf der Suche nach einem unverfälschten Campingerlebnis sind.

STRASSENVERKEHR

Fahrzeugeinfuhr: Nur 180 Tage pro Kalenderjahr. Die Internationale Versicherungskarte (ehemals Grüne Karte) ist erforderlich und muss für die gesamte Türkei gelten. Ein Ovales D-Länderkennzeichen am Heck ist vorgeschrieben.
Maut: Streckenabhängig auf allen Autobahnen; außerdem gebührenpflichtig: der Bosporus-Tunnel und beide Bosporus-Brücken in Istanbul Richtung Asien
Promillegrenze: 0,5 Promille; für Pkw-Fahrer mit Wohnwagen oder Anhänger gilt ein absolutes Alkoholverbot.
Lichtpflicht: Nein
Warnwestenpflicht: Nein
Umweltzonen: Nein

Tempolimits

	Pkw	Caravan-Gespann	Wohnmobil
innerorts	50	40	50
außerorts	90 *1	80 *3	80
Autobahn	120 *2	110 *4	90

***1:** Minibusse 80 km/h; ***2:** Minibusse 90 km/h; ***3:** wenn das Zugfahrzeug kein Pkw ist: 70 km/h; *4: wenn das Zugfahrzeug kein Pkw ist: 80 km/h

CAMPEN

Campingplätze: Viele größere Campingplätze haben im Winter geschlossen; es gibt nur wenige offene Plätze mit Ver- und Entsorgung.
Stellplätze: Offizielle Stellplätze sind sehr selten und finden sich eher im Westen und Süden in Küstennähe; Ver- und Entsorgung sind die Ausnahme.
Gasversorgung: Deutsche Flaschen werden nicht aufgefüllt oder getauscht; Alternative: Die Firma Ipragaz bietet einheimische Flaschen an, das Pfand wird bei Rückgabe erstattet. Ein Adapter ist nicht erforderlich. Die blauen Butangas-Flaschen von Campingaz sind in der Türkei nicht erhältlich.
Strom: 230 V; CEE-Stecker auf Campingplätzen sind verbreitet, ansonsten gibt es zweipolige Steckdosen, teilweise mit niedriger Absicherung; es ist kein Reiseadapter erforderlich.

Freies Campen

Übernachten außerhalb von Campingplätzen	für eine Nacht	für mehrere Nächte
auf Straßen und Parkplätzen	eingeschränkt erlaubt *1, 2	eingeschränkt erlaubt *1, 2
auf Privatgrund *3	eingeschränkt erlaubt *1	eingeschränkt erlaubt *1

***1:** regionale Verbote gelten (z. B. in geschützten Wäldern); ***2:** Genehmigung durch örtliche Behörden wird empfohlen; ***3:** Erlaubnis des Grundstücksbesitzers wird empfohlen.

Besonderheiten im Straßenverkehr

- Mit aggressivem Fahrverhalten und Überholvorgängen auf unübersichtlichen Streckenabschnitten muss gerechnet werden.
- Vom Fahren bei Dunkelheit wird wegen unbeleuchteter Fahrzeuge abgeraten.
- Das Mitführen von zwei Warndreiecken und einem Feuerlöscher wird empfohlen.
- Das Benutzen und Mitführen von Radarwarngeräten im einsatzbereiten Zustand ist verboten.
- Telefonieren beim Fahren kann geahndet werden.

Besonderheiten für Caravangespanne

- Maximale Länge: 18,75 m

IMPRESSUM

Postfach 86 03 66, 81630 München

Markenlizenz der ADAC Camping GmbH, München

ISBN 978-3-98645-064-9
1. Auflage 2023

Autor: Marc Roger Reichel
Verlagsredaktion und Projektmanagement: Wilhelm Klemm
Lektorat, Layout, Satz und Kartografie: Ewald Tange
Kartografie: Katharina Grimm, bintang-berlin.de
Bildredaktion: Nora Goth
Schlusskorrektur: Ulla Thomsen
Umschlaggestaltung: Independent Medien Design, Horst Moser, München; Birgit Kohlhaas
Herstellung: Felix Robitsch
Druck und Bindung: Printer Trento S.r.l.

Ein Unternehmen der
GANSKE VERLAGSGRUPPE

Wichtiger Hinweis
Die Daten und Fakten für dieses Werk wurden mit äußerster Sorgfalt recherchiert und geprüft. Wir weisen jedoch darauf hin, dass diese Angaben häufig Veränderungen unterworfen sind und inhaltliche Fehler oder Auslassungen nicht völlig auszuschließen sind, zumal zum Zeitpunkt der Drucklegung die Auswirkungen von Covid-19 auf das Hotel- und Gastgewerbe vor Ort noch nicht vollständig abzusehen waren. Für eventuelle Fehler oder Auslassungen können Gräfe und Unzer, die ADAC Camping GmbH sowie deren Mitarbeiter und die Autoren keinerlei Verpflichtung und Haftung übernehmen. Aus Gründen der besseren Lesbarkeit wird in diesem Buch bei Personenbezeichnungen das generische Maskulinum verwendet. Es gilt gleichermaßen für alle Geschlechter.

Ansprechpartner für den Anzeigenverkauf:
KV Kommunalverlag GmbH & Co. KG,
MediaCenter München, Tel. 089/928 09 60

Bei Interesse an maßgeschneiderten B2B-Produkten:
b2b-kontakt@graefe-und-unzer.de

Leserservice
GRÄFE UND UNZER Verlag
Grillparzerstraße 12, 81675 München
www.graefe-und-unzer.de

Umwelthinweis
Nachhaltigkeit ist uns sehr wichtig. Der Rohstoff Papier ist in der Buchproduktion hierfür von entscheidender Bedeutung. Daher ist dieses Buch auf PEFC-zertifiziertem Papier gedruckt. PEFC garantiert, dass ökologische, soziale und ökonomische Aspekte in der Verarbeitungskette unabhängig überwacht werden und lückenlos nachvollziehbar sind.

BILDNACHWEIS

Titel: stock.adobe.com: creativenature.nl, **Rücktitel:** stock.adobe.com: travelbook

Aktur Datça Mocamp: 189 – AWL Images: Francesco Riccardo Iacomino 24; Francesco Iacobelli 100; ClickAlps: 120; Neil Farrin 187 – Camp du Domaine: 8 – Camping A Vouga: 35 – Camping Alegría del Mar: 50r – Camping Almayate Costa: 63l – Camping Campéole L'Avena: 27 – Camping Capfun La Manga: 56 – Camping Didota: 50l – Camping Finikes: 166 – Camping Internacional de Calonge: 43 – Camping Kiko Park: 52; 55 – Camping La Presqu'île de Giens: 11 – Camping Las Arenas Pechón: 38 – Camping Le Pavillon Royal: 23l – Camping Les Criques de Porteils: 16 – Camping Marina di Venezia: 94 – Camping Navaríno Beach: 165 – Camping Orbitur Sagres: 75r – Camping Paestum: 119l – Camping Playa de Mazarrón: 58 – Camping Playa Joyel: 36 – Camping Torre de la Peña I: 67 – Camping Villa Park Zambujeira: 79 – Camping Village Capo d'Orso: 131l; 131r – Camping Village Le Esperidi: 96 – Camping Village Šimuni, Pag: 147 – Camping Villaggio dei Fiori: 91l – Camping Zetas: 183 – Elena's Beach Camping: 163 – Getty Images: 134/135, 148, 151; akrp 6/7; EyeEm 20; ©fitopardo 32; Artur Debat 40; imageBROKER 70/71; Alexander Spatari 76, 112; EyeEm 80, 104; Gary Yeowell 86/87; Moment 88, 168; 500px 108; Paola Cravino Photography 124; John and Tina Reid 144; Franz Aberham 152; Maya Karkalicheva 172 – Holiday Village: 114 – Marc Roger Reichel: 5 – mauritius images: Bruno Kickner: 28 – MCM Camping & Resort: 156 – Park Playa Barà: 46 – Parque de Campismo da Praia de Pedrógão: 82 – Pineta di Sibari: 123 – Shutterstock.com: aerophoto 2; Evgeny Shmulev 12; RossHelen 14; Alexander Brenner 23r; 158/159, 164; alina_danilova 44; Peter Togel 48; BigDane 60; Sean Pavone 63r; LucVi 64; Anetlanda 68; DaLiu 72; Pilguj 73; Leonid Andronov 75l; Minoli 91r; LianeM 92; StevanZZ 99l; Robert67 99r; Balate Dorin 102; milosk50 106; Gimas 111; Nadezhda Kharitonova 116; MGR_Photography 119r; Vadym Lavra 128; Fabio Lamanna 132; Denis Belitsky 136; Creative Travel Projects 139; Andrew Mayovskyy 140; Michal Hlavica 142; Bildagentur Zoonar GmbH 154; Plam Petrov 160; Sven Hansche 170; Ververidis Vasilis 175; Andrii Lutsyk 176; Predrag Milosavljevic 178/179, 190; Najmi Arif 180; Mazur Travel 184; StevenK 185; Alexey Oblov 188 – stock.adobe.com: Voyagerix 30/31 – Villaggio Turistico Le Dune: 126 – www.plainpicture.com: 84 – Yelloh! Village Le Brasilia: 19